高职高专汽车类专业创新一体化教材

汽车发动机机械构造与维修一体化教程

主　编　刘　宜　石启军　刘勇兰
副主编　梁文亮　吴　炜　袁春华
　　　　姜小勇

机械工业出版社

本书根据培养应用型高技能人才需要，按照理实一体化教学模式特点，以当今常见的大众车型为教学案例，以现行国家标准为依据，主要介绍汽车发动机机械构造原理与维修工艺流程和设备的正确使用方法。内容包括：发动机总体构造与维修基础知识，配气机构构造与维修，曲柄连杆机构构造与维修，电控汽油喷射系统构造与维修，电控柴油机燃油供给系统构造与维修，冷却系统的构造与维修，润滑系统的构造与维修，发动机装配、磨合与试验，发动机异响故障的诊断与排除等。本书附赠《实训任务单与复习思考题》分册。

本书编写方式是以项目任务为主线，教中做，做中学，理实一体；将知识与技能目标融入整个教学过程，注重理论知识与生产实践技能深度融合的同时更注重职业技能与职业品德的培养。

本书内容新、图文并茂、通俗易懂、深入浅出，可作为高职高专院校汽车类专业教材，也可作为汽车维修技术人员的自学参考书。

本书配备教学课件，选用本书作为教材的教师可在机械工业出版社教育服务网（www.cmpedu.com）注册后免费下载，或添加客服人员微信13070116286获取。

图书在版编目（CIP）数据

汽车发动机机械构造与维修一体化教程/刘宜，石启军，刘勇兰主编.—北京：机械工业出版社，2021.6（2024.8重印）

高职高专汽车类专业创新一体化教材

ISBN 978-7-111-68204-2

Ⅰ.①汽… Ⅱ.①刘… ②石… ③刘… Ⅲ.①汽车-发动机-机械系统-构造-高等职业教育-教材 ②汽车-发动机-机械系统-车辆检修-高等职业教育-教材 Ⅳ.①U472.43

中国版本图书馆CIP数据核字（2021）第088443号

机械工业出版社（北京市百万庄大街22号　邮政编码100037）
策划编辑：齐福江　责任编辑：齐福江
责任校对：陈　越　封面设计：张　静
责任印制：常天培
固安县铭成印刷有限公司印刷
2024年8月第1版第3次印刷
184mm×260mm·18.5印张·452千字
标准书号：ISBN 978-7-111-68204-2
定价：59.90元

电话服务　　　　　　　　　网络服务
客服电话：010-88361066　　机　工　官　网：www.cmpbook.com
　　　　　010-88379833　　机　工　官　博：weibo.com/cmp1952
　　　　　010-68326294　　金　书　网：www.golden-book.com
封底无防伪标均为盗版　　机工教育服务网：www.cmpedu.com

"汽车发动机机械构造与维修"是高职高专汽车运用技术和汽车维修与检测专业的必修课程,也是从事汽车相关服务所应具备的专业知识和技能。

汽车工业持续发展,汽车新技术不断涌现,这就要求汽车后市场服务也要不断更新,不但要不断学习新的理论知识、新的技术技能,更要学会适应现代汽车发动机维修的新规范、新技术标准(包括国标、行标和企业标准)。因此,作为培养汽车行业高素质技能型人才的专业教材也必须在教学内容、知识结构和教学方法等方面进行改进。

本书特点如下:

1. 教学内容

以汽车后市场维修、检测等技术服务岗位群的工作需求为依托,紧密结合当今汽车发动机采用的新技术、维修检测新工艺、新设备仪器和国家现行标准,突出教学服务生产的实用性。

2. 知识结构

根据汽车发动机的结构特点和高职高专学生的认知规律,将教学内容进行了针对性的组合,划为9个项目模块,并结合生产岗位的不同需求,将9个教学项目分解为31个学习任务。以汽车发动机结构和原理为主线,介绍现代汽车发动机维修检测新设备;以案例为突破口,学会汽车发动机机械维修的方法步骤;在掌握设备、仪器正确使用的基础上,通过思考与实践学会灵活应用;同时拓展独立分析与解决问题的思路和能力,注重知识和技能的培养和综合素质的提升。

3. 内容的组织与撰写

突出实用性、针对性,直接引用具有代表性的案例为学习任务的导引,力求达到图文并茂、思路清晰、易学易懂、重于实践。以最大限度地满足理论与实践一体化教学的要求和充分激发学生的学习兴趣为编写的出发点,打造适应当今高职教育发展和符合生产一线高素质技能型人才需求的新课程体系。

4. 教学资源建设

本书配备理论考核题库(包括思考题与答案),教学大纲、各学习任务单元都设有学生课内实践任务项目,配有老师专用PPT教学课件和电子教案及课程标准。

本书集聚了编者二十多年的汽车维修企业生产技术管理实践经验和十几年的高职汽车检测与维修技术专业的教学心得体会。

在编写过程中,得到了南通科技职业学院领导和多位具有双师能力同仁的大力支持,在此向所有的作者和直接帮助与支持的朋友一并深表谢意。

本书由南通科技职业学院刘宜、石启军、刘勇兰任主编,由梁文亮、吴炜、袁春华、姜小勇、谢计红任副主编，参编人员有孔庆勇、刘玉良、陈季云、顾若波、梁云奇、李宏亮、郭艳、武长河、赵晓明、邱小龙等。

由于编者水平有限，书中难免有不足之处，恳请同行专家和广大读者提出宝贵意见，主编QQ：707547545。

编 者

前言

项目一　发动机总体构造与维修基础知识 …… 1

任务一　对发动机型号与基本性能指标的认知 …… 2
一、发动机型号认知 …… 2
二、发动机机械基本性能的评价 …… 8
三、发动机主要性能指标 …… 10

任务二　对发动机总体构造与工作原理的认知 …… 11
一、发动机总体构造 …… 11
二、发动机工作原理 …… 12

任务三　对发动机维修设备与工量具的认知 …… 16
一、常用的工具（通用工具） …… 17
二、专用工具 …… 20
三、常用量具 …… 24

任务四　对发动机维修基础知识的认知 …… 30
一、汽车维修基本概念 …… 30
二、汽车维护制度 …… 31
三、汽车修理制度 …… 31
四、汽车零件的损伤与修复 …… 33

项目二　配气机构构造与维修 …… 35

任务一　对配气机构结构的认知 …… 36
一、配气机构的功用 …… 36
二、配气机构的分类与组成 …… 36

任务二　气门传动组构造与维修 …… 40
一、气门传动组类型与结构 …… 40
二、气门传动组的拆装 …… 40
三、气门传动组主要零件的检修 …… 42

任务三　气门驱动组构造与维修 …… 45
一、气门驱动组的构造 …… 46
二、气门驱动组的拆装 …… 47
三、气门驱动组零件的检修 …… 48

任务四　气门组构造与维修 …… 57
一、气门组的构造 …… 58
二、气门组的拆装 …… 58
三、气门组主要零件的检修 …… 59

任务五　配气相位与气门间隙的调整 …… 70
一、配气相位及其检查调整 …… 70
二、气门间隙及其调整 …… 72

任务六　可变配气相位控制系统结构原理与检修 …… 74
一、可变配气相位控制技术 …… 75
二、叶片式可变气门正时系统 …… 75
三、斜齿轮式可变气门正时系统 …… 77
四、链条驱动式可变气门正时系统 …… 78
五、可变气门正时与升程电控系统的检修 …… 80

项目三　曲柄连杆机构构造与维修 …… 85

任务一　对曲柄连杆机构的认知 …… 86
一、曲柄连杆机构的作用和组成 …… 86
二、曲柄连杆机构工作条件及受力分析 …… 86
三、拆装曲柄连杆机构 …… 89

任务二　机体组的构造与维修 …… 92

一、气缸体与曲轴箱的构造与
　　维修 …………………………… 93
二、气缸盖的构造与维修 ……… 99
三、气缸盖罩的检修 …………… 101
四、气缸衬垫的检修 …………… 101
五、油底壳的检修 ……………… 102
六、发动机的安装和支承 ……… 103

任务三　活塞连杆组的构造与
　　　　　维修 ……………………… 103
一、活塞连杆组的组成与
　　功用 …………………………… 104
二、活塞连杆组分解与组装 …… 104
三、活塞连杆组件的检修 ……… 105
四、活塞连杆组的组装 ………… 118

任务四　曲轴飞轮组的构造与
　　　　　维修 ……………………… 119
一、曲轴飞轮组的组成与
　　功用 …………………………… 119
二、曲轴飞轮组的拆装 ………… 120
三、曲轴飞轮组件的检修 ……… 120

项目四　电控汽油喷射系统构造与维修 …… 128

任务一　对电控汽油喷射系统的
　　　　　认知 ……………………… 129
一、电控汽油喷射系统的工作原理
　　与作用 ………………………… 129
二、电控汽油喷射系统的
　　类型 …………………………… 129
三、电控汽油喷射系统的
　　组成 …………………………… 131

任务二　空气供给系统主要部件
　　　　　的构造与维修 …………… 132
一、空气供给系统的组成 ……… 132
二、空气供给系统主要部件的
　　检修 …………………………… 132

任务三　汽油供给系统主要部件
　　　　　的构造与维修 …………… 136
一、汽油供给系统的组成 ……… 137

二、汽油供给系统主要部件的
　　检修 …………………………… 137
三、汽油供给系统检修注意
　　事项 …………………………… 143
四、汽油供给系统压力的
　　检测 …………………………… 143

项目五　电控柴油机燃油供给系统构造与维修 …… 144

任务一　对电控柴油机燃油供给系统的
　　　　　认知 ……………………… 145
一、电控直列泵燃油供给
　　系统 …………………………… 146
二、电控分配泵燃油供给
　　系统 …………………………… 149

任务二　对电控泵喷嘴燃油供给
　　　　　系统的认知 ……………… 156
一、电控泵喷嘴燃油供给系统的
　　组成 …………………………… 156
二、泵喷嘴的结构 ……………… 157
三、泵喷嘴工作原理 …………… 158
四、泵喷嘴电控系统结构 ……… 158

任务三　对电控高压共轨式燃油
　　　　　供给系统的认知 ………… 159
一、电控高压共轨式燃油系统的
　　基本组成 ……………………… 159
二、高压共轨系统的特点 ……… 160
三、电控共轨喷射系统的工作
　　原理 …………………………… 161
四、电控共轨喷射系统的主要部件及
　　其结构 ………………………… 161

项目六　冷却系统的构造与维修 …… 169

任务一　对冷却系统的认知 …… 170
一、冷却系统的作用 …………… 170
二、冷却系统的类型与组成 …… 170
三、发动机冷却液的选用 ……… 172

任务二　创新型发动机热能管理
　　　　　系统的认知 ……………… 173

一、2.0TSI 发动机冷却系统的
组成与工作原理……… 174
二、2.0TSI 发动机冷却系统工作
过程……… 176

任务三　冷却系统主要零部件
构造与维修……… 181
一、水泵的结构与检修……… 181
二、散热器的结构与检修……… 183
三、节温器的结构与检修……… 185
四、冷却风扇的结构与检修……… 187

任务四　冷却系统的常见故障
诊断与排除……… 188
一、发动机冷却系统评定
标准……… 188
二、发动机冷却系统检测的内容与
方法……… 188
三、发动机冷却系统故障诊断与
排除……… 189

项目七　润滑系统的构造与维修 ……… 191

任务一　对润滑系统的认知……… 192
一、润滑系统的组成与润滑方式的
分类……… 192
二、润滑系统的作用……… 194
三、发动机润滑系统的油路组成与
工作原理……… 194

任务二　润滑系统主要零部件的
构造与维修……… 195
一、机油泵的构造与检修……… 196
二、机油滤清器的构造与
检修……… 199

任务三　润滑系统的常见故障
诊断与排除……… 201

一、发动机润滑系统评定
标准……… 201
二、发动机润滑系统检测的内容与
方法……… 202
三、发动机润滑系统故障的诊断与
排除……… 203

项目八　发动机装配、磨合与试验 ……… 206

任务一　发动机的装配、磨合…… 207
一、发动机装配的基本要求…… 207
二、发动机的装配工艺过程…… 208
三、发动机的磨合……… 209

任务二　发动机竣工验收……… 212
一、发动机竣工验收的技术
要求……… 212
二、起动性能检验……… 213
三、发动机怠速检验……… 213
四、气缸压缩压力的检验……… 213
五、检验规定……… 213

项目九　发动机异响故障的诊断与排除 ……… 214

任务一　对发动机异响的认知与
原因分析……… 215
一、发动机异响类型与影响
因素……… 215
二、发动机异响的鉴别……… 217

任务二　发动机异响的诊断与
排除……… 217
一、发动机异响的诊断……… 218
二、发动机异响故障案例
分析……… 218

参考文献 ……………………… 221

项目一 发动机总体构造与维修基础知识

【项目描述】

本项目知识点主要包括汽车发动机分类、发动机的总体构造和型号、发动机的基本术语、发动机的基本工作原理、发动机性能指标和汽车维护修理知识等内容;同时要完成对发动机的结构类型、型号规格及性能参数指标的认知,对发动机总体构造与工作原理的认知,对发动机维修基础知识的认知,对发动机维修设备与工量具的认知等四项基本技能训练任务。

【知识目标】

1. 掌握常见内燃发动机的编号规则。
2. 理解发动机常用术语的基本概念。
3. 掌握四冲程发动机的总体构造和工作原理。
4. 学会汽车维修常用工具和量具的使用方法。
5. 掌握我国汽车维修制度、汽车维护项目分类与作业内容。
6. 掌握我国汽车修理分级规定、各分级作业范围与作业内容。
7. 掌握汽车零件损伤形式及零件损伤原因,掌握零件检验分类的工艺要求。
8. 掌握汽车零件检验方法的分类,掌握汽车不同零件检验与修复方法。

【技能目标】

1. 能够分辨发动机的结构类型。

2. 会查询汽车维修手册，掌握相关维修技术参数。
3. 能够在操作过程中掌握发动机工作原理。
4. 能够根据测量、查询和计算得出的数据对发动机性能进行评价。
5. 能够认识和正确选用汽车维修常见的工具与量具。
6. 能识读汽车铭牌各部分的含义并掌握汽车大修与各总成大修送修的标志。
7. 掌握汽车零件检测方法与技术要求，能够进行汽车零件的检验与分类及原因分析。
8. 掌握合理选用汽车零件修复方法和承修单位与送修单位应签订合同的内容。

任务一　对发动机型号与基本性能指标的认知

【任务导入】

聪聪高兴地到汽车4S店，准备开始汽车维修技术的实习。当来到汽车维修车间一看有好多的待修车辆，我应如何做起呢？正在发愁的时候，车间主任来到聪聪身边告诉他：首先要学会汽车发动机类型、规格、型号和性能参数的分辨；然后，学习如何检测和评价发动机性能参数。聪聪听后，愉快地开始了第一天的专业学习。

【任务说明】

1. 在老师的组织下，到汽车4S店或汽车维修厂或实训车间，以小组为单位进行汽车发动机的技术信息采集，每位小组成员最少完成一种车型发动机的信息的收集；并将小组成员采集的汽车发动机技术信息记录整理，完成任务单1-1-1的填写。

2. 在教师的指导、监督下，以实训小组为单位，选择一辆能起动的汽油车（轿车或货车），进行气缸压力检测，记下检测过程，并根据维修手册的标准，完成对所检测的发动机机械技术状况的评价，填写好任务单1-1-2。

【相关知识与技能】

一、发动机型号认知

1. 发动机的定义

发动机是一台由多种机构和系统组成的复杂机器，通常将化学内能转化成机械动能的装置称为发动机。汽车发动机的形式主要是以气缸和活塞作为转换机构的内燃机，即活塞式内燃机。活塞式内燃机按活塞运动方式的不同，可分为往复式活塞内燃机和旋转式活塞内燃机。当今汽车发动机一般都采用的是往复式活塞内燃机。

2. 发动机的分类

根据发动机的不同特征，可以将往复式活塞发动机分为多种类型。

（1）按行程数分类

根据行程数的不同，往复式活塞发动机可分为二冲程和四冲程发动机。在发动机内部，活塞往复四个单程或曲轴旋转两圈完成一个工作循环的发动机称为四冲程发动机；活塞往复两个单程或曲轴旋转一圈完成一个工作循环的发动机称为二冲程发动机。如图1-1-1所示。

项目一 发动机总体构造与维修基础知识 3

（2）按使用燃料种类分类

根据使用燃料的不同，可将往复式活塞发动机分为汽油机、柴油机、气体燃料发动机、煤气机、液化石油气（LPG）发动机及多种燃料发动机等，如图1-1-2所示。

（3）按气缸数及布置分类

根据气缸数的不同，往复式活塞发动机仅有一个气缸称为单缸发动机，有两个以上气缸称为多缸发动机；根据气缸布置形式的不同，气缸中心线与水平面垂直、呈一定角度或平行的发动机，分别为立式、斜置式与卧式发动机；多缸发动机根据气缸间的排列方式的不同，可分为直列式（气缸呈一列布置）、对置式（气缸呈两列布置，且两列气缸之间的中心线呈180°）和V型（气缸呈两列布置，而且两列气缸之间夹角为V形，即小于180°）发动机，如图1-1-3所示。

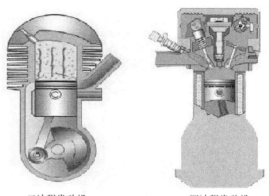

二冲程发动机　　　四冲程发动机

图1-1-1　按行程数分类的发动机简图

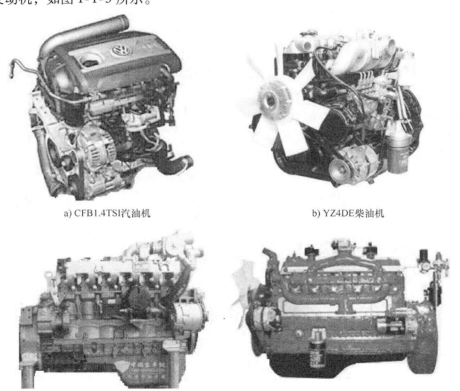

a) CFB1.4TSI汽油机　　　b) YZ4DE柴油机

c) LNG/LPG发动机　　　d) 煤气机

图1-1-2　按使用燃料种类分类的发动机

（4）按进气状态分类

根据进气状态的不同，可将往复式活塞发动机分为非增压和增压发动机。非增压发动机

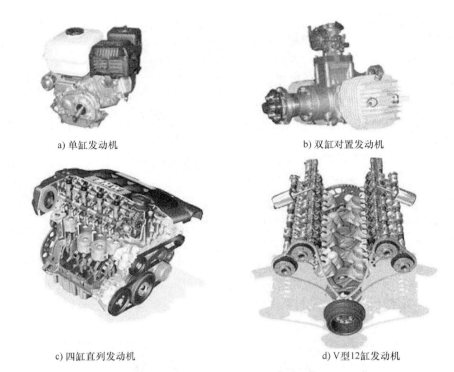

a) 单缸发动机
b) 双缸对置发动机
c) 四缸直列发动机
d) V型12缸发动机

图 1-1-3　按气缸数和气缸布置分类的发动机

为进入气缸前的空气或可燃混合气没有经过压气机压缩的发动机，也称为自然吸气式发动机；增压发动机为进入气缸前的空气或可燃混合气已经在压气机内压缩，以增大充量密度的发动机，如图 1-1-4 所示。

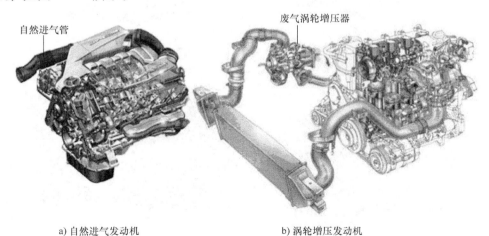

a) 自然进气发动机　　b) 涡轮增压发动机

图 1-1-4　按进气状态分类的发动机

（5）按点火方式分类
根据点火方式的不同，可将往复式活塞发动机分为点燃式与压燃式发动机。点燃式发动机是将压缩气缸内的可燃混合气用点火装置点火燃烧的内燃机,如汽油发动机;压燃式发动机为压缩气缸内的空气或可燃混合气产生高温,引起着火的内燃机,如柴油发动机。

(6) 按冷却方式分类

根据冷却方式的不同,可将往复式活塞发动机分为风冷式和水冷式发动机。以空气为冷却介质的称为风冷式发动机;以水或冷却液为冷却介质的称为水冷式发动机,如图 1-1-5 所示。

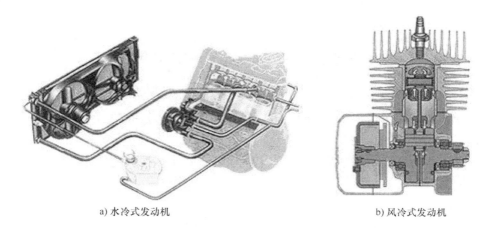

a) 水冷式发动机　　　　　　　　　　b) 风冷式发动机

图 1-1-5　按冷却方式分类的发动机

3. 国产发动机的型号

为了便于生产管理和使用内燃机,我国于 2008 年对内燃机的名称和型号编制方法重新审定并颁布了国家标准(GB/T 725—2008)。该标准的主要内容如下:

(1) 内燃机产品的命名

内燃机产品名称均按所采用的燃料命名,例如,汽油机、柴油机、煤气机、沼气机、双(多种)燃料发动机等。

(2) 内燃机型号的组成

1) 第一部分:由制造商代号或系列符号组成。本部分代号由制造商根据需要选择相应 1~3 位字母表示。

2) 第二部分:由气缸数、气缸布置形式符号、冲程形式符号、缸径符号组成。

3) 第三部分:由结构特征符号、用途特征符号和燃料符号组成。

4) 第四部分:区分符号。同系列产品需要区分时,允许制造商选用适当符号表示。第三部分与第四部分可用"—"分隔。

(3) 发动机型号示例

1) 柴油机型号

G12V190ZLD——12 缸、V 型、四冲程、缸径 190mm、冷却液冷却、增压中冷、发电用(G 为系列代号)。

R175A——单缸、四冲程、缸径 75mm、冷却液冷却、(R 为系列代号、A 为区分符号)。

YZ6102Q——六缸直列、四冲程、缸径 102mm、冷却液冷却、车用(YZ 为扬州柴油机厂代号)。

8E150C-1——8缸、直列、二冲程、缸径150mm、冷却液冷却、船用主机、左机基本型（1为区分符号）。

JC12V26/32ZLC——12缸、V型、四冲程、缸径260mm、行程320mm、冷却液冷却、增压中冷、船用主机、右机基本型。

G8300/380ZDZC——8缸、直列、四冲程、缸径300mm、行程380mm冷却液冷却、增压可倒转船用主机、右机基本型（G为系列代号）。

2）汽油机型号

1E65F/P——单缸、二冲程、缸径65mm、风冷、通用型。

492Q/P-A——四缸、直列、四冲程、缸径92mm、冷却液冷却、P汽油（A为区分符号）。

3）燃气机型号

12V190ZL/T——12缸、V型、四冲程、缸径190mm、冷却液冷却、增压中冷、燃气为天然气。

16V190ZLD/MJ——16缸、V型、四冲程、缸径190mm、冷却液冷却、增压中冷、发电用、燃气为焦炉煤气。

4）双燃料发动机

G12V190ZLS——12缸、V型、四冲程、缸径190mm、冷却液冷却、增压中冷、燃料为柴油/天燃气双燃料（G为系列代号）。

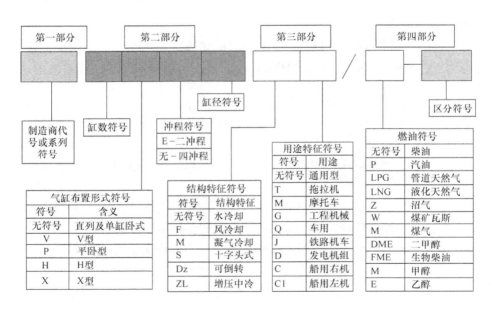

【拓展知识】

4. 进口发动机的型号简介

（1）三菱发动机型号组成

三菱发动机的型号名称是采用"1位数字+1位英文+2位数字"的命名方式。

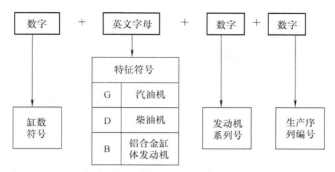

例如：4G63发动机，"4"代表气缸数；"G"代表汽油发动机，"6"就是发动机的系列号，而"3"则是生产序列编号。

（2）丰田发动机型号组成

第一部分阿拉伯数字代表该系列发动机的缸体设计的序列（同系列的第一款缸体设计为1，第二款缸体设计为2）。

第二部分是一个或两个大写英文字母代表该发动机所属的系列。

第三部分是破折号相连的后缀大写英文字母则代表了该款发动机的技术特性。

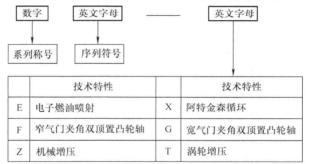

技术特性		技术特性	
E	电子燃油喷射	X	阿特金森循环
F	窄气门夹角双顶置凸轮轴	G	宽气门夹角双顶置凸轮轴
Z	机械增压	T	涡轮增压

例如：5GR-FE丰田发动机，"5"代表第五代，GR代表发动机系列（其中"G"代表六缸发动机，"R"为顶置偏心轴），FE是技术特性符号，"F"则代表气门双进双排，"E"则代表电子喷射。

（3）大众发动机型号

1）大众的EA111系列发动机是大众公司小排量发动机的主力，有1.2L、1.4L、1.6L三种排量。大众的EA111系列发动机融合了缸内直喷、涡轮增压等先进技术，具有小排量、高功率、低油耗等性能优势。材质有铸铁缸体和铝制缸体两种类别，但引进到国内，并搭载在多款大众车型的1.4L和1.6升发动机均为铝制缸盖、铸铁缸体。

2）EA211发动机是大众旗下新型汽车发动机。该系列发动机同时也是首款在四缸发动机上采用热量管理系统的发动机，在提升燃油经济性上有着明显的优势。主要应用在全新明锐、奥迪A3、高尔夫7、斯柯达野帝、朗逸等大众旗下车型均搭载了EA211系列发动机。

3）EA888发动机是大众集团旗下中高级车型的主力机型，有1.8TSI和2.0TSI 2款汽油直喷发动机，EA888是一个系列，其发动机代号分别为CEA、CUF、CGM、CUG。CEA和CUF是1.8T的发动机，CGM和CUG是2.0T的发动机。EA888系列发动机集缸内直喷、涡轮增压、可变气门正时等一系列先进技术于一身，凭借充足的低速转矩，良好的燃油经济性以及一流的可靠性，得到市场的广泛认可。搭载于大众旗下迈腾、CC、途观、帕萨特，奥迪 Q5 等多款车型上。

二、发动机机械基本性能的评价

发动机机械基本性能是主要指发动机的气缸密封性。这是因为气缸密封性是由活塞组、气门组、缸体组及火花塞、喷油器等组件的技术状况决定的。在发动机使用过程中，由于上述零件发生磨损、烧蚀、结胶、积炭、断裂等故障将会引起气缸密封性下降，气缸密封性的下降将直接导致发动机的功率下降、油耗增加。这不但严重影响发动机的动力性、燃料经济性、排放净化性，而且还涉及发动机的使用寿命。因此，为保证发动机正常的工作状态，确保发动机良好的技术性能，就必须对发动机的气缸密封性进行定期检测。

气缸密封性的诊断参数主要有气缸压缩压力（简称缸压）、气缸漏气量、曲轴箱漏气量和进气歧管真空度等。一般在汽车发动机维修过程中主要通过气缸压缩压力的检验来确定气缸的密封性。

1. 气缸压缩压力标准

根据 2011 年 12 月 1 日开始实施的国标 GB/T 15746—2011《汽车修理质量检查评定方法》的规定：修竣后发动机，在正常温度下，气缸压缩压力应符合原设计规定；其压力差汽油机应不超过各缸平均压力的 5%，柴油机应不超过 8%。常见轿车发动机气缸压力标准见表 1-1-1。

表 1-1-1　常见轿车发动机气缸压力标准表

车型	标准压力/kPa	磨损极限压力/kPa	各缸压力允许偏差/kPa
PASSAT 1.8T	900~1400	750	300
奥迪 A4L	1100~1300	900	不大于 50
2016 款捷达 NF	900~1100	700	不大于 50
别克凯越	950~1150	689	100

2. 气缸压缩压力检测法

气缸压缩压力法简称缸压法就是通过测量活塞到达压缩行程上止点时燃烧室内的压力大小来确定气缸的密封状况的方法。常用的测量仪器有气缸压力表和气缸压力测试仪。

3. 用气缸压力检测

气缸压力表组成如图 1-1-6a 所示，由表头、导管、单向阀和接头组成。

气缸压力表的接头有两种：一种为螺纹管接头，可以旋紧在火花塞或喷油器螺纹孔内；另一种为锥形或阶梯形的橡胶接头，可以压紧在火花塞或喷油器座孔上。导管也有两种：一种为软导管，适用于螺纹管接头与压力表头的连接；另一种为金属硬导管，适用于橡胶接头与压力表头的连接。

气缸压力表还装有能通大气的单向阀。当单向阀处于关闭位置时，可保持压力表指针位置以便于读数。当单向阀处于打开位置时，可使压力表指针回零。

用气缸压力表测量气缸压缩压力的安装如图 1-1-6b 所示，具体方法及步骤如下：

1）起动发动机，使发动机达到正常工作温度 80~90℃。
2）停机后，拆下空气滤清器，用压缩空气吹净火花塞或喷油器周围的灰尘和脏物。
3）卸下全部火花塞或喷油器，并按气缸次序放好。
4）把气缸压力表的锥形橡胶接头压紧在被测缸的火花塞孔内，或把螺纹管接头拧入火

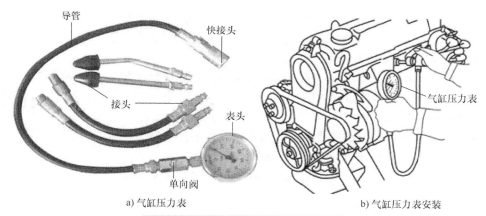

a) 气缸压力表   b) 气缸压力表安装

图 1-1-6 气缸压力表组成与缸压检测

花塞孔。

5）用起动机带动曲轴旋转 3~5s，指针稳定后读取读数。

6）然后按下单向阀使指针回零。

7）按上述方法依次测量各缸，每缸测量不少于两次，每缸结果取算术平均值。

4. 用气缸压力传感器式气缸压力测试仪检测

用压力传感器式气缸压力测试仪检测气缸压力时，须先拆下被测缸的火花塞，旋上仪器配置的压力传感器，用起动机转动曲轴 3~5s，由传感器取出气缸的压力信号，经放大后送入 A/D 转换器进行模数转换，再送入显示装置即可获得气缸压力。其检测步骤如下：

1）需先拆下被测气缸的火花塞或喷油器，旋上仪器配置的压力传感器。

2）使节气门位于全开位置，用起动机转动曲轴 3~5s。

3）在显示装置上读取所测气缸的压缩压力值。

5. 用起动电流或起动电压降式气缸压力测试仪检测

起动机带动发动机曲轴所需的转矩是起动机电流的函数，并与气缸压力成正比。通过实测电流波形读取缸压值。波形峰值与各缸压力最大值有关。需用压力传感器测出任一气缸压缩压力，以确定缸序。缸压波形与压力传感器如图 1-1-7 所示。

有的测试仪可以显示各缸压缩压力的具体数值；甚至可显示各缸压缩压力的具体数值，并能与标准值对照；有的仅能定性显示"合格"或"不合格"；也有的只能显示波形。对于后者，如果检测时显示的各缸波形振幅一致，峰值又在规定范围内，则说明各缸压缩压力符合要求；若各缸波形振幅不一致，对应某缸电流峰值低于规定范围，则说明该缸压缩压力不足，应借助其他方法测出

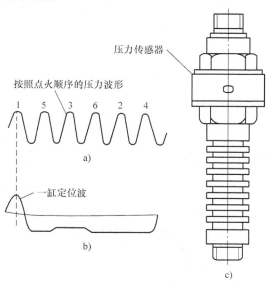

图 1-1-7 缸压波形与压力传感器

压缩压力的具体数值，以便分析判断。至于各缸波形峰值对应的缸号，一般是通过点火传感器或喷油传感器（柴油机）确定1缸波形位置，其他缸的波形位置按点火次序确定。

6. 用电感放电式气缸压力测试仪检测

这是一种通过检测点火二次电感放电电压来确定气缸压力的仪器，仅适用于汽油机。汽油机工作中，随着点火器将点火线圈初级绕组断开，次级绕组的次级电压随即上升击穿火花塞间隙，并维持火花塞放电。火花放电电压也称为点火电压，它属于电感放电。电感放电的电压与气缸压力之间具有近乎直线的对应关系，因此各缸火花放电电压可作为检测各缸压力的信号，该信号经变换处理后即可显示气缸压力。

特别注意：在应用上述的检测方法时，发动机不要着火。电控发动机必须要断油（可断开电动油泵的熔丝或继电器）。

特别提示：随着汽车发动机故障诊断仪功能的开发，现代的汽车发动机故障诊断仪大多带有缸压检测功能，这为结构比较复杂的采用直接点火控制系统的发动机进行缸压检测提供了方便。要学会充分利用现代汽车故障诊断的先进仪器设备进行检测。

【拓展知识】

三、发动机主要性能指标

发动机的性能指标是用来衡量发动机性能好坏的标准，其主要性能指标有动力性指标、经济性指标和环境指标。

（1）动力性指标

M_e 和 P_e 是有效动力性指标，用来衡量发动机动力性大小。

1）有效功率 P_e：发动机在单位时间对外输出的有效功称为有效功率，用 P_e 表示，单位是 kW。发动机有效功率可用台架试验方法确定。

2）有效转矩：发动机对外输出转矩称为有效转矩，用 M_e 表示，单位为 N·m。M_e 和 P_e 之间有如下关系：

$$M_e = \frac{60 \times 1000 P_e}{2\pi n} = \frac{9550 P_e}{n}$$

式中　n——发动机转速，r/min。

（2）经济性指标

发动机经济性指标主要指有效燃油消耗率和有效热效率。

1）有效燃油消耗率 g_e：有效燃油消耗率是指发动机每输出1kW的有效功率在1h内所消耗的燃油克数，用 g 表示。g_e 可用下式计算：

$$g_e = \frac{GT}{P_e} \times 10^3$$

式中　GT——发动机工作每小时耗油量，可由试验确定，kg/h。

2）有效热效率 η_e：燃料燃烧所产生的热量转化为有效功的百分数称为有效热效率，η_e 越高，发动机经济性越好。

（3）环境指标

环境指标主要指发动机排气品质和噪声水平。因为它关系到人类的健康及其赖以生存的环境，所以各国政府都制定出严格的控制法规，以期消减发动机排气和噪声对环境的污染。

当前，排放性和噪声水平已成为发动机的重要性能指标。

在排放性方面，目前主要限制一氧化碳（CO）、各种碳氢化合物（HC）、氮氧化物（NO_x）及除水以外的任何液体或固体微粒的排放量。

噪声是指对人的健康造成不良影响及对学习、工作和休息等正常活动发生干扰的声音。汽车是城市中的主要噪声源之一，而发动机又是汽车的主要噪声源，因此，控制发动机的噪声就显得十分重要。我国的噪声标准中规定，轿车的噪声不得大于82dB（A）。

任务二 对发动机总体构造与工作原理的认知

【任务导入】

聪聪实习来到了发动机维修车间，看到维修师傅正在进行发动机解体检修。"那么多零部件，应该从何处入手才能学会发动机维修呀？"聪聪正困惑发懵时，师傅告诉他："要想学会检修发动机，必须掌握发动机结构原理和各部总成的作用。就从认知零部件、总成名称，了解工作原理开始吧！"聪聪高兴地开始了今天的学习。

【任务说明】

以小组为单位，对照发动机实物进行总体结构的认知，分清各零件、部件或总成件属性（属于两大机构五大系统中的哪个）；根据发动机总成实物，描述工作原理；并完成任务单1-2-1的填写。

【相关知识与技能】

一、发动机总体构造

发动机是一部由许多机构和系统组成的复杂机器。现代汽车发动机的结构形式很多，即使是同一类型的发动机，其具体构造也是多种多样的。汽油机通常由两大机构和五大系统组成，柴油机通常由两大机构和四大系统组成（无点火系统）。可以通过一些典型汽车发动机的结构实例来分析发动机的总体构造，如图1-2-1所示。

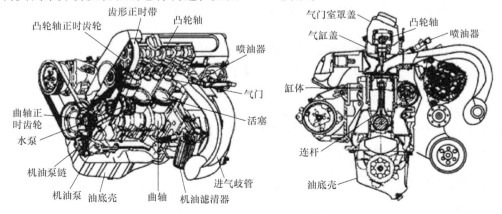

图1-2-1 大众BNL型发动机结构剖视图

1. 机体组

发动机的机体组包括气缸盖、气缸体及油底壳。有的发动机将气缸体分铸成上、下两部分，上部称为气缸体，下部称为曲轴箱。机体组的功用是作为发动机各机构、各系统的装配基体，而且其本身的许多部分又分别是曲柄连杆机构、配气机构、供给系统、冷却系统和润滑系统的组成部分。气缸盖和气缸体的内壁共同组成燃烧室的一部分，是承受高温高压的机件。在进行结构分析时，常把机体组列入曲柄连杆机构。

2. 曲柄连杆机构

曲柄连杆机构包括活塞、连杆、带有飞轮的曲轴等。其功用是将活塞的直线往复运动变为曲轴的旋转运动并输出动力。

3. 配气机构

配气机构包括进气门、排气门、摇臂、气门间隙调节器、凸轮轴以及凸轮轴正时带轮（由曲轴正时带轮驱动）等。其功用是使可燃混合气及时充入气缸并适时从气缸排出废气。

4. 燃料供给系统

根据发动机使用的燃料不同，燃料供给系统分为汽油机燃料供给系统和柴油机燃料供给系统。当下传统的化油器式汽油机供给系统和机械式柴油喷射供给系统均被淘汰，取而代之的是电控汽油喷射系统和电控柴油喷射系统。电控汽油喷射系统由空气供给系统、燃油供给系统和电子控制系统三部分构成，主要元件包括空气滤清器、空气流量计、进气管、节气门体总成、进气歧管、油箱、电动油泵、燃油分配管、喷油器和发动机控制单元（ECU）等。该系统的作用是为发动机提供计量过的新鲜空气，并根据发动机工况空燃比的需求，供给可燃混合气燃烧所需的燃油量。

5. 点火系统

点火系统可分为传统点火系统和微机控制的点火系统（电控点火系统）；传统点火系统已经被淘汰，目前汽车发动机广泛应用的是电控点火系统，主要包括电源（蓄电池和发电机）、点火开关、ECU、点火控制器、点火线圈以及高压线、火花塞等。点火系统的功用是按规定时刻向气缸内提供电火花以点燃气缸中的可燃混合气。

6. 冷却系统

冷却系统主要包括水泵、散热器、风扇、分水管、气缸体以及气缸盖里铸出的空腔——水套等。其功用是把受热机件的热量散到大气中去，以保证发动机正常工作。

7. 润滑系统

润滑系统包括机油泵、机油集滤器、限压阀、润滑油道、机油滤清器等。其功用是将机油供给做相对运动的零件，以减小它们之间的摩擦阻力，减轻机件的磨损，并部分地冷却摩擦零件，清洗摩擦表面。

8. 起动系统

起动系统一般由蓄电池、起动机、起动继电器、起动开关等组成。其功用是使静止的发动机起动并转入自行运转状态。

二、发动机工作原理

1. 发动机的基本术语

发动机的基本术语是指与发动机工作、结构相关的常用专门用语，如图 1-2-2 所示。

1) 上止点 TDC。上止点是指活塞顶面距离曲轴旋转中心线最远处位置。
2) 下止点 BDC。下止点是指活塞顶面距离曲轴旋转中心线最近处位置。
3) 活塞行程 S。活塞行程是指上、下止点间的距离，单位为 mm（毫米）。活塞由一个止点运动到另一个止点一次的过程，称为一个行程。
4) 曲柄半径 R。曲柄半径是指与连杆轴径中心线到曲轴回转中心线的距离，单位为 mm（毫米）。显然，曲轴每转一周，活塞移动两个行程，即 $S = 2R$。

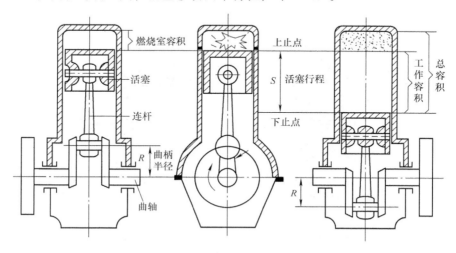

图 1-2-2 发动机的基本术语位置图

5) 气缸工作容积 V_h。气缸工作容积是指活塞从一个止点移动到另一个止点所扫过的容积，单位为 L（升）。显然有 $V_h = \pi D^2 S/4$。

式中　V_h——气缸工作容积，L；
　　　D——气缸直径，mm；
　　　S——活塞行程，mm。

6) 燃烧室容积 V_c。燃烧室容积是指活塞位于上止点时，活塞顶上方的气缸空间容积，单位为 L（升）。

7) 气缸总容积 V_a。气缸总容积是指活塞位于下止点时，活塞顶上方的气缸空间容积，单位为 L（升）。显然有 $V_a = V_c + V_h$。

8) 发动机排量 V_L。发动机排量是指发动机所有气缸工作容积之和，单位为 L（升）。对于多缸发动机，显然有 $V_L = V_h \times i$，i 为发动机气缸数。

发动机排量是一个非常重要的特征参数，轿车就是以发动机排量大小来进行分级的（表 1-2-1）。

表 1-2-1　轿车分级

轿车分级	微型	普通级	中级	中高级	高级
排量 V_L/L	≤1.0	>1.0~1.6	>1.6~2.5	>2.5~4.0	>4.0

9) 压缩比 ε。压缩比是指气缸总容积与燃烧室容积之比。

$$\varepsilon = \frac{V_a}{V_c} = \frac{V_h + V_c}{V_c} = 1 + \frac{V_h}{V_c}$$

压缩比用来衡量空气或混合气被压缩的程度，影响发动机的热效率。现代汽油发动机压缩比为 9～12；柴油发动机压缩比较高，为 16～22。

10）工作循环。发动机完成进气、压缩、做功、排气四个过程，称为一个工作循环。

2. 发动机的基本工作原理

（1）四冲程汽油机工作原理

四冲程汽油机的工作循环由进气、压缩、做功、排气四个过程所组成。图 1-2-3 所示为单缸四冲程汽油机工作循环示意图。

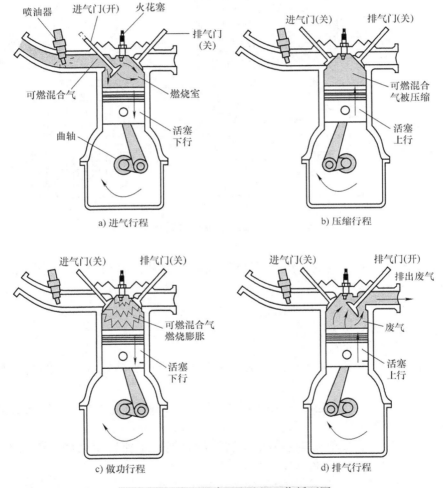

图 1-2-3　单缸四冲程汽油机工作循环图

1）进气行程。活塞由曲轴带动从上止点向下止点运动，此时，进气门开启，排气门关闭。在活塞向下移动的过程中，气缸内容积逐渐增大，形成一定真空度，于是空气和燃油的可燃混合气通过进气门被吸入气缸，直至活塞到达下止点时，进气门关闭，停止进气。

由于进气系统存在进气阻力，进气终了时气缸内气体的压力低于大气压力，约为 0.075～0.09MPa。由于气缸壁、活塞等高温件及上一循环留下的高温残余废气的加热，气体温度升高到 370～400K。

2）压缩行程。为使可燃混合气迅速燃烧，达到改善发动机动力性和经济性的目的，必须在燃烧前对可燃混合气进行压缩，以提高可燃混合气的温度和压力。因此，在进气行程结束时立即进入压缩行程，活塞在曲轴的带动下，从下止点向上止点运动。由于进、排气门均关闭，气缸内容积逐渐减小，可燃混合气压力、温度逐渐升高。

压缩终了时，气缸内的压力约为 0.6~1.2MPa，温度约为 600~700K。

3）做功行程。在压缩行程末，火花塞产生电火花点燃混合气并迅速燃烧，使气体的温度、压力迅速升高而膨胀，从而推动活塞从上止点向下止点运动，通过连杆使曲轴旋转做功，至活塞到达下止点时做功结束。

在做功行程中，开始阶段气缸内气体压力、温度急剧上升，瞬间压力可达 3~5MPa，瞬时温度可达 2200~2800K。随着活塞下行，气缸容积增大，气缸内压力、温度逐渐下降，做功终了时，压力约为 0.3~0.5MPa，温度约为 1300~1600K。

4）排气行程。为使循环能够连续进行，须将燃烧产生的废气排出。在做功行程终了时，排气门打开，进气门关闭，曲轴通过连杆推动活塞从下止点向上止点运动，废气在自身剩余压力和活塞推动下，被排出气缸，至活塞到达上止点时，排气门关闭，排气结束。

排气行程终了时，由于燃烧室容积的存在，气缸内还存有少量废气，气体压力也因排气系统存在排气阻力而略高于大气压力。此时，压力约为 0.105~0.115MPa，温度约为 900~1200K。

(2) 四冲程柴油机工作原理

四冲程柴油机和四冲程汽油机一样，每个工作循环也是由进气、压缩、做功和排气四个行程组成。由于所使用燃料的性质不同，在可燃混合气的形成和着火方式上与汽油机有很大区别。单缸四冲程柴油机工作循环示意图，如图 1-2-4 所示。

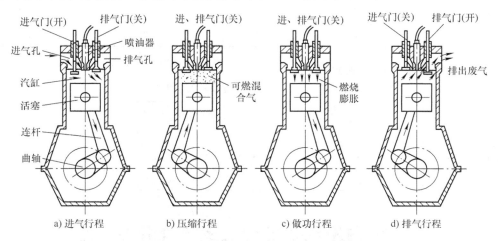

图 1-2-4 单缸四冲程柴油机工作循环图

1）进气行程。进气行程不同于汽油机的是进入气缸的不是可燃混合气，而是纯空气。由于进气阻力比汽油机小，上一行程残留的废气温度也比汽油机低，进气行程终了的压力约为 0.075~0.095MPa，温度约为 320~350K。

2）压缩行程。压缩行程不同于汽油机的是压缩纯空气，由于柴油的压缩比大，压缩终了的温度和压力都比汽油机高，压力可达 3~5MPa，温度可达 800~1000K。

3）做功行程。此行程与汽油机有很大差异，压缩行程末，喷油泵将高压柴油经喷油器呈雾状喷入气缸内的高温高压空气中，被迅速汽化并与空气形成混合气，由于此时气缸内的温度远高于柴油的自燃温度（约 500K 左右），柴油混合气便立即自行着火燃烧，且此后一段时间内边喷油边燃烧，气缸内压力和温度急剧升高，推动活塞下行做功。

做功行程中，瞬时压力可达 5~10MPa，瞬时温度可达 1800~2200K，做功行程终了时压力约为 0.2~0.4MPa，温度约为 1200~1500K。

4）排气行程。此行程与汽油机基本相同。排气行程终了时的气缸压力约为 0.105~0.125MPa，温度约为 800~1000K。

(3) 多缸四冲程发动机工作原理

多缸四冲程发动机每一个气缸工作循环都与单缸四冲程发动机相同，但各缸的做功行程并不同时进行，而是按一定顺序进行，各缸的做功间隔要尽量均衡，连续做功的两缸相隔尽量远些，最好是在发动机的前半部和后半部交替进行，V 型发动机左右气缸尽量交替做功，确保发动机工作的平衡性。四冲程发动机，曲轴每转两周，均为各缸轮流做功一次，发动机各缸的做功间隔角 θ 一致，$\theta = 720°/i$，i 为气缸数。

四冲程直列四缸发动机工作原理图见表 1-2-2（做功顺序 1-3-4-2）。

表 1-2-2 四冲程直列四缸发动机工作原理

曲轴转角/(°)	第一缸	第二缸	第三缸	第四缸
0~180	做功	排气	压缩	进气
180~360	排气	进气	做功	压缩
360~540	进气	压缩	排气	做功
540~720	压缩	做功	进气	排气

常见四冲程发动机做功顺序见表 1-2-3。

表 1-2-3 常见四冲程发动机做功顺序

缸数	做功顺序
四缸	1-3-4-2 或 1-2-4-3
六缸（直列）	1-5-3-6-2-4 或 1-4-2-6-3-5
六缸（V型）	1-4-5-2-3-6（1缸右起）或 1-6-5-4-3-2（1缸左起）

任务三　对发动机维修设备与工量具的认知

【任务导入】

聪聪在观看师傅检修车辆时，发现师傅旁边摆放的工具箱上有各种各样、规格型号不一的工具，师傅告诉他："每种工具都有它的用途和规范，只有正确地选用才能确保维修质量和生产安全"。聪聪听后很有感触，于是虚心向师傅请教汽车维修工具的名称与使用规范。

【任务说明】

在老师的指导下，以小组为单位，到4S店或实训车间的工具室对照实物，填写好任务单1-3-1，完成对工具和量具的正确指认。

【相关知识与技能】

一、常用的工具（通用工具）

1. 螺钉旋具

螺钉旋具俗称螺丝刀，主要用于旋紧或旋松有槽螺钉，常用的螺钉旋具有一字槽螺钉旋具和十字槽螺钉旋具两种，如图1-3-1所示。一字槽螺钉旋具的型号表示为"刀头宽度×刀杆长度"，十字槽螺钉旋具的型号表示为"刀头大小×刀杆长度"。

a) 一字槽螺钉旋具　　　　　　b) 十字槽螺钉旋具

图1-3-1　螺钉旋具类型

2. 钳子

在汽车维修中，钳子多用来弯曲或安装小零件、螺栓以及剪断导线等，常用钳子类型如图1-3-2所示。使用钳子时，应根据作业内容选用相应类型和规格的钳子，不能用钳子拧紧或拧松螺纹连接件，以防破坏螺纹，也不可用钳子当锤子使用，以免损坏钳子。

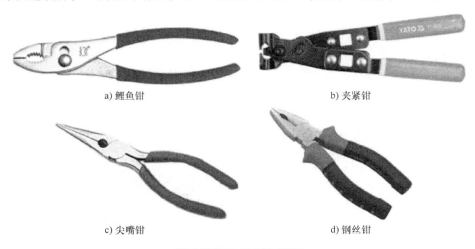

a) 鲤鱼钳　　　　　　　　　　b) 夹紧钳

c) 尖嘴钳　　　　　　　　　　d) 钢丝钳

图1-3-2　常用钳子类型

3. 扳手

扳手种类繁多，常见类型有活扳手、呆扳手、梅花扳手、两用扳手、套筒扳手、扭力扳手和内六角扳手等。

(1) 活扳手

活扳手的开口宽度可在一定尺寸范围内进行调节，能拧紧或松开不同规格的外六角头、方头螺栓或螺母。活扳手规格以扳手长度和最大开口宽度表示，活扳手如图1-3-3所示。

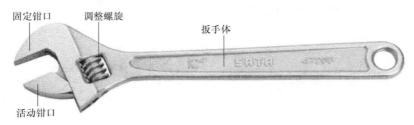

图1-3-3 活扳手

(2) 呆扳手

呆扳手一端或两端制有固定尺寸的开口，用以拧转固定尺寸的螺栓或螺母，如图1-3-4所示。呆扳手的规格是以钳口开口的宽度来表示的，每把双头呆扳手只适用于两种尺寸的外六角头、方头螺栓或螺母。

a) 单头呆扳手　　　　　　　　b) 双头呆扳手

图1-3-4 呆扳手类型

(3) 梅花扳手

梅花扳手一端或两端具有带六角孔或十二角孔的工作端，如图1-3-5所示。梅花扳手适用于工作空间狭小、不能使用普通扳手的场合。

a) 双头梅花扳手　　　　　　　　b) 单头梅花扳手

图1-3-5 梅花扳手类型

(4) 两用扳手

两用扳手的一端与单头呆扳手相同，另一端与梅花扳手相同，两端拧转相同规格的外六角头、方头螺栓或螺母，如图1-3-6所示。

图 1-3-6　两用扳手

（5）套筒扳手

套筒扳手由多个带六角孔或十二角孔的套筒并配有手柄、接杆等多种附件组成，如图 1-3-7 所示。套筒扳手特别适用于拧转地方十分狭小或凹陷于很深处的外六角头、方头螺栓或螺母。套筒的规格按标准螺纹规格划分。套筒扳手在维修作业中具有快速、高效的优点，因此在汽车维修中套筒扳手是使用频率最高的工具。

图 1-3-7　套筒扳手

（6）扭力扳手

扭力扳手在拧转螺栓或螺母时，能显示出所施加的拧紧力矩；或者当施加的拧紧力矩到达预设值后，会发出光或声响信号，扭力扳手如图 1-3-8 所示。扭力扳手适用于对拧紧力矩大小有明确规定的装配工作。

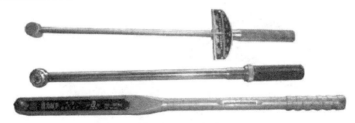

图 1-3-8　扭力扳手

（7）内六角扳手

内六角扳手是呈 L 形的六角棒状扳手，如图 1-3-9 所示。专用于拧转内六角螺钉，内六角扳手的型号是按照六方的对边尺寸进行规定的，螺栓的尺寸遵循国家标准。

图 1-3-9　内六角扳手

4. 锤子

汽车维修中常用的锤子有铁锤、铜锤、木锤和橡胶锤，如图 1-3-10 所示。铁锤规格按锤头质量划分，一般在锤头侧面标有 lb 或 kg 数。使用时，锤头应安装牢靠，用正面击打物体。铜锤、木锤和橡胶锤主要用于击打零件加工表面以保护零件不被损坏。

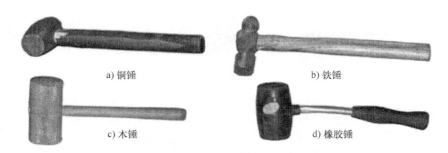

图 1-3-10 锤子类型

二、专用工具

1. 火花塞套筒

火花塞套筒是用于拆装火花塞的专用工具，如图 1-3-11 所示。传统汽油发动机用图 1-3-11a 所示套筒拆装火花塞，电喷汽油发动机用图 1-3-11b 所示套筒拆装火花塞。

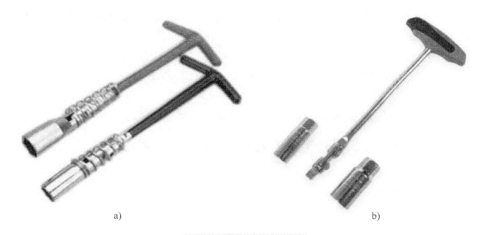

图 1-3-11 火花塞套筒

2. 轮胎套筒扳手

轮胎套筒扳手是用于拆装汽车轮胎的专用工具，其结构如图 1-3-12 所示。

图 1-3-12 轮胎套筒扳手

3. 活塞环拆装钳

活塞环拆装钳是用于拆装活塞环的专用工具，如图 1-3-13 所示。使用时应将活塞环拆装钳上的环卡卡在活塞环的开口上，轻握手柄慢慢收缩使活塞环张开，以便拆装。

4. 活塞环安装专用工具

活塞环安装专用工具也叫活塞环压缩器或活塞环卡箍，如图 1-3-14 所示。其作用主要是在活塞连杆组进行安装时，用于压缩活塞环，以便活塞装入气缸内。

5. 气门拆装钳

气门拆装钳是用于拆装气门的专用工具，如图 1-3-15 所示。在使用压下手柄式气门拆装钳拆装气门时，将气门拆装钳托架抵住气门，压环对正气门弹簧座，压下手柄即可使气门弹簧压缩，然后取出气门弹簧锁止零件，再慢慢放松手柄，便能很容易地取下气门弹簧和气门等，如图 1-3-15a 所示。在使用旋转手柄式气门拆装钳拆装气门时，需旋转手柄，才能取出气门弹簧锁止零件、气门弹簧和气门等零件，如图 1-3-15b 所示。

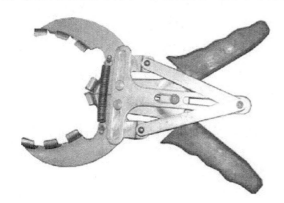

图 1-3-13 活塞环拆装钳

图 1-3-14 活塞环安装专用工具

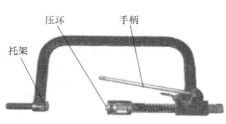

a) 压下手柄式气门拆装钳

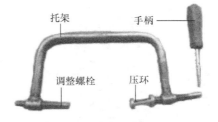

b) 旋转手柄式气门拆装钳

图 1-3-15 气门拆装钳

6. 拉拔器

拉拔器是用于拆卸通过过盈配合安装在轴上的齿轮或轴承等零件的专用工具，如图 1-3-16 所示。使用时，用拉拔器的拉爪拉住齿轮或轴承，压力螺杆抵住轴端，然后拧紧压力螺杆，即可从轴上拉下齿轮等过盈配合安装的零件。

7. 发动机机油滤清器扳手

发动机机油滤清器扳手，专门用于拆装发动机机油滤清器，如图 1-3-17 所示。在拆装发动机机油滤清器时，应根据发动机机油滤清器不同的拆装环境选用不同形状的发动机机油滤清器扳手。

图 1-3-16　拉拔器　　　　　　　　图 1-3-17　发动机机油滤清器扳手

8. 冲击螺钉批

冲击螺钉批是汽车维修过程中处理生锈或不易松动十字槽或一字槽螺钉的专用工具，如图 1-3-18 所示。

9. 滑脂枪

滑脂枪用于向汽车上需要用润滑脂润滑的部位加注润滑脂，如图 1-3-19 所示。使用前，应向滑脂枪里面加注润滑脂，然后对准滑脂嘴进行加注。若注不进润滑脂，应查明原因。

图 1-3-18　冲击螺钉批　　　　　　　　图 1-3-19　滑脂枪

10. 电动扳手和气动扳手

电动扳手是以电源或电池为动力的扳手，是一种拆装螺栓的工具，如图 1-3-20 所示。电动扳手主要分为冲击扳手、扭剪扳手、定扭紧力矩扳手、转角扳手、角向扳手、液压扳手、扭力扳手和充电式电动扳手。

气动扳手是以压缩空气为动力的扳手，如图1-3-21所示。空压机输出的压缩空气进入风炮气缸之后带动里面的叶轮转动而产生旋转动力，同时叶轮再带动相连接的打击部位进行类似锤打的运动，在每一次敲击之后，把螺钉拧紧或者拆卸下来。气动扳手是一种既高效，又安全的拆装螺栓的气动工具。

图1-3-20 电动扳手

图1-3-21 气动扳手

11. 汽车举升机

汽车举升机是在汽车维修过程中的举升设备，汽车开到举升机工位，通过人工操作可使汽车举升到一定的高度，以便于汽车的维修。汽车举升机常见种类有两柱式、四柱式、剪式和地沟式举升机等，如图1-3-22所示。举升机在汽车维修及养护中发挥着非常重要的作用，现在的维修厂都配备有举升机，举升机是汽车维修厂的必备设备之一。

a) 两柱式举升机

b) 四柱式举升机

c) 剪式举升机

d) 地沟式举升机

图1-3-22 举升机类型

12. 千斤顶

千斤顶是一种最常用、最简单的起重工具，按照其工作原理可分为机械丝杠式和液压式，如图 1-3-23 所示。按照所能顶起的质量可分为 3000kg、5000kg 和 9000kg 等多种不同规格的千斤顶。

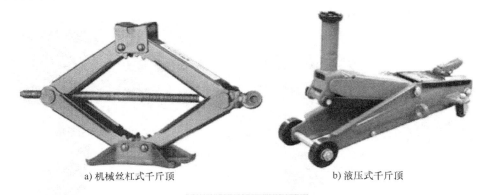

a) 机械丝杠式千斤顶　　　　b) 液压式千斤顶

图 1-3-23　千斤顶类型

13. 锉刀

锉刀主要用于修整零件表面尺寸和形状，是一种切削刃具，种类繁多，如图 1-3-24 所示。锉刀尺寸规格应根据被加工工件的尺寸和加工余量来选用。加工尺寸大、余量大时，要选用大尺寸规格的锉刀，反之要选用小尺寸规格的锉刀。

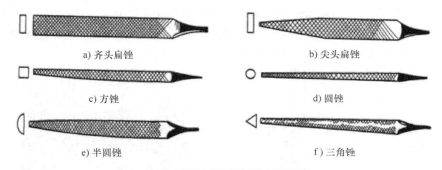

a) 齐头扁锉　　　　b) 尖头扁锉
c) 方锉　　　　d) 圆锉
e) 半圆锉　　　　f) 三角锉

图 1-3-24　锉刀类型及断面形状

三、常用量具

1. 钢直尺

（1）钢直尺的构造

钢直尺是一种最简单的量具。如图 1-3-25 所示，钢直尺的 A 面刻度单位为 mm、B 面刻度单位为 in，规格有 150mm、200mm、300mm、500mm 四种，测量精度一般只能达到 0.2~0.5mm。

（2）钢直尺的作用

钢直尺可用来量取尺寸，测量工件的长度、宽度、高度和深度及划直线。

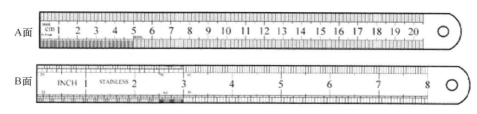

图 1-3-25 钢直尺

（3）钢直尺的使用注意事项

1）尽量使待测物贴近钢直尺的刻度线，读数时视线要垂直钢直尺。

2）一般不要用钢直尺的端点作为测量的起点，因为端边易受磨损而给测量带来误差。

3）钢直尺的刻度可能不够均匀，在测量时要选取不同起点进行多次测量，然后取平均值。

4）钢直尺读数时可以准确读到 mm 位，mm 位以下的 0.1mm 位是凭眼睛估读的。

5）长度单位基准。长度单位基准为米（m），1983 年第 17 届国际计量大会第 3 次定义"米"为"光在真空中 1/299792458s 的时间间隔内所行进的路程长度"。常用的长度单位名称和代号见表 1-3-1。

表 1-3-1 常用的长度单位名称和代号

单位名称	米	分米	厘米	毫米	丝米	忽米	微米
代号	m	dm	cm	mm	dmm	cmm	μm
基准	1	10^{-1} m	10^{-2} m	10^{-3} m	10^{-4} m	10^{-5} m	10^{-6} m

注：丝米和忽米不是法定计量单位，在工厂中采用，其中忽米在工厂中又称"丝"或"道"。

2. 游标卡尺

游标卡尺按精度分有 0.10mm、0.05mm 和 0.02mm 三种。图 1-3-26 所示为 0.02mm 的游标卡尺，它由外测量爪、内测量爪、紧固螺钉、游标、尺身和深度尺组成。

当图 1-3-26 所示的游标卡尺上的两个量爪合拢时，副尺上的 50 格刚好与主尺上的 49mm 对正，如图 1-3-27 所示。主尺上每一个小格是 1mm，则副尺上每一个小格是 49/50 = 0.98mm。

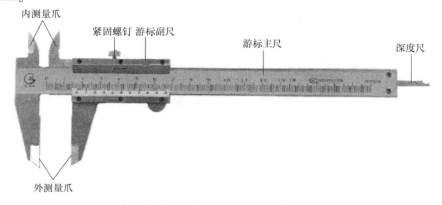

图 1-3-26 游标卡尺结构

图 1-3-27 游标卡尺原理

因此,主尺与副尺每格之差为 1－0.98＝0.02（mm）。此差值即 1/50mm 游标卡尺的测量精度。

若一个物体 0.02mm 厚,则会出现游标卡尺副尺上的第一条刻度线与主尺上的第一条刻度线对齐的情况。

若一个物体 0.04mm 厚,则会出现游标卡尺副尺上的第二条刻度线与主尺上的第二条刻度线对齐的情况。以此类推。

游标卡尺的读数方法如下：

1）读出副尺零线左边与主尺相邻的第一条刻线的整毫米数,为所测尺寸的整数值。

2）读出副尺上与主尺刻线对齐的那一条刻线所表示的数值,为所测尺寸的小数值。

3）把整毫米数和毫米小数加起来,即所测零件的尺寸数值。

图 1-3-28a 所示游标卡尺读数为 11.36mm；如图 1-3-28b 所示,读数为 15.48mm。

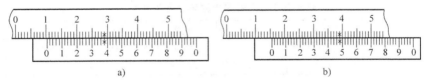

图 1-3-28 游标卡尺读数练习

3. 外径千分尺

外径千分尺是一种精密量具,它的精度比游标卡尺高。外径千分尺由尺架、砧座、测微螺杆、固定套管、活动套管、微调和偏心锁紧手柄等组成,如图 1-3-29 所示。

外径千分尺测微螺杆的螺距是 0.5mm,活动套管上共刻有 50 条刻线,测微螺杆与活动套管连在一起。当活动套管转 50 格（1 周）时,测微螺杆也转 1 周并移动 0.5mm。因此,当活动套管转 1 格时,测微螺杆移动 0.5/50＝0.01mm。所以,外径千分尺可准确到 0.01mm。由于还能再估读一位,可读到毫米的千分位。

外径千分尺的读数方法如下：

1）先读出活动套管边缘在固定套管上的毫米数和半毫米数。

2）再根据活动套管上的哪一格与固定套管上的基准线对齐,读出活动套管上不足半毫米的数值。

3）最后将两个读数加起来,其和即测得的实际尺寸值。

图 1-3-30a 所示外径千分尺上的读数为 55mm,套管上的 0.01mm 的刻度线对齐基准线,因此读数是 55mm＋0.01mm＝55.01mm。

图 1-3-30b 所示的读数为 55.5mm,套管上的 0.45mm 的刻度线对齐基准线,因此读数是 55.5mm＋0.45mm＝55.95mm。

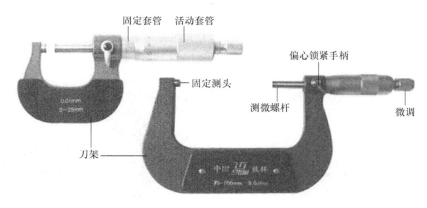

图 1-3-29 外径千分尺结构

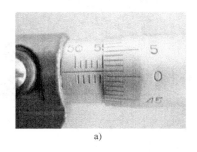
a)

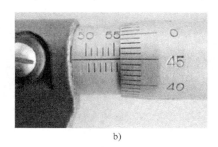
b)

图 1-3-30 外径千分尺读数练习

4. 百分表

百分表分为内径百分表和外径百分表两类。图 1-3-31 所示为外径百分表，主要由表盘、表圈、挡帽、转数指示盘、主指针、轴管、测量头和测量杆等组成。百分表是一种精度较高的比较量具，它只能测出相对数值，不能测出绝对值。百分表主要用于检验机床精度和测量工件的尺寸、形状和位置误差等。

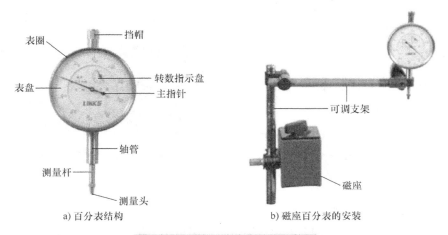

a) 百分表结构　　　　　　　b) 磁座百分表的安装

图 1-3-31 外径百分表结构与使用

5. 量缸表

量缸表又称内径百分表，主要用来测量孔的内径，如气缸直径、轴承孔直径等。量缸表主要由百分表、表杆、垫圈和一套不同长度的接杆等组成，如图 1-3-32 所示。

安装量缸表的步骤如下：

1）安装百分表，并让百分表有 2mm 左右的预压缩量，并固定好，如图 1-3-33 所示。

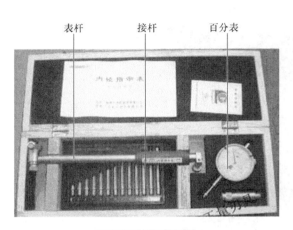

图 1-3-32　量缸表

图 1-3-33　安装百分表

2）根据气缸直径，选择相应尺寸的测量接杆，并将其固定在量缸表杆的下端。按规定接杆固定好后与活动测杆的总长度应与被测气缸的尺寸相适应。测杆自由长度比被测缸径长 1~2mm，如图 1-3-34 所示。

3）校正量缸表的尺寸。将千分尺校正到被测气缸的标准尺寸，再将量缸表校准到外径千分尺的尺寸。即用外径千分尺给量缸表对零，如图 1-3-35 所示。

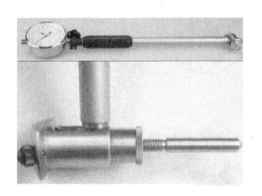

图 1-3-34　测量接杆的选择

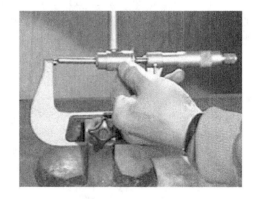

图 1-3-35　校正量缸表的尺寸

6. 塞尺

塞尺由多片不同厚度的钢片所组成，每片钢片的表面刻有其厚度的数字，如图 1-3-36 所示。在汽车维修中，塞尺常用来测量零件之间的配合间隙，如气门间隙、曲轴轴向间隙等。

7. 刀口形直尺

刀口形直尺主要用于以光隙法进行直线度测量和平面度测量，如图 1-3-37 所示，也可与量块一起用于检验平面精度。刀口形直尺具有结构简单、质量轻、不生锈、操作方便、测量效率高等优点，是机械加工常用的测量工具。

图 1-3-36 塞尺

图 1-3-37 刀口形直尺

8. 万用表

万用表一般以测量电压、电流和电阻为主要目的。万用表按显示方式分为指针式万用表和数字式万用表，如图 1-3-38 和图 1-3-39 所示。万用表是一种多功能、多量程的测量仪表，一般万用表可测量直流电流、直流电压、交流电流、交流电压、电阻和音频电平等，有的还可以测量交流电流、电容量、电感量及半导体的一些参数（如 β）等。

图 1-3-38 指针式万用表

图 1-3-39 数字式万用表

9. 气缸压力表

气缸压力表简称缸压表是用来检测发动机气缸压缩压力的专用量具，由表头、连接管（包括软管和金属导管）和接头等组成，如图 1-3-40 所示。

10. 真空表

真空表由表头、连接软管和接头组成，用来检测发动机进气歧管真空度或真空压力的专用量具。结构如图 1-3-41 所示。

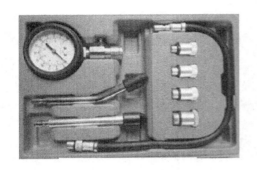

图 1-3-40　气缸压力表

图 1-3-41　真空表

任务四　对发动机维修基础知识的认知

【任务导入】

聪聪在汽车 4S 店汽车维修车间，始终有个问题在困惑他，维修师傅是根据什么来确定车间检修项目和内容的呢？师傅告诉他：汽车维修项目和内容的确定，主要是依据我国汽车维修制度和汽车维修作业规范要求。聪聪恍然大悟！你懂了吗？

【任务说明】

1. 在到汽车 4S 店实习前，请先认真阅读一下我国关于汽车维修行业的制度与规范，然后认真回答、填写好任务单 1-4-1 中提出的问题。

2. 本次任务根据汽车 4S 店或汽车修理厂现场案例（发动机故障）分析确定维修方案，并依据我国的现行汽车维修制度说明理由，完成任务单 1-4-2 的填写。

【相关知识与技能】

一、汽车维修基本概念

汽车维修是汽车维护和汽车修理的总称。

汽车维护是为维持汽车完好技术状况和工作能力而进行的作业。汽车维护是保持汽车技术状态，发现并消除汽车使用中可能出现的故障隐患，防止其早期损坏的主要手段。正确及时的维护是延长汽车使用寿命、安全可靠并充分发挥其使用效能的重要保证。

汽车修理是为恢复汽车完好技术状态或工作能力和使用寿命而进行的作业。汽车修理是以恢复原有性能为目的，是延长汽车使用寿命、保障汽车继续使用的主要手段。

汽车维修制度是指维持和恢复汽车技术状况保持汽车的工作能力，由行政手段制定的维修法规采取的维修作业的总体，具体内容包括汽车维修的原则、目的、作业级别、作业内容和汽车维修的技术要求等。汽车维修包括汽车维护（亦称汽车保养）和汽车修理两种性质完全不同的技术措施。

我国现行的维修制度，属于计划预防维修制度，规定车辆维修必须贯彻预防为主、定期检测、强制维护、视情修理的原则。其目的是保持车容整洁，及时发现并消除故障和隐患，防止车辆早期损坏。

二、汽车维护制度

汽车维护应贯彻预防为主、强制维护的原则。汽车维护的目的是：保持车容整洁，及时发现和消除故障、隐患，防止车辆早期损坏。汽车维护分为日常维护、一级维护、二级维护。

1）日常维护：是日常性作业，由驾驶员负责执行。作业中心内容是清洁、补给和安全检视。

2）一级维护：由专业维修工负责执行。作业中心内容除日常维护外，以清洁、润滑紧固为主，并检查有关制动、操纵等安全机件。

3）二级维护：由专业维修工负责执行。作业中心内容除一级维护外，以检查、调整为主，并拆检轮胎，进行轮胎换位。

> **特别提示：**
> 1）在汽车维护作业中除主要总成发生故障必须解体外，不得对其进行解体。
> 2）为减少重复作业，季节性维护和维护间隔较长的项目（指超出一、二级维护项目以外的维护内容），可结合一、二级维护时进行。
> 3）在汽车二级维护前应进行检测诊断和技术评定，根据结果确定附加作业或小修项目，结合二级维护一并执行。

三、汽车修理制度

汽车修理应贯彻视情修理的原则，即根据车辆检测诊断和技术鉴定的结果，视情按不同作业范围和深度进行，既要防止拖延修理造成车况恶化，又要防止提前修理造成浪费。

1. 汽车修理分类

汽车修理根据作业范围不同可分为汽车大修、汽车小修、总成大修和零件修理。

（1）汽车大修

车辆大修是指新车或经过大修后的汽车在行驶一定里程（或时间）后，经检测诊断和技术鉴定，用修理或更换任何零部件的方法恢复其完好技术状况，使之完全或接近完全恢复汽车技术性能的恢复性修理。

（2）汽车小修

车辆小修是用修理或更换个别零件的方法，保证或恢复汽车工作能力的运行性修理，其目的主要是消除汽车在运行中或维护作业中发生的临时故障或局部隐患。

（3）总成大修

总成大修是指汽车各总成经一定行驶里程后基础件或主要零件出现破裂、磨损和变形等，需要拆散进行彻底的修理，以恢复其技术性能的修理作业。通过总成大修，使汽车各总成的工作寿命趋于平衡，延长汽车大修间隔里程。

（4）零件修理

零件修理是对已发生损伤、变形、磨损和腐蚀的零件（无法修复件除外），在符合经济原则的前提下利用矫正、喷镀、电镀、堆焊、机械加工等修复方法进行修复，以恢复其原使用性能。

2. 汽车总成大修的送修标志及规定

要确定汽车及其总成是否需要大修，必须掌握汽车和总成大修送修标志（送修技术条件）使其符合技术与经济相结合的原则。

（1）汽车大修送修标志

客车以车身为主，结合发动机总成；货车以发动机总成为主，结合车架或其他两个总成符合的原则。

（2）挂车大修送修标志

挂车车架（包括转盘）和货箱符合大修条件；客车牵引的半挂车和铰接式大客车，按照汽车的大修标志与牵引车同时进厂大修。

（3）总成大修送修标志

总成大修的送修标志中，多数仅为定性规定，在执行中会遇到一定困难，因此各级交通运输管理部门在制定实施细则时应结合本地区的具体情况提出便于执行的各总成大修送修标志（或称送修技术条件）。

① 发动机附离合器总成大修送修标志。发动机总成具有下述条件之一者应进行大修：任何一个气缸壁磨损超过极限（圆柱度误差达到 0.175～0.250mm 或圆度误差达到 0.050～0.063mm），气缸压力下降或最大功率较标准值低 25% 以上。燃料及机油消耗量显著增加，以及发动时轴承发响和产生活塞敲缸等异响时，发动机应大修。发动机缸体破裂，不能利用小修恢复其技术性能。

② 车架总成大修送修标志。车架纵、横梁和椅座断裂，需对其铆补加固。车架弯曲变形、铆钉松动，需拆散矫正重铆。

③ 客车车身总成大修送修标志。车厢骨架断裂、锈蚀，变形严重。蒙皮破损面积超过 1/5。需要彻底修复。

④ 货车车身总成大修送修标志。纵、横梁腐朽或损坏两根以上，或车箱栏板、底板损坏 1/3 以上。驾驶室锈蚀、变形或表面腐蚀面积达 1/5 以上。

⑤ 变速器（分动器）附传动轴总成大修送修标志。外壳破裂、变形、简单焊补修量不能修复。齿轮磨损过甚，引起自动跳（脱）档，需换两对以上齿轮。齿轮和齿轮轴及轴承孔严重磨损并发生异响。轴线位移，座孔、万向节严重磨损、破裂，传动轴弯、扭、变形等。

⑥ 前桥附转向器总成大修送修标志。前轴（工字梁）变形、裂损、主销孔磨损过甚。蜗杆、滚轮、转向节等磨损过甚、破裂、松旷等。

⑦ 驱动桥总成大修送修标志。驱动桥壳、主减速器壳、差速器壳破裂。齿轮严重损坏导致驱动桥发生异响。半轴及其套管、齿轮、制动鼓、轮毂破裂或磨损过甚者。

⑧ 制动系统大修送修标志。气压制动系统的空气压缩机、气控机构，液压制动系统的

制动主缸和轮缸，车轮制动器等工作效能低或部件磨损严重。

⑨ 电气系统大修送修标志。点火、起动、照明、信号系统和仪表等腐蚀、烧蚀、松动或失调。

四、汽车零件的损伤与修复

1. 汽车零件的损伤

汽车零件失去原设计所规定的功能称为零件损伤，它不仅指零件完全丧失原定功能，还包含功能降低、有严重的损伤和隐患，如果继续使用则零件会失去可靠性及安全性。汽车零件损伤的主要类型有磨损、疲劳、变形、腐蚀及老化等。

2. 汽车零件损伤的基本原因

汽车是一个结构非常复杂的整体，引起零件损伤的原因有很多，故障的产生决不是单方面的原因，主要因素与下列原因相关。

（1）工作条件恶劣

工作部件间或工作部件与介质之间的相互作用，引起零部件的受力、变形、发热、磨损、腐蚀等。道路、气候、环境、使用强度（车速、载荷、维护、驾驶等）变化等使汽车零件承受冲击载荷、交变应力。

（2）设计制造缺陷

零件因设计不合理、选材不当、制造工艺不良而存在的先天不足，如应力集中现象、操作不当产生的残余应力、表面制造缺陷造成的磨损等。

（3）使用维修不当

超载运输、润滑不良、滤清效果不好、违反操作规程、汽车维护修理不当。

（4）燃料、机油选用不正确

根据车型选用燃料和机油，是保证汽车正确使用的必要条件。如要求使用95号汽油的车辆，选用了90号的汽油，发动机就会产生爆燃，击穿气缸垫，或烧毁活塞顶，并使动力性下降；高压缩比、热负荷大的汽油发动机，使用与之不配套的机油，会产生气缸活塞配合副的早期磨损；柴油车在严寒地区使用高凝固点的柴油，会起动困难等。

（5）管理方面的问题

由于使用单位和个人不了解或不严格执行车辆技术管理规定，导致车辆使用不合理、维护不定期、修理不及时，例如：使用中不重视日常维护（检查、紧固、润滑、清洁、齐全）；新车或大修车不严格按要求进行走合；不执行出车前、行驶中、收车后的"三检"工作等，均会使随机故障频发，不但影响了汽车使用寿命，而且危及行车安全。

3. 汽车零件的检验分类

在汽车维修过程中，进行零件的检验分类是非常重要的环节。零件检验分类是指根据零件的技术条件（或者说技术标准），通过对零件进行技术鉴定检验来确定零件的使用属性。由此零件可分为可用零件、需修零件和报废零件三类。可用零件是指几何尺寸和形状偏差均在技术条件允许范围内，可以继续使用的零件；需修零件是指几何尺寸超出技术条件规定的允许值，但是通过修理能使之符合技术标准且经济合算的零件；报废零件是指不符合修理技术标准且不能修复或在经济上修复不合算的零件。

4. 汽车零件的检验

对汽车零件进行技术鉴定检验的方法，一般可分为检视法、测量法和探伤法三类。

（1）检视法

检视法是指由检验人员通过感官掌握零件的损伤情况，并根据经验判断零件是否可用。如：零件出现破裂，具有显著裂纹、变形或磨损时，一般可通过外部检视进行检验。

（2）测量法

测量法是指利用量具或测量仪器测出零件的现有尺寸和几何公差值与技术标准所规定的容许使用值进行对比，确定零件能否继续使用。如：零件因磨损引起尺寸上的变化或因变形引起几何形状或相互位置公差的变化时，就必须通过用通用或专用量具测量来检验。再比如：在汽车修理中，对主要的旋转零件或组合件，如曲轴、飞轮、离合器压盘、传动轴、甚至车轮等要用平衡机进行平衡检验。

（3）探伤法

探伤法主要是对零件表面的微细裂纹及内部隐伤进行检验。生产中常用的探伤方法有磁力探伤、浸油敲击、超声波探伤及水压试验等。对严重威胁行车安全或断裂将造成严重经济损失的零件，必须进行探伤，如连杆、连杆螺栓、曲轴和转向节等。

5. 汽车零件的修复方法

磨损零件的修复方法基本上可分为两类。

一是对已磨损零件进行机械加工，恢复其正确的几何形状和配合特性，并获得新的几何尺寸，这种修复方法通常称为修理尺寸法。如：发动机维修过程中对气缸和曲轴轴颈磨损的修理采用按照修理级差进行镗缸和磨轴。

二是利用镶套、堆焊、喷涂、电镀等方法，使零件恢复到原来的尺寸，这种修复方法被称为基准尺寸法。如：采用更换气缸套的方法修复发动机气缸体。

零件裂纹、破损一般采用焊修和钳工作业修复。如：汽车钣金局部破损的修复。

变形零件一般采用压力校正、火焰校正和敲击校正。如：汽车车门面板钣金变形的校正修复作业；车架弯曲变形校正修复等。

项目二 配气机构构造与维修

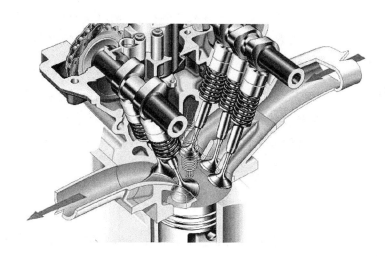

【项目描述】

本项目围绕着配气机构的类型、组成、零部件结构特点、装配连接关系和对配气机构进行拆装、检修、调整及可变配气相位控制系统原理与检修等知识点,有针对性地设置了对配气机构结构的认知;以及气门组构造与维修、气门驱动组构造与维修、气门传动组构造与维修、配气相位与气门间隙的调整、可变配气相位控制系统结构原理与检修等六个基本技能训练任务。目的是使学生学会汽车配气机构的结构、原理与检修方法,具有对发动机配气机构故障诊断与维修的能力。

【知识目标】

1. 理解配气机构的功用、组成及工作原理。
2. 掌握配气机构的传动方式及特点。
3. 掌握配气机构各零部件的名称及安装位置。
4. 掌握配气机构主要零部件的检修方法。

【技能目标】

1. 能熟练、正确使用有关工具对配气机构进行拆装。
2. 能熟练调整气门间隙和校对配气正时。
3. 能够查阅维修手册、掌握技术标准,对配气机构主要零部件进行正确检修。
4. 能准确判断并排除配气机构的常见故障。

任务一　对配气机构结构的认知

【任务导入】

今天汽车 4S 店来了一辆大众 2015 款帕萨特轿车，发动机起动后就能听到非常清脆的"嗒嗒"响声。聪聪是第一次听到，就急忙请教师傅："发动机发出的是什么响声？"师傅检查了一下发动机后告诉他："是发动机的配气机构响。"接着给聪聪讲述了发动机的配气机构类型、结构组成和功能等基础知识。

【任务说明】

以小组为单位，选择几种不同款式的发动机，在老师的指导下进行简单拆解、观察发动机配气机构的类型和组成，并将观察到的结果进行总结记录，填写好任务单 2-1-1。

【相关知识与技能】

一、配气机构的功用

配气机构是控制发动机进气和排气的装置。其作用是根据发动机的工作顺序和各缸工作循环的要求，定时开启和关闭进、排气门，使新鲜可燃混合气（汽油机）或空气（柴油机）准时进入气缸，废气得以及时排出气缸。

进入气缸内的新鲜可燃混合气或空气的多少一般称为进气量，它对发动机性能的影响很大。进气量越多，发动机的有效功率和转矩越大。因此，配气机构首先要保证进气充分，进气量尽可能多。同时，废气要排除干净，因为气缸内残留的废气越多，进气量将会越少。其次，配气机构的运动件应该具有较小的质量和较大的刚度，以使配气机构具有良好的动力特性。

二、配气机构的分类与组成

发动机配气机构的形式有多种多样，主要区别是气门布置形式和数量、凸轮轴布置形式和数量及驱动方式。不同类型的配气机构其结构组成略有差异，但基本组成是相同的，可分成三部分：气门组、气门驱动组和传动组。

1. 气门组

气门组主要零件包括气门、气门座或气门座圈、气门弹簧和气门导管等。其作用是封闭发动机的进气与排气通道。

气门的布置形式有侧置式和顶置式之分，其中顶置式气门已被广泛应用，侧置式已被淘汰。在此我们只讨论顶置式配气机构。

一般发动机都采用每缸两气门，即一个进气门和一个排气门的结构，如图 2-1-1a 所示。为了进一步提高气缸的换气性能，许多中、高级新型轿车的发动机上普遍采用每缸多气门结构，如三气门、四气门以及五气门等，如图 2-1-1b 所示。

气门数目的增加，使发动机的进、排气通道的断面面积大大增加，提高充气效率，改善

项目二 配气机构构造与维修 37

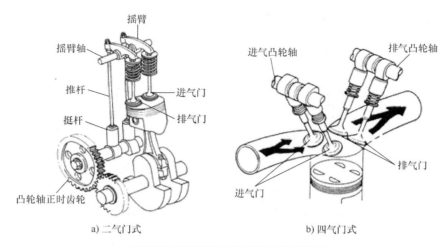

a) 二气门式　　　　　　　　b) 四气门式

图 2-1-1　多气门式配气机构示意图

了发动机的动力性能。如图 2-1-2 所示的捷达王轿车 AHP 发动机采用每缸五气门（三个进气门、两个排气门）结构。

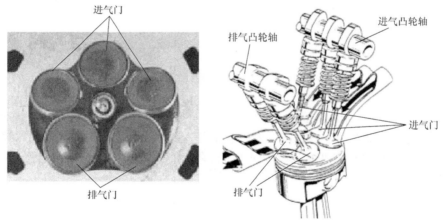

图 2-1-2　五气门式配气机构示意图

气门组的组成与配气机构的形式基本无关，结构组成大致相同。

2. 气门驱动组

气门驱动组是从凸轮轴开始至驱动气门动作的所有零件，作用是使气门按照发动机的工作循环定时开启和关闭。气门驱动组的组成因凸轮轴的布置形式不同而有所差异。凸轮轴的布置形式有下置、中置和顶置三种类型，因此气门驱动组的结构形式是不同的。

凸轮轴中置式和下置式气门驱动组主要零件包括凸轮轴、挺杆（或液压挺柱）、推杆、摇臂轴和摇臂等，如图 2-1-3 所示。

下置凸轮轴安装在气缸体的中部离曲轴较近，但至气门的传动路线长，零件多，机构刚性差，不适宜于高速发动机，多见于载货车和大中型客车发动机。下置式气门驱动组如图 2-1-3a 所示。中置凸轮轴安装在气缸体的上部，与下置凸轮轴相比，离气门的距离近了许多,因此省去了推杆或推杆缩短,机构刚度增大,更适于较高转速的发动机。中置式气门驱动组如图2-1-3b所示。

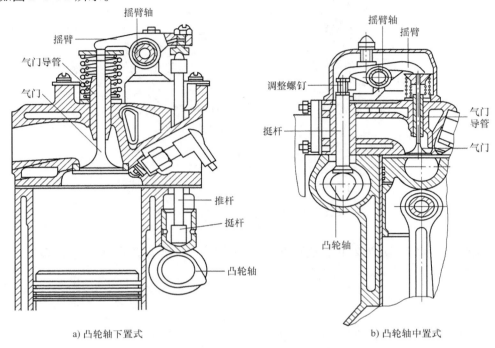

a) 凸轮轴下置式　　　　　　　　b) 凸轮轴中置式

图2-1-3　中、下置凸轮轴配气机构

顶置凸轮轴安装在气缸盖上,凸轮直接作用于摇臂(或摆臂)或挺杆(或液压挺柱)上,顶置式气门驱动组主要零件包括凸轮轴、挺杆(或液压挺柱)、摇臂轴和摇臂等,如图2-1-4a所示,并且有些发动机配气机构使用双凸轮轴,对进、排气门的开启实行分别驱动,如图2-1-4b所示。

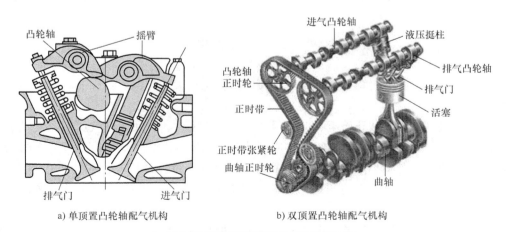

a) 单顶置凸轮轴配气机构　　　　　　　　b) 双顶置凸轮轴配气机构

图2-1-4　顶置式凸轮轴驱动配气机构

3. 传动组

传动组是从曲轴到凸轮轴之间传递动力的所有零件，作用是按照曲轴与凸轮轴2:1传动比实现曲轴对凸轮轴的驱动。

传动组的零件组成因凸轮轴的布置形式和发动机生产厂家不同，差异性很大。当下发动机主要有齿轮传动式、链传动式和正时带传动式三种形式。

（1）齿轮传动式

齿轮传动式主要应用于凸轮轴下置式、中置式配气机构，由曲轴正时齿轮、凸轮轴正时齿轮和中间齿轮组成。一般从曲轴到凸轮轴的传动只需一对正时齿轮；若曲轴与凸轮轴间的距离较大，加装一个或几个中间轮（或叫中间介轮），如图2-1-5所示。

安装时，齿轮上的正时记号一定按照技术要求对准，确保配气正时的准确性。

（2）链传动式和正时带传动式

凸轮轴上置式配气机构的凸轮轴离曲轴较远，采用链传动或正时带传动。

采用链传动时，在曲轴和凸轮轴上装有链轮（正时链轮），曲轴通过链条驱动凸轮轴，在链条侧面装有张紧机构和链条导板，利用张紧机构调整链条张力，如图2-1-6所示。其特点是工作可靠，使用寿命长，但工作噪声大，润滑、维修较麻烦。

采用正时带传动时，曲轴上的正时带轮（简称曲轴正时轮）通过正时带驱动凸轮轴上的正时带轮（简称凸轮轴正时轮），并用张紧轮调整正时带张力，如图2-1-7所示。正时带由纤维和橡胶制成，一面具有齿形，另一面是平面。正时带传动噪声小，不需要润滑。上海别克、奥迪、帕萨特等轿车均采用这种传动。

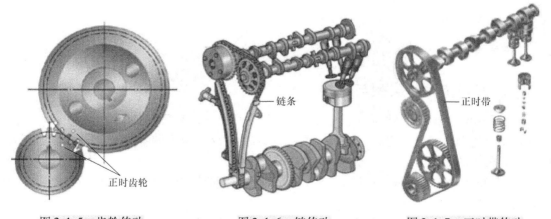

图2-1-5 齿轮传动　　　　图2-1-6 链传动　　　　图2-1-7 正时带传动

当发动机工作时，曲轴正时齿轮直接驱动凸轮轴正时齿轮或通过链条（或正时带）驱动凸轮轴正时轮带动凸轮轴旋转，凸轮轴上的凸轮推动挺杆和推杆运动，挺杆或推杆推动摇臂绕摇臂轴摆转，摇臂的另一端便向下推开气门，并使气门弹簧进一步压缩。当凸轮的顶点转过后，气门在气门弹簧的弹力作用下，开度开始逐渐减小，直至最后关闭。

> **特别提示**：不论是链传动或者是正时带传动，安装时和齿轮传动式一样，都要注意曲轴和凸轮轴正时带轮（或正时链轮）的正时标记，如图2-1-8所示。必须按照技术要求对准正时标记进行正确装配，以确保发动机的配气正时的准确性。

图 2-1-8 配气机构正时标记

任务二 气门传动组构造与维修

【任务导入】

一辆捷达轿车因发动机正时带破损到汽车 4S 店来更换,师傅当时将任务交给了聪聪,并叮嘱道:更换正时带前要注意检查一下与正时带接触配合的其他零件技术状况,特别要注意正时标记。如果是链传动又要注意什么呢?

【任务说明】

以组为单位,在老师的监查、指导下,完成对发动机传动组的拆装与检修,并详细记录整个工作过程,完成任务单 2-2-1 的填写。

【相关知识与技能】

一、气门传动组类型与结构

气门传动组按照从曲轴到凸轮轴之间传递驱动力的方式不同可分为齿轮传动式、链传动式和正时带传动式三种类型,其结构组成如图 2-2-1 所示,不同的传动方式气门传动组的结构组成有很大的差异。

1) 齿轮传动式的组成,如图 2-2-1a 所示,主要由曲轴正时齿轮、凸轮轴正时齿轮和中间介轮等构成。

2) 链传动式的组成如图 2-2-1b 所示,主要由曲轴正时链轮、凸轮轴正时链轮、正时链条和链条张紧器等构成。

3) 正时带传动式的组成,如图 2-2-1c 所示,主要由曲轴正时带轮、凸轮轴正时带轮、正时带和张紧轮等组成。

二、气门传动组的拆装

气门传动组件因传动类型不同,差异性很大。但是在拆装过程中的一个共性就是,在正式拆卸前一定要先校对正时标记,如图 2-2-2 所示,然后才能拆下传动组件。下面分别介绍正时带传动和链传动组件的拆装步骤。

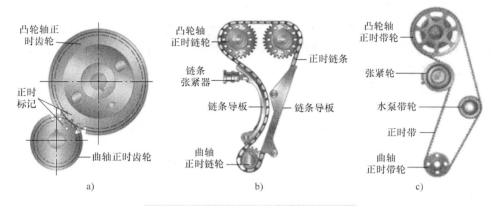

图 2-2-1 配气机构传动组结构组成简图

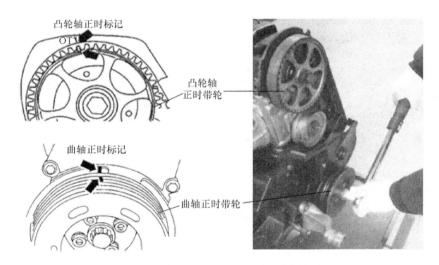

图 2-2-2 校对曲轴与凸轮轴正时标记

1. 正时带传动组件的拆装（以大众 BGC 发动机传动组为例）

（1）拆装前准备

准备常用工具、量具和清洁发动机表面，并将发动机固定安装。

（2）拆卸正时带

1）拆下正时带上护罩。

2）转动曲轴，校对曲轴和凸轮轴正时标记，如图 2-2-2 所示。

3）拆卸曲轴带轮。

4）拆卸正时带中间防护罩及下防护罩。

5）松开半自动张紧轮。

6）拆下正时带。

正时带的安装顺序与拆卸顺序相反。

> **特别提示**：正时带安装时必须对正曲轴与凸轮轴正时带轮的正时标记，对正后方可安装和张紧正时带，并检测正时带的松紧度。检测方法：正时带翻转不能超过 90°；用手指压正时带下沉不能超过 15mm，并用专用工具旋转曲轴带轮转两圈，看正时标记是否对正。

2. 链式传动组件的拆装

1) 拆下蓄电池负极搭铁线。
2) 拆下发动机前罩及妨碍作业的部件。
3) 转动曲轴，使第 1 缸活塞处于压缩上止点位置，对齐凸轮轴和曲轴正时链轮上的正时标记。
4) 拆下凸轮轴正时链轮上的螺栓，取下正时链条和凸轮轴正时链轮。
5) 如果需要更换曲轴正时链轮，用拉拔器拆下正时链轮。安装新正时链轮，应将正时链条和链槽对准，防止松动。
6) 将正时链条安装在凸轮轴正时链轮上，固定正时链轮，使正时链条悬下，对准凸轮轴和曲轴正时链轮上正时标记。将正时链轮上定位销孔与凸轮轴上定位销孔对准，再把正时链轮安装在凸轮轴上。凸轮轴正时链轮螺栓拧紧力矩为 20N·m。
7) 用机油润滑正时链轮和链条。
8) 转动曲轴两圈，检查发动机正时标记是否对齐。

> **特别提示**：
> 1) 如果正时标记没有对齐，应按上述操作步骤，重新进行操作。
> 2) 在凸轮轴正时链轮上若有两个正时标记，则一个是第 1 缸活塞处于上止点时的正时标记，这时第 1 缸进气门和排气门均处于关闭位置；另一个是第 4 缸活塞处于上止点时的正时标记，这时第 4 缸进气门和排气门均处于关闭位置。一定要弄清楚是第几缸活塞处于压缩上止点位置。

三、气门传动组主要零件的检修

1. 齿轮传动组件的检修

（1）齿轮传动组件的结构特点

如图 2-2-3 所示，汽油机齿轮传动组件一般只用一对正时齿轮，即曲轴正时齿轮和凸轮轴正时齿轮；而柴油机需要同时驱动喷油泵，故增加一个中间齿轮。柴油机齿轮传动组件主要由曲轴正时齿轮、凸轮轴正时齿轮、高压泵齿轮、惰齿轮（中间齿轮）等构成。一般习惯将与曲轴固连的曲轴齿轮、与驱动气门的凸轮轴固连的凸轮轴齿轮、与驱动高压泵轴固连的高压泵齿轮统称正时齿轮，即曲轴正时齿轮、凸轮轴正时齿轮和高压泵正时齿轮。这些正时齿轮的共同特点是都是斜齿轮，曲轴正时齿轮与凸轮轴正时齿轮的齿数比均为 1∶2，所有正时齿轮与轴均采用键连接。正时齿轮上都有正时标记，装配时必须对齐，如图 2-2-3 中 A、B、C 所示。

（2）齿轮传动组件的工作条件和材料

发动机正时齿轮间通过相互啮合传递转矩，因此正时齿轮受到很大的径向载荷而加快齿轮的磨损，为此在齿轮间的啮合处设有由机体油道引出的专用喷嘴供油给齿轮进行飞溅润滑。汽油机的曲轴正时齿轮用中碳钢制造，凸轮轴正时齿轮则多用夹布胶木；由于柴油机工作负荷比汽油机大，柴油机的正时齿轮一般都用耐磨、强度较好的高级渗氮钢（如 38CrMoAl）制造。

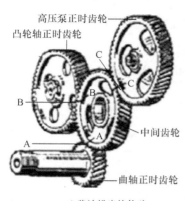 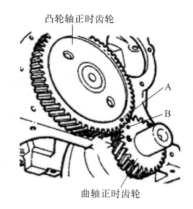

a) 柴油机齿轮传动　　　　　　b) 汽油机齿轮传动

图 2-2-3　配气机构齿轮传动组

（3）齿轮传动组件常见损伤与检修

无论是汽油机还是柴油机齿轮传动组件中的各个齿轮损伤失效形式基本相同，主要有齿轮齿面磨损和点蚀、剥落、轮齿裂纹、断齿等。齿轮的损伤会直接导致发动机的异响，严重时会导致配气正时失准，降低发动机的功率，甚至会造成机械事故，因此必须及时检修。

1）齿轮齿面磨损主要表现为啮合间隙变大。检查啮合间隙可用塑料线规或用压铅法。压铅法的具体操作是选择适当直径的铅丝（熔丝），放在两齿轮中间，转动齿轮让轮齿碾压后取出，测量其厚度即为所测间隙。正时齿轮的啮合间隙一般为 0.15~0.35mm。若啮合间隙超过 0.50mm 时，应进行修复或更换。

2）正时齿轮出现轮齿断裂、剥落、点蚀时，应更换新件；齿轮表面粗糙及有轻度剥落时，可用油石修整，严重的应更换新件。检查方法均可用检视法。

3）齿轮的偏摆度超过 0.1mm 时，应更换新件。

2. 链传动组件的检修

（1）链传动组件的结构特点

链传动多用于上置式凸轮轴的驱动，如图2-2-4所示。链传动组件主要由正时链轮、链条和张紧装置等部件组成。链条一般为滚子链，工作时，应保持一定的张紧度，不易产生振动和噪声，为此，在链传动机构中装有导链板并在链条松边装有液压张紧器。液压张紧器可自动调节张紧力，使链条张紧力始终如一，并且终身免维护。链传动与带传动相比，无弹性滑动和打滑现象，平均传动比准确，工作可靠，效率高；传递功率大，过载能力强，相同工况下的传动尺寸小；所需张紧力小，作用于轴上的压力小；能在高温、潮湿、多尘、有污染等恶劣环境中工作。

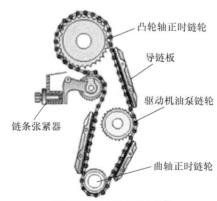

图 2-2-4　链传动组件

（2）链传动组件工作条件与材料

链传动是通过链条将主动链轮的运动和动力传递到从动链轮上，工作时链轮轮齿受到很大的径向载荷作用；而链条承受很大的拉力作用；链轮与链条间相互作用频率很快，极易磨损和温度升高，因此链传动的润滑由链条室内的机油喷嘴直接供油，进行飞溅润滑。链条的材料使用抗拉强度大、耐磨的合金钢，见表2-2-1。

表 2-2-1　正时链条零件的材料和热处理工艺

零件名称	链板	销轴	套筒	滚子
材料	50CrVA	38CrMoAl	20CrNiMo	42CrMo
热处理方式	等温淬火	碳氮共渗	碳氮共渗	整体淬火+回火

链轮一般采用铸铁和铸钢，如 HT150、HT200 和 ZG310－570（ZG45）；受力较大、高强度的发动机正时链轮，选用 45 钢锻造或选用 45 铸钢或 40Cr 钢加工后进行热处理。

（3）链传动组件常见损伤与检修

链传动组件主要失效损伤形式有链条和链轮的磨损、断裂、链条拉伸变长等。链传动组件的损伤会直接导致配气机构的异响、配气正时失准，严重时使发动机不能正常工作。所以，发现问题一定要及时检修。

1）链条的磨损使节距变长的检测。如图2-2-5a所示，将链条对折后一端固定，另一端用弹簧秤施以 50N 的拉力拉紧后测量其长度。其长度应符合维修手册技术要求，如果超过标准应更换。

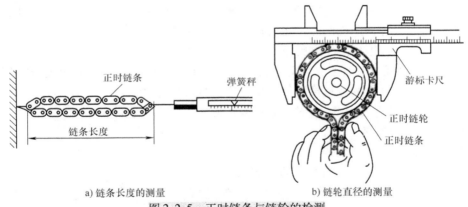

a) 链条长度的测量　　　　b) 链轮直径的测量

图 2-2-5　正时链条与链轮的检测

2）正时链轮磨损的检测。正时链轮的磨损程度会直接反映在链轮的最小直径上，因此，通过将链轮最小直径与标准值比较来判断正时链轮是否可以继续使用。其检测方法如图 2-2-5b 所示，将链条分别包住凸轮轴正时链轮和曲轴正时链轮，用游标卡尺测量直径，其直径值不得小于允许值，否则应更换链条和正时链轮。

3）张紧器的检测。用游标卡尺测量张紧器厚度，若厚度值低于最小值时，应更换张紧器。

3. 正时带传动组件的检修

（1）正时带传动组件结构特点

正时带传动组件主要由曲轴正时带轮、凸轮轴正时带轮、正时带及张紧轮（或张紧器）等构成。正时带式驱动与齿轮和链传动相比，具有噪声低、质量小、成本低、工作可靠和不需要润滑等优点,而且齿形伸缩小,适合精度高的传动。因此,现代轿车高速发动机大多采用正时带传动式。

正时带或正时链条的主要作用是用来驱动发动机的配气机构,使发动机的进、排气门在适当的时候开启或关闭,来保证发动机的气缸能够正常地吸气和排气。在有的车型中正时带还负责驱动水泵,如大众车型中的捷达、宝来、速腾、奥迪等车型。

(2)正时带传动组件工作条件和材料

正时带传动通过正时带将曲轴正时带轮的运动和动力传递到凸轮轴正时带轮上。发动机工作时,正时带轮的轮齿受到很大的径向载荷作用,而正时带承受很大的拉力作用,正时带与带轮间的作用速度很高。因此,正时带轮一般采用比较耐磨的铸铁或铸钢;而正时带是由带有夹层的橡胶制品制成,如氯丁橡胶加纤维正时带和聚氨酯加钢丝正时带。

(3)正时带和带轮的常见损伤与检修

正时带传动组件的常见损伤有正时带和带轮的磨损,正时带纤维断裂或者裂纹、裂缝等,检修方法如下:

1)正时带的裂纹、裂缝、纤维断裂、齿形残缺等可通过目视检查,若出现这些现象应更换。

2)正时带轻度拉伸或磨损造成张紧度不足,可通过张紧轮调整。正时带的张紧度以用手指在曲轴正时带轮和凸轮轴正时带轮间捏住正时带进行翻转,以正好达到90°为合适;或用30N力压带的紧边中间,其挠度应为6mm。若不符合,重新调整。

3)正时带使用一个周期要及时更换,避免由于正时带使用时间过长磨损严重而发生断裂突发事故。一般轿车行驶8~10万km必须更换。

4)正时带及带轮、张紧轮不得沾油和水,否则正时带橡胶膨胀,缩短使用寿命。

5)正时带轮的齿面应光洁、无划痕,各齿要均匀一致。若检测发现正时带轮啮合间隙超过标准,轮齿磨出台肩、裂纹或断齿、表面损伤等,均应及时更换。

任务三　气门驱动组构造与维修

【任务导入】

今天聪聪在跟师傅修车时,发现师傅正在对一根从发动机上拆下的凸轮轴进行检测,于是他来了兴趣,就问师傅:"这根凸轮轴怎么了,需要如此认真地检测?"师傅告诉他:"凸轮轴是配气机构中技术要求很高的零件之一,它直接影响到发动机的进气量。"你认为师傅讲得对吗?

【任务说明】

以组为单位,在老师的监查、指导下,完成对发动机气门驱动组的拆装与检修,并详细记录整个工作过程,完成任务单2-3-1的填写。

【相关知识与技能】

一、气门驱动组的构造

气门驱动组包括由凸轮轴开始至驱动气门动作的所有零件，如图 2-3-1 所示，主要有凸轮轴、挺杆（或液压挺柱）、推杆和摇臂总成等。气门驱动组的作用是按规定的配气相位定时地驱动气门开闭，并保证气门有足够的开度和适当的气门间隙。在结构上应使进、排气门按规定的配气相位及时启闭，保证气门有足够的开度。

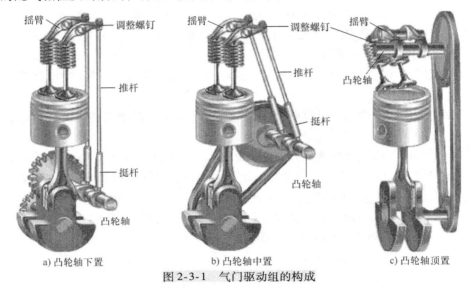

a) 凸轮轴下置　　b) 凸轮轴中置　　c) 凸轮轴顶置

图 2-3-1　气门驱动组的构成

目前，许多凸轮轴上置式发动机配气机构的气门驱动组已没有推杆、摇臂和气门间隙调整螺钉等部件，气门组由凸轮轴直接驱动，如图 2-3-2 所示。

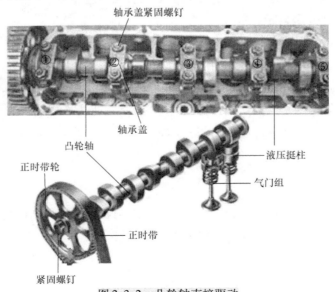

图 2-3-2　凸轮轴直接驱动

二、气门驱动组的拆装

由于气门驱动组的构成不尽相同,进行拆装的步骤略有差异,主要有带气门摇臂轴总成的拆装和不带气门摇臂轴总成拆装及单凸轮轴与双凸轮轴的拆装。

1. 顶置式凸轮轴直接驱动的气门驱动组的拆装

(1) 拆卸

拆卸之前应确保曲轴正时带轮和凸轮轴正时带轮对准相应的正时标记后,拆下正时带轮。图2-3-2所示为气门顶置式凸轮轴直接驱动的配气机构,应按照以下步骤拆气门驱动组件。

1) 旋松正时带轮螺栓,拆下凸轮轴正时带轮,以免在拆卸凸轮轴时损坏霍尔传感器。

2) 取下前端油封和半圆键。

3) 拆下凸轮轴轴承盖紧固螺母。其顺序先松第1、3、5号轴承盖,然后按对角交替方式旋松第2、4号轴承盖螺母,按顺序取下五道凸轮轴轴承盖摆放好后,再拆下凸轮轴。

4) 按顺序取出液压挺柱并做好标记,液压挺柱不可互换。

(2) 安装

气门驱动组安装时的顺序与拆卸时正好相反,应先将检验好的液压顶柱按顺序装入承孔,然后按照如下步骤安装凸轮轴。

1) 安装凸轮轴时,第一缸凸轮必须朝上,然后装凸轮轴轴承盖。

特别提示:安装凸轮轴轴承盖时一要注意轴承盖的序号;二要注意向前方向;三要注意上下口要对正;四要注意凸轮轴转动时,曲轴不可置于上止点位置,否则会损坏气门和活塞顶部。

2) 轴承盖的紧固安装。先对角交替拧紧第2、4号轴承盖螺栓,拧紧力矩为20N·m。

3) 装上第1、3、5号轴承盖,其螺栓拧紧力矩为20N·m。

4) 装入凸轮轴正时带轮并紧固,拧紧力矩为80N·m。

2. 气门顶置式带气门摇臂总成的气门驱动组的拆装

带气门摇臂总成的气门驱动组的拆装工艺步骤如下所述:

1) 拆卸发动机正时部分。拆卸发动机正时机构前,应观察好正时标记,以便以后安装,如图2-3-3所示。

2) 拆卸摇臂总成。用套筒扳手或螺钉旋具由两边往中间分2~3次拧松摇臂总成固定螺栓或紧固螺钉,如图2-3-4所示。

3) 拆下摇臂轴。

4) 取下摇臂和挺柱(或液压挺柱)。

5) 安装顺序与拆卸顺序相反。

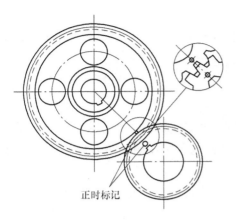

图 2-3-3　对正正时标记

图 2-3-4　拆卸摇臂总成

三、气门驱动组零件的检修

(一) 凸轮轴的检修

1. 凸轮轴的结构特点

凸轮轴的作用是驱动和控制发动机各缸气门的开启和关闭，使其符合发动机的工作顺序、配气相位及气门开度的变化规律等要求。此外，有些汽油发动机还用它来驱动汽油泵、机油泵和分电器等。它是气门传动组件中最主要的零件。

凸轮轴的种类因发动机配气机构的驱动方式不同而有很多种。但是凸轮轴的基本结构是相同的，主要由凸轮和凸轮轴轴颈组成。凸轮轴上有多道轴颈用来支承凸轮轴；凸轮轴上的凸轮又分为进气凸轮和排气凸轮两种，用来驱动与控制进、排气门的开闭。凸轮与挺杆或摇臂、气门呈线接触，接触面积很小，接触应力很大，工作中接触处为滑动摩擦。因此凸轮表面应有足够的硬度和耐磨性，否则，凸轮的磨损与变形会导致配气相位改变，气门升程降低，影响发动机正常工作。有些发动机采用双顶置式凸轮轴，进、排气门开闭控制由进、排气凸轮轴分别独立驱动完成，如图 2-3-5a 所示。有些凸轮轴的结构除去进气凸轮、排气凸轮、轴颈外还有驱动机油泵及分电器的齿轮和推动汽油泵摇臂的偏心轮，如图 2-3-5b 所示。凸轮轴的前端有装配凸轮轴正时齿轮或正时链轮或正时带轮的轴颈，并且通过半圆键连接。

a) 双凸轮轴　　　　　　　　　　b) 凸轮轴结构

图 2-3-5　凸轮轴类型与结构

(1) 凸轮的轮廓

凸轮的轮廓应保证气门启闭的持续时间符合配气相位的要求，并使气门有合适的升程及其升降过程的运动规律。每种型号的发动机的凸轮具有不同的轮廓形状。如图2-3-6所示的凸轮轮廓中，整个轮廓由凸轮顶、凸轮根、打开凸面、关闭凸面组成。凸轮轴升程是指从基圆直径往上凸轮能达到的高度。它决定了气门的升程大小。凸轮的顶部称作凸轮顶，它的长度决定了气门将在完全打开的位置保持多长时间。凸轮顶可能有多种不同的轮廓形状，这取决于气门需在完全打开的位置保持多久。凸轮根是指凸轮轴外形的底部部分，当挺杆或气门在凸轮根部分移动时，气门处于完全关闭状态。凸轮的这些外形特征决定了气门开闭过程的具体特性——时间和速度。

(2) 凸轮的相对角位置

凸轮的数目由气缸的多少而定。通常每一气缸有两个凸轮，分别用于进气和排气。各个凸轮相互间的位置，必须与发动机所采用的工作次序相适应。在四缸发动机中，同名凸轮（进气或排气凸轮）间的位置相差90°，如图2-3-7a所示，而在六缸发动机中则相差60°，如图2-3-7b所示。

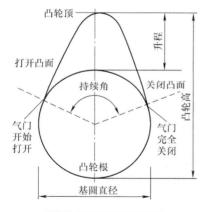

图2-3-6 凸轮的轮廓

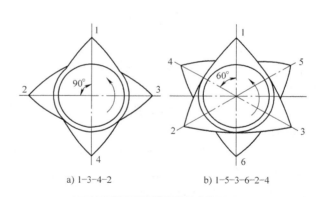

图2-3-7 同名凸轮的相对角位置

2. 凸轮轴的材质

发动机工作时的凸轮轴转速很高，同时受到周期性的交变冲击载荷作用。为保证气门工作的正确性，要求凸轮轴要有足够的韧性和刚度，表面光滑、耐磨。

凸轮轴一般采用优质钢模锻或用合金铸铁、球墨铸铁铸造而成。凸轮与轴颈表面经过热处理，使其具有足够的硬度和耐磨性。

3. 凸轮轴的常见损伤与检修

凸轮轴常见的损伤是凸轮轴的弯曲变形、支承轴颈表面的磨损、凸轮轮廓磨损以及正时齿轮驱动件的耗损等。这些耗损会使气门的最大开度和发动机的充气系数降低，配气相位失准，并改变气门上下运动的速度特性，从而影响发动机的动力性、经济性等。

(1) 凸轮轴弯曲变形的检修

凸轮轴的弯曲变形是以凸轮轴中间轴颈对两端轴颈的径向圆跳动误差来衡量，检查方法如图2-3-8所示。将凸轮轴放置在V形架上，V形架和百分表支架座放置在平板上，使百分表测头与凸轮轴中间轴颈垂直接触。转动凸轮轴，观察百分表表针的摆差即为凸轮轴的弯曲度。检查完毕后将检查结果与标准值比较,以确定是修理还是更换。

(2) 凸轮轴轴颈的检修

用千分尺测量凸轮轴轴颈的圆度误差和圆柱度误差,如图2-3-9所示。凸轮轴轴颈的圆度误差不得大于0.015mm,各轴颈的圆柱度误差不得超过0.05mm,否则应按修理尺寸法进行修磨。

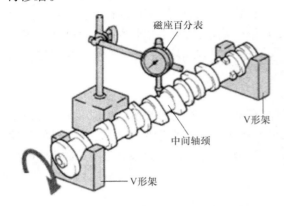

图2-3-8 凸轮轴弯曲变形的检测

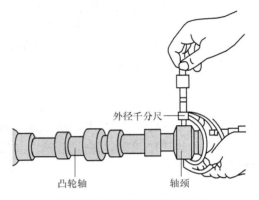

图2-3-9 凸轮轴轴颈的检测

(3) 凸轮表面的检修

现代发动机的配气凸轮均为组合线型,需在专用磨床上用靠模加工,凸轮修磨十分困难。

当凸轮表面仅有轻微烧蚀或凹槽时,可用砂条修磨,若凸轮表面磨损严重或最大升程小于规定值时,应予以更换。

凸轮轴凸轮升程高度的检验方法如图2-3-10所示,先用外径千分尺测量凸轮高度。然后将凸轮轴转动90°,即与凸轮高度的垂直方向再用外径千分尺测量凸轮轴颈直径(即凸轮的基圆直径)。两次测得的数据之差即为凸轮的升程高度。

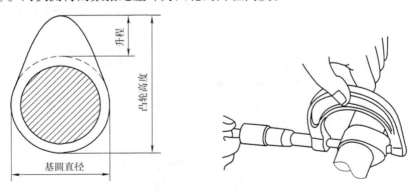

图2-3-10 凸轮轴凸轮升程高度的检测

4. 凸轮轴的轴向定位与间隙调整

为了防止凸轮轴轴向窜动,凸轮轴必须有轴向定位装置。凸轮轴的轴向定位有轴承盖端面定位,止推板定位和止推螺钉定位等方式,如图2-3-11所示。

在检查凸轮轴轴向间隙时，先将止推凸缘和正时齿轮或链轮安装在凸轮轴上，按标准力矩值拧紧固定螺栓、螺母。然后撬动凸轮轴作轴向移动，将止推凸缘尽量推向齿轮或链轮一侧，如图 2-3-12 所示，用塞尺插入止推凸缘和凸轮轴颈的侧面，测得的间隙值即为轴向间隙值；或者用百分表水平抵住凸轮轴一端，用同样的方法测得轴向间隙。

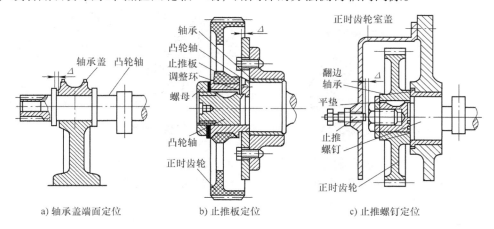

a) 轴承盖端面定位　　b) 止推板定位　　c) 止推螺钉定位

图 2-3-11　凸轮轴的轴向定位

一般发动机凸轮轴轴向间隙值为 0.05～0.20mm，最大应不超过 0.25mm。凸轮轴轴向间隙是以止推凸缘与隔圈的厚度差来决定的，当止推凸缘磨损变薄使间隙过大时，可更换加厚止推凸缘以恢复正常间隙；若间隙过小，可减薄止推凸缘，也可在凸轮轴前端台肩上加装薄垫。

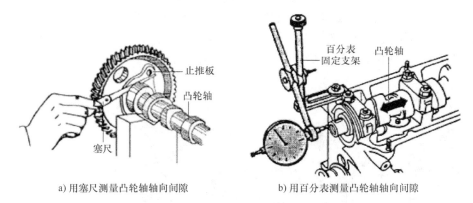

a) 用塞尺测量凸轮轴轴向间隙　　b) 用百分表测量凸轮轴轴向间隙

图 2-3-12　凸轮轴轴向间隙的检测

5. 凸轮轴轴颈与轴颈承孔的检修

凸轮轴轴颈承孔有两种类型，一种是装有凸轮轴轴承（或称偏心轴承）的承孔；另一种是没有凸轮轴轴承的直接承孔。一般凸轮轴轴颈与承孔的配合间隙为 0.03～0.07mm，最大间隙不大于 0.15mm；凸轮轴轴承外颈与缸体（或缸盖）座孔之间应有 0.05～0.10mm 的装配过盈。

凸轮轴轴颈与承孔的检测方法：用外径千分尺测量每个凸轮轴轴颈直径；用内径百分表测量气缸盖上凸轮轴轴颈座孔内径；测量方法及部位，如图 2-3-13 所示。用所测轴颈承孔内径减去相应轴颈直径,即得轴颈与承孔的配合间隙。

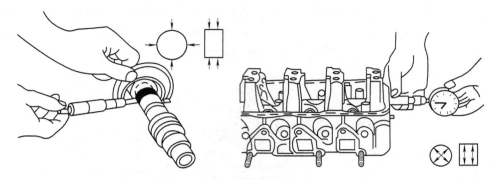

图 2-3-13　凸轮轴轴颈与承孔配合间隙的检测

若凸轮轴轴颈与缸盖承孔配合间隙超过极限值,则应更换凸轮轴,必要时更换气缸盖。

若凸轮轴轴颈与凸轮轴轴承内孔配合间隙超过最大使用极限时,可采用修理尺寸法(凸轮轴轴承的修理级差为 0.20mm)进行修复。

(二) 挺柱的检修

挺柱的作用是将凸轮的推力传递给推杆或气门杆,并承受凸轮轴旋转时所施加的侧向力。挺柱可分为普通挺柱和液压挺柱两种。

1. 普通挺柱的结构特点

普通挺柱主要有菌式、筒式、滚轮式等三种形式。侧置式气门的配气机构一般采用菌式挺柱,现在基本已经淘汰;气门顶置式配气机构采用的挺柱有筒式和滚轮式两种结构形式,如图 2-3-14 所示。筒式挺柱圆周钻有通孔,便于筒内收集的机油流出对挺柱底面及凸轮加以润滑;另外,由于挺柱中间为空心,其质量可减小。滚轮式挺柱可以减少磨损,但结构较复杂,质量较大,多用在大缸径柴油机的配气机构上。

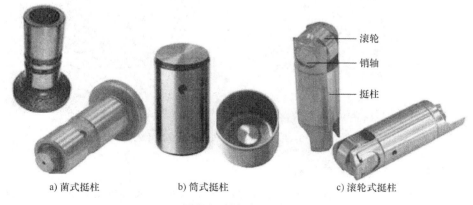

a) 菌式挺柱　　b) 筒式挺柱　　c) 滚轮式挺柱

图 2-3-14　普通挺柱

2. 普通挺柱工作条件与材料

挺柱安装在气缸体或气缸盖上相应处镗出的导向孔中,一端与凸轮直接呈线性接触,接触面积很小,接触应力很大,工作中接触处为滑动摩擦;另一端与气门推杆或摇臂面接触,承受交变载荷作用，因此要求挺柱有足够的硬度和耐磨性，否则挺柱磨损与变形会导致配气相位改变，气门升程降低，影响发动机正常工作。因此挺柱的材料常用硬度高和耐磨性好的镍铬合金铸铁或冷激合金铸铁制造。

3. 液压挺柱的结构与工作原理

由于气门间隙的存在，发动机工作时，配气机构中将发生撞击而产生噪声。为解决这一问题，有些发动机采用了液压挺柱，尤以高级轿车发动机应用广泛。如图 2-3-15 所示为几种常见轿车的液压挺柱。

图 2-3-15 液压挺柱

帕萨特领驭 BGC 发动机配气机构液压挺柱结构如图 2-3-16 所示。由挺柱体、液压缸、柱塞、球阀以及压力弹簧等组成。

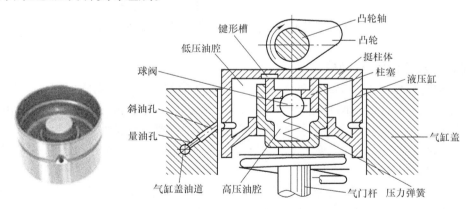

图 2-3-16 帕萨特领驭 BGC 发动机配气机构液压挺柱结构简图

挺柱体由圆桶和上端盖焊接而成。液压缸外圆柱面与挺柱体的液压缸导向孔配合，液压缸内圆柱面与柱塞配合。球阀被压力弹簧压靠在柱塞下端面的阀座上。挺柱体内部的低压油腔通过挺柱顶背面的键形槽与柱塞上方的低压油腔相通。挺柱工作中，挺柱体上的环形槽与缸盖上的斜油孔对齐时，缸盖主油道内的润滑油经量油孔、斜油孔和环形油槽进入低压油腔。柱塞下端液压缸内部的空腔，称为高压油腔，当球阀打开时，高压油腔与低压油腔相通。

当凸轮基圆与挺柱接触时，压力弹簧使挺柱顶面和凸轮轮廓线保持紧密接触，液压缸下端面与气门杆尾部紧密接触，因此没有气门间隙，且挺柱体上的环形油槽与缸盖上的斜油孔对齐，来自气缸盖油道的机油经量油孔、斜油孔和环形油槽流入挺柱体内的低压油腔，并经挺柱背面上的键形槽进入柱塞上方的低压油腔。

当凸轮按图 2-3-16 所示方向转过基圆使凸起部分与挺柱接触时，挺柱体和柱塞向下移动，高压油腔中的机油被压缩，油压升高，加上压力弹簧的作用，使球阀紧压在柱塞下端的阀座上，这时高压油腔与低压油腔被分隔开。由于液体的不可压缩性，整个挺柱如同一个刚体一样下移打开气门。此时，挺柱体环形油槽已离开了进油的位置，停止进油。

当挺柱到达下止点后开始上行时，由于仍受到气门弹簧和凸轮两方面的顶压，高压油腔继续封闭，球阀也不会打开，液压挺柱仍可认为是一个刚体，直至气门完全关闭时为止。此时凸轮重新转到基圆与挺柱接触位置，气缸盖油道中的压力油又重新进入挺柱的低压油腔。同时，挺柱无凸轮的压力，高压油腔内的压力油和压力弹簧一起推动柱塞上行，高压油腔压力下降。从低压油腔来的压力油推开球阀进入高压油腔，使两腔连通充满机油。这时挺柱顶面仍和凸轮紧贴，气门间隙得到补偿。

在气门受热膨胀时，柱塞和液压缸作轴向相对运动，高压油腔中的油液可经过液压缸与柱塞间的缝隙挤入低压油腔，使挺柱自动"缩短"，保证气门关闭紧密。当气门冷却收缩时，压力弹簧将液压缸向下推动，而使柱塞与挺柱体向上移动，高压油腔内压力下降，球阀打开，低压油腔油液进入高压油腔，挺柱自动"伸长"，保证配气机构无间隙。故使用液压挺柱时，可以不预留气门间隙，也不需调整气门间隙。

采用液压挺柱，消除了配气机构中的间隙，减小了各零件的冲击载荷和噪声，同时凸轮轮廓可设计得较陡一些，以便气门开启和关闭得更快，减小进、排气阻力，改善发动机的换气，提高发动机的性能，特别是高速性能。但液压挺柱结构复杂，加工精度要求较高，而且磨损后无法调整，只能更换。

4. 挺柱的常见损伤与检修

配气机构的挺柱在工作中出现的主要损伤形式有接触面磨损、剥落、裂纹、擦伤划痕；外圆磨损使挺柱与导孔配合间隙过大等。当出现上述损伤时轻者会导致配气机构异响，重者会降低进气量，影响发动机正常工作。因此出现故障损伤要及时检修。

1）检视普通挺柱若圆柱表面有轻微不均匀磨损或擦伤划痕，可用细砂布打磨修复，与导向孔配合没有卡滞现象。

2）检视液压挺柱与凸轮接触面若出现如图 2-3-17 所示的损伤：疲劳剥落、环形沟槽、裂纹、严重擦伤划痕等现象之一应更换新件。

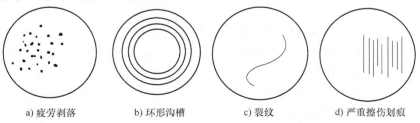

图 2-3-17　液压挺柱与凸轮接触面常见损伤示意图

3) 挺柱的圆柱表面与导孔的配合间隙若超过规定值时，应视情况更换挺柱或导孔支架。装有衬套的结构可更换衬套。

普通挺柱与承孔的配合间隙：一般为 0.03～0.10mm，使用极限为 0.12mm。

液压挺柱与承孔的配合间隙：一般为 0.01～0.04mm，使用极限为 0.10mm。

挺柱与承孔配合间隙的检测，可用外径千分尺和内径千分尺分别测量挺柱的外径和承孔的内径，两者之差为配合间隙。

4) 装液压挺柱的配气机构若出现气门升程高度不足现象时，一般应更换挺柱。

特别提示：

1) 若需要拆下液压挺柱时，不得互换，应作标记。

2) 若更换新的液压挺柱应检查挺柱与承孔的配合状况。检查的方法：用食指和拇指捏住挺柱，转动挺柱时应灵活自如无阻滞，摆动挺柱应无旷量。

3) 测量凸轮与桶形液压挺柱之间的间隙。用一个木楔或塑料楔轻轻朝下压住桶形液压挺柱上平面，如图 2-3-18 所示，用塞尺测量间隙。若间隙大于 0.2mm，则更换桶形液压挺柱。

（三）推杆的检修

推杆应用于下置式和中置式凸轮轴配气机构，安装在挺杆与气门摇臂之间，其作用是将凸轮轴经过挺杆传来的运动和推力传给气门摇臂。

1. 推杆的结构特点

推杆下端与挺杆接触，上端与摇臂调整螺钉接触。由于摇臂绕摇臂轴转动，推杆在做上下往复直线运动的同时，上端随摇臂一起做微量的摆动。为防止发生运动干涉，将推杆下端做成球形，与挺杆的凹球面配合；推杆上端做成凹球形，与摇臂调整螺钉球形头部配合。这样还可以在接触面间储存一定的机油，减轻磨损。

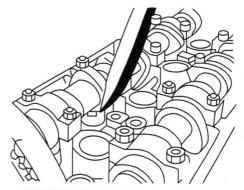

图 2-3-18 测量液压挺柱与凸轮的间隙

2. 推杆的工作条件与材料

推杆属于细长杆，受挺杆与摇臂共同压力，容易产生弯曲变形。除要求有很大的刚性之外，应尽量做得短些。推杆一般用硬铝或低碳钢制成实心或空心结构，如图 2-3-19 所示。

钢制实心结构推杆同两端的球形或凹球形支座锻成一个整体；而铝制实心结构推杆，在两端配以钢制的支座。空心推杆大都采用冷拔无缝钢管，两端配以钢制的支座。无论是实心还是空心结构，两端的支座都要进行淬火和磨光处理，保证其耐磨性。

3. 推杆的常见损伤与检修

推杆工作时常见的损伤有推杆杆身弯曲和上、下端凹、凸球面磨损等。出现上述损伤时要及时检修，否则轻者会导致配气机构异响；严重时不但出现异响而且会直接影响进气量，降低发动机的功率。

1) 推杆弯曲变形超过限值时，应校直或更换。检测方法一种是可以用塞尺和标准平台检测，具体做法是将推杆在平台上滚动，然后用塞尺测量推杆与平台之间的最大间隙即为弯曲量；另一种方法是用磁座百分表和 V 形架检测，如图 2-3-20 所示。

要求：直线度误差不大于 0.03mm/100mm；推杆全跳动不大于 0.38mm。

2）推杆上、下端凹、凸球面磨损时，应更换气门推杆。

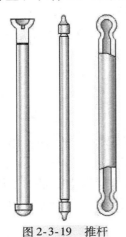

图 2-3-19　推杆

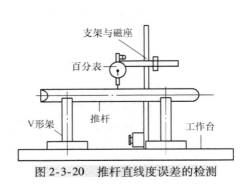

图 2-3-20　推杆直线度误差的检测

（四）气门摇臂轴总成的检修

气门摇臂轴总成主要是由摇臂和摇臂轴组成，摇臂通过中部承孔装于摇臂轴上，并以此为固定支点，形成双臂杠杆；一端与推杆（或挺柱）接触，另一端与气门杆尾部接触。其作用是接受推杆（或挺柱）传来的运动和推力并将其改变方向和大小传给气门使气门开启。

1. 气门摇臂轴总成的结构特点

气门摇臂轴总成的构造如图 2-3-21a 所示，气门摇臂装在摇臂轴上，相邻支座架的两摇臂之间装有防止轴向移动的弹簧，即摇臂定位弹簧；摇臂中部的孔内镶有青铜衬套（或滚针轴承）为摇臂轴承和摇臂轴配合面；摇臂是一个双臂杠杆，其结构如图 2-3-21b 和图 2-3-21c 所示，长臂比短臂长 30%～50%，长臂端制成圆弧状，与气门杆尾端接触；短臂端安装有气门间隙调整螺钉，摇臂上端面钻有油孔，中间轴孔的机油通过该油孔流向摇臂两端进行润滑。

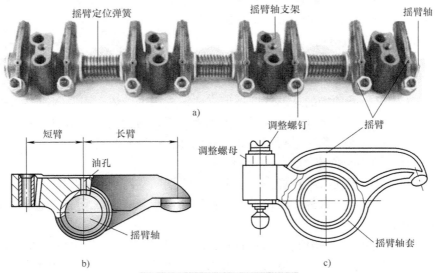

图 2-3-21　摇臂轴总成结构图

摇臂轴是一根中空的圆轴,用几个支座架安装在气缸盖上。摇臂轴的内孔油道与主油道相通,以便向配气机构供给机油。

2. 气门摇臂轴总成的工作条件与材料

气门摇臂轴总成通过摇臂轴支架安装在缸盖上,摇臂承孔与摇臂轴配合副是压力润滑,其余均是飞溅润滑;发动机工作过程中,气门摇臂轴总成受到变化频率较高的交变载荷作用。因此,摇臂采用 45 钢冲压或铸铁、铸钢铸造而成,使之有很好的抗变形能力;摇臂轴用碳钢制成,它的工作面一般都经过表面淬火处理,以增加轴的耐磨性。

3. 摇臂轴总成的常见损伤与检修

摇臂轴总成损伤的主要形式是磨损与弯曲变形,因此在检修中,要根据损伤的程度加以相应的处理。

1) 摇臂头部应光洁平整,摇臂头磨损量应不大于 0.50mm。当摇臂与气门接触的圆柱表面和调整螺钉头部轻度磨损时,可用砂条修复;磨损严重或调整螺钉孔损坏时,则应更换摇臂。气门调整螺钉头部磨损严重时,要更换调整螺钉。

2) 摇臂衬套与摇臂轴的配合间隙应符合原厂规定(一般为 0.05~0.10mm),若配合间隙超限,则应视摇臂轴直径和摇臂孔内径磨损情况,更换摇臂轴或摇臂孔衬套,或两者都更换,以恢复正确的配合间隙。

检测方法如图 2-3-22 所示,用外径千分尺和内径百分表测量摇臂轴直径和摇臂孔内径,其差值即配合间隙。

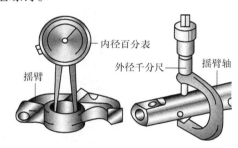

图 2-3-22 摇臂与摇臂轴配合间隙的检测

特别提示:镶装摇臂衬套时,衬套油孔与摇臂油孔要对准。

3) 摇臂轴磨损与摇臂衬套配合间隙超限时,可以更换摇臂轴;若摇臂轴弯曲超限(直线度误差不大于 0.03mm/100mm,弯曲值不大于 0.06mm),可以更换摇臂轴或进行冷校修复。

摇臂轴弯曲的检验方法与检查气门杆弯曲变形的方法类似,用 V 形架和百分表检查其弯曲变形。

任务四 气门组构造与维修

【任务导入】

一辆帕萨特轿车因动力不足、燃油消耗过高并且有回火放炮现象入厂维修。经初步检查,师傅告诉聪聪:"这辆车是气门密封不良,需要拆卸发动机缸盖检修气门。"聪聪思索一会儿后恍然大悟,赶紧按照师傅的吩咐工作起来。你也明白了吗?

【任务说明】

1. 以组为单位,在老师的监查、指导下,完成对发动机气门组的拆装与检修,并详细记录整个工作过程,完成任务单 2-4-1 的填写。

2. 以组为单位,在老师的监查、指导下,完成对发动机气门座圈的铰削检修与气门密封性检验,并详细记录整个工作过程,完成任务单 2-4-2 的填写。

【相关知识与技能】

一、气门组的构造

发动机配气机构的气门组一般由气门、气门座(或气门座圈)、气门导管、气门油封、气门弹簧、气门弹簧垫圈、气门弹簧座及锁片(或锁销)等组成,如图 2-4-1 所示。

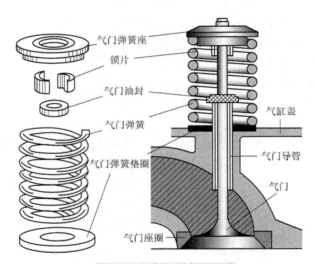

图 2-4-1 气门组件的组成

气门组件的作用是封闭进、排气通道的同时实现对发动机燃烧室的密封。因此,发动机工作时对气门组的技术要求有以下几点:

1)气门头部与气门座的工件锥面贴合要严密。
2)气门导管对气门杆的往复运动导向良好。
3)气门弹簧两端面与气门杆中心线相互垂直,以保证气门头部在气门座上不偏斜。
4)气门弹簧的弹力足以克服气门及其传动件的运动惯性力,使气门能迅速关闭,并能保证气门关闭时的密封性。

二、气门组的拆装

1. 拆卸

1)在气门弹簧及弹簧座上做好标记。
2)将缸盖立起,将气门弹簧压缩器(或叫气门拆装钳)松开对准要拆卸的气门,如图

2-4-2所示,压缩气门弹簧,取下锁片(或锁销),按顺序摆放好。

3)松开气门弹簧压缩器并移开,取下气门弹簧座、气门弹簧(注意螺距和方向区别)后,再取下气门。

4)零件清洁后按顺序摆放整齐,并清洁整理工具和工位。

图 2-4-2　气门的拆卸

特别提示:如果需要更换气门油封,可用专用气门油封拆卸钳,拆下气门油封。

2. 安装

1)清洁缸盖。
2)安装气门:将杆部涂机油,插入气门导管。
3)安装下弹簧座、油封(若有油封)、弹簧、上弹簧座。
4)用气门弹簧压缩器将弹簧压缩,露出气门尾部锁片槽。
5)安装锁片(注意方向),可涂少许润滑脂(防止掉落)。
6)松开气门弹簧压缩器,用橡胶锤轻击气门尾部,使弹簧座及锁片就位。

特别提示:安装气门前,一定要先检查好气门座圈和气门导管是否需要更换,装配间隙是否正常,在良好状态下才能安装气门。

三、气门组主要零件的检修

(一)气门的检修

1. 气门的结构特点

气门的作用是封闭进、排气通道。气门由头部和杆部两部分组成,如图2-4-3所示,气门头部与气门座配合实现对气缸的进、排气通道的密封;气门杆部与气门导管配合为气门的直线往复运动导向。

气门的头部由顶部和密封锥面组成。顶部的形状有平面、凸面、凹面和球面等多种形状,如图 2-4-4 所示。

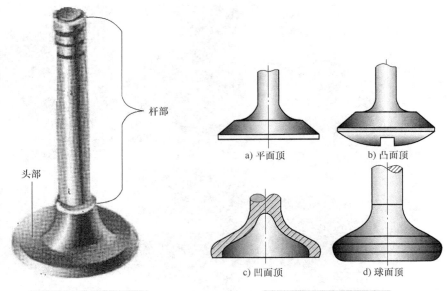

图 2-4-3 气门的结构　　　　图 2-4-4 气门顶部形状

平面顶气门结构简单,制造容易,吸热面积较小,质量小,多数发动机的进、排气门均采用此结构;凹面顶部与杆部的过渡部分具有一定的流线型,气流流通较顺利,可减小进气阻力,但是顶部受热面积较大,故多用于进气门,而不宜用于排气门;球面或凸面顶气门强度高,排气阻力小,废气清除效果好,适于做排气门。

气门密封锥面指气门头部与气门座圈接触的工作面,是与气门杆部同一中心线的锥面,一般将这一锥面与气门顶部平面的夹角称为气门锥角,通常做成 30°和 45°,头部的圆柱表面厚度一般为 1~3mm,如图 2-4-5 所示。气门锥角的作用如下:

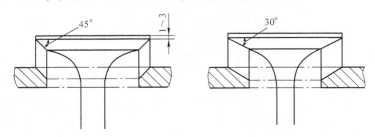

图 2-4-5 气门头部工作锥面和圆柱表面厚度

1) 能提高密封性和导热性。
2) 气门落座时,有自定位作用。
3) 避免气流拐弯过大而降低流速。

4) 能挤掉接触面的沉淀物,起自洁作用。

气门的杆部由杆身和尾部构成。杆身与气门导管配合为气门往复直线运动导向;尾部用以固定气门弹簧座,根据弹簧座的固定方式而加工有锁片环槽或者是圆柱锁销孔,如图2-4-6所示。

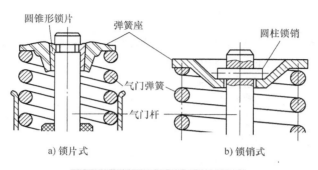

图 2-4-6 气门弹簧座的锁止方式

2. 气门的工作条件与材质

由于气门的工作条件十分恶劣,气门头部的工作温度很高,进气门温度可达 570 ~ 670K,排气门温度更高,可达 1050 ~ 1200K;气门头部要承受气体压力、气门弹簧力及传动组零件惯性力的作用;气门冷却和润滑条件差;还要接触气缸内燃烧生成物中的腐蚀介质,因此,要求气门必须具有足够的强度、刚度、耐热、耐腐蚀和耐磨能力。

进气门一般用中碳合金钢制造,如铬钢、铬钼钢和镍铬钢等。排气门则采用耐热合金钢制造,如硅铬钢、硅铬钼钢、硅铬锰钢等。

> **特别提示**:K 为热力学温度单位,换算关系为
> $$\frac{t}{℃} = \frac{T}{K} - 273.15$$

3. 气门的常见损伤与检修

气门的常见损伤主要有气门工作面起槽、变宽,甚至烧蚀后出现斑点和凹陷,气门杆及尾端的磨损,气门杆的弯曲变形等。

1) 外观检验,当发现气门有裂纹、破损或熔蚀烧损时,须更换气门。

2) 气门工作锥面起槽、变宽,甚至烧蚀后出现斑点和凹陷时,应更换气门。

3) 用外径千分尺测量气门杆部直径,如图 2-4-7 所示,轿车气门杆磨损量大于 0.05mm,载货汽车气门杆磨损量大于 0.10mm,或有明显的台阶形磨损时应更换气门。

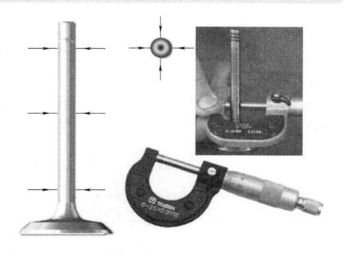

图 2-4-7 气门杆的检测

4）用高度尺或游标卡尺检测气门头圆柱面的厚度，小于 1.0mm 时应更换气门。

5）气门尾端的磨损量大于 0.5mm 时应更换气门。

6）气门杆直线度误差大于 0.05mm 时，应予更换或校直，校直后的直线度误差不得大于 0.02mm。图 2-4-8 所示为气门杆直线度的检测。将气门架在检测台上，转动气门杆一圈，百分表的摆差即为直线度误差。

特别说明：当气门工作锥面起槽、变宽，烧蚀后的斑点或凹陷比较轻时，可在气门光磨机上进行光磨修复。气门的光磨工艺如下：

① 光磨前先检校气门杆使其符合要求。

② 将气门杆紧固在光磨机夹架上，气门头部伸出长度约 40mm，按气门工作锥面的角度调整夹架。

③ 查看砂轮工作面是否平整。

④ 起动光磨机，检查确认气门夹持无偏斜时即可试磨。试磨时，先使砂轮轻轻接触气门，若磨削痕迹与工作锥面在全长接触或略偏向气门杆，则光磨机夹架的角度符合要求。

⑤ 光磨进刀时，冷却液要充足，并控制好横向进给速度和纵向进刀量，直至磨损痕迹磨光为止，光磨后气门的要求如下：大端圆柱面的厚度大于 1mm，工作锥面的径向圆跳动误差小于 0.01mm，表面粗糙度 Ra 值小于 $0.25\mu m$，与气门杆部的同轴度误差小于 0.05mm。

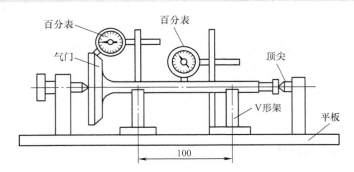

图 2-4-8　气门杆直线度误差的检测

4. 气门油封

气门导管内孔与气门杆之间为间隙配合，为防止机油从气门导管与气门杆的间隙中漏入燃烧室，在气门导管的上端安装有气门油封，如图 2-4-9 所示。

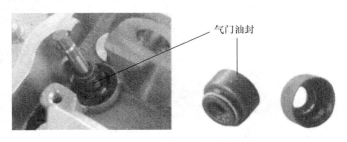

图 2-4-9　气门油封与安装位置

适量的机油进入气门导管与气门之间的间隙,对于气门杆的润滑是必要的。但如果进的机油过多,将会在气缸内造成积炭和在气门上产生沉积物。

气门油封损坏,会使机油由气门处进入燃烧室燃烧,出现排气冒蓝烟,机油消耗异常等现象。气门油封多为一次性产品,拆卸后应更换新品。

(二) 气门座的检修

进、排气道口与气门密封锥面直接贴合的部位称为气门座,它与气门头部工作锥面配合对气缸起密封作用,同时接受气门头部传来的热量,起到对气门散热的作用。

1. 气门座的结构特点

气门座的形式有两种:一是直接在气缸盖上镗出;二是单独制成气门座圈,镶嵌在气缸盖上,如图2-4-10所示。

图2-4-10 气门座

气门座的锥角由三部分组成,如图2-4-11a所示。其中45°(或30°)锥面为气门密封锥面;为使密封更可靠,同时又有一定的散热面积,密封锥面的宽度(图中的尺寸b)在1~3mm之间。15°和75°锥角是用来修正工作(即密封)锥面的宽度和上下位置的。

某些发动机的气门锥角比气门座锥角小0.5°~1°,该角称为密封干涉角,如图2-4-11b所示。干涉角有利于走合期的磨合。走合期结束,干涉角逐渐消失,恢复全锥面接触。

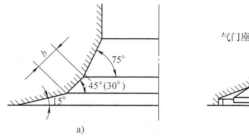

图2-4-11 气门座锥角的结构

2. 气门座的材质

直接在气缸盖上镗出的气门座结构材质与母体相同,因此散热效果好,使用中不存在气门座圈脱落的事故;但不耐高温,不耐磨损,磨损后不便于修理。气门座圈用耐热合金钢或耐热合金铸铁制成,镶嵌在气缸盖上,具有耐高温、耐磨损和耐冲击,使用寿命长,而且易于更换等特点；缺点是导热性差，加工精度高，气门座圈与缸盖上的座孔配合精度不当，有可能发生气门座圈脱落事故。

3. 气门座的常见损伤与维修方法

气门座和气门一样，在发动机工作时承受交变载荷的冲击，很容易产生塑性变形和磨损，尤其是排气门座还承受着高温气流的冲刷腐蚀，常出现气门座氧化烧蚀斑点、工作面磨损变形变宽、工作面出现裂纹、气门座圈松动等现象，导致气门密封不严，影响发动机正常工作。如果出现这些现象，一般应检修气门座。

气门座检修的技术要求：气门座表面不得有任何损伤，气门座固定可靠；工作锥面正确，表面粗糙度 Ra 取值在 $1.25 \sim 6.3 \mu m$ 之间；气门座圈工作面宽度在 $1.2 \sim 2.5 mm$ 之间；气门下陷量应小于 $2mm$。

（1）镶换新的气门座

若气门座有裂纹、松动、烧蚀或磨损严重，或经多次加工修理，新气门装入后气门头部顶平面仍低于气缸盖燃烧室平面 $2mm$ 以上，应镶换新的气门座，其工艺要点如下：

1）拆卸旧气门座。注意，不要损伤气门座承孔。

2）选择新气门座。用外径千分尺测量气门座外径，用内径量表测量气门座承孔内径，并根据气门座和缸盖承孔的材质选择合适过盈量（一般在 $0.07 \sim 0.17mm$）。

3）气门座的镶换。镶装气门座圈时，应根据配合过盈量采用温差法、压力法，即压装前先将气门座圈冷冻、或将气门座孔局部加热，或直接将气门座圈压入座孔。

（2）铰削气门座

若气门座工作锥面烧蚀不严重、密封环带宽度超过标准时，可通过对气门座进行铰削加工修复。气门座的铰削通常是用手工进行的，如图 2-4-12 所示，其铰削工艺如下：

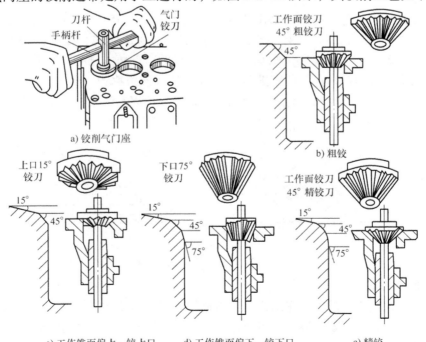

图 2-4-12　气门座的铰削

1）根据气门头直径和工作锥面选择一组合适的铰刀，再根据气门直径选择刀杆。每组铰刀有45°（或30°）、15°和75°三种不同角度。其中45°（或30°）铰刀又分为粗铰刀和精铰刀两种。

2）检查气门导管，若未更换气门导管，应检查气门导管的磨损程度，检查方法可参见"气门导管的检修"。

3）砂磨硬化层。若未更换气门座，铰削前先将砂布垫在铰刀下，磨除座口硬化层，以防止铰刀打滑和延长铰刀的使用寿命。

4）粗铰工作面。用45°粗铰刀铰削气门座工作面，直至消除磨损和烧蚀痕迹（对于新座圈，则要求铰削出宽度适当的工作锥面）。

5）用游标深度卡尺检查气门下陷量。

6）调整环带位置和宽度。密封环带应处于工作锥面中部。若偏向气门杆部，选用15°铰刀（斜面与刀杆中心线夹角）修整；若偏向气门头部，则选用75°铰刀修整。若环带过宽，用15°和75°两种铰刀分别铰削。

7）用精铰刀铰削气门座工作面，降低表面粗糙度值，或用细砂布包在切削刃上，将气门座工作面磨光。

> **特别提示**：镶换后的新气门座圈必须进行气门座铰削加工，确保工作锥面与气门工作锥面的良好配合。

（3）气门与气门座的研磨

若气门和气门座圈仅有轻微磨损和烧蚀，可研磨气门与气门座来恢复其密封性，气门与气门座经铰削加工后，也应研磨。研磨方法有机器研磨和手工研磨两种，如图2-4-13所示。

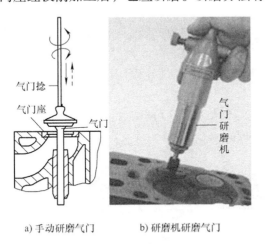

a) 手动研磨气门　　b) 研磨机研磨气门

图 2-4-13　研磨气门

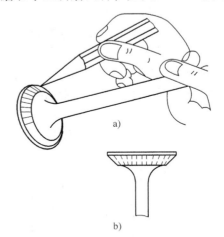

图 2-4-14　画线法检测气门密封性

（4）气门密封性检验

在发动机维修过程中，更换气门或气门座圈以及对气门座进行铰削加工、研磨气门后必须要进行气门密封性检验，检验的方法有以下几种。

1）渗油法。将气门放入相配的气门座中，用煤油浇在气门顶面上，观察其有无渗漏现象。若无渗漏表明密封良好。

2）画线法。用软铅笔在气门工作面上每隔4mm画若干条分布均匀的线,如图2-4-14a所示。然后将气门插入气门导管内,轻敲或转动,取出气门观察所画线是否均匀切断,如图2-4-14b所示,如果有线条未被切断则表明密封不严,需重新研磨。

3）拍打法。将气门在相配气门座上轻拍数次,然后观察气门与气门座工作面,若有明亮又完整的光环,表明已达到密封要求,否则重新研磨。

4）用检验仪器检查。采用带有气压表的气门密封性检验仪进行检验,如图2-4-15所示。先将检验仪的空气筒紧紧地压在有气门的气门座上,捏动橡皮球,使空气筒内具有60~70kPa的压力时,停留30s,若气压表指示压力不下降,即密封性合格。

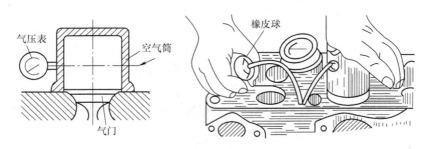

图2-4-15 用检验仪器检验气门密封性

(三）气门导管的检修

气门导管的作用是给气门的运动导向,保证气门和气门座锥面的精确配合,并为气门杆散热,将气门杆的热量传给气缸盖。

1. 气门导管的构造

气门导管的类型及安装位置如图2-4-16所示。它为圆柱形管,外表面有较高的加工精度、较低的表面粗糙度值,与缸盖（体）的配合有一定的过盈量（一般为0.015~0.065mm）,以保证良好的传热和防止松脱。有的发动机对气门导管用卡环定位,使气门弹簧下座将卡环压住,因此导管轴向定位可靠。

气门导管的内孔是在气门导管被压入气缸盖（气缸体）后再精铰,以保证气门与气门导管的精确配合间隙,一般配合间隙在0.05~0.12mm之间。

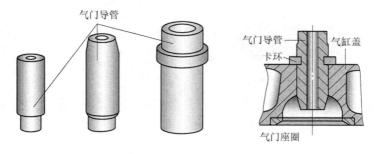

图2-4-16 气门导管类型及安装位置

2. 气门导管材质

由于工作在高温（温度可高达约500K）且飞溅润滑条件很差的环境,气门导管易磨损。

为了改善气门导管的润滑性能，气门导管一般用含石墨较多的铸铁（球墨铸铁）或粉末冶金制成，以提高自润滑性能。

3. 气门导管的常见损伤与维修

气门导管常见的主要损伤有断裂、松脱和磨损。当气门导管出现断裂和气门导管外颈与气缸盖承孔的配合过盈量不足，导致气门导管松脱以及气门导管磨损严重，与气门杆配合间隙过大超过使用极限要求时，均应更换气门导管。

（1）气门导管磨损的检查

气门导管磨损后会使其与气门杆的配合间隙增大，导致气门工作时摆动，关闭不严。气门导管与气门杆的检查方法有两种：

1）用内径和外径千分尺分别测量气门导管内径和气门杆直径，并计算其配合间隙。

2）先把气门安装在气门导管内，再将气门提起10～15mm（相对气缸盖平面），然后用百分表测量气门头部的摆动量，如图2-4-17所示。测得的摆动量即为实测的近似间隙值，若超过配合技术要求，则应更换气门导管。

（2）更换气门导管

维修中更换气门导管的工艺步骤如下：

1）用外径略小于气门导管内孔的阶梯轴冲出气门导管。

2）选择外径尺寸符合要求的新气门导管。

3）安装气门导管前要先用细砂布打磨气门导管承孔口，并在承孔内壁与导管外表面上涂少许机油，然后放正气门导管，安装好铜质的阶梯轴（装气门导管专用的工具），用压力机或锤子将气门导管装入承孔内。

4）气门导管的铰削如图2-4-18所示。采用成型专用气门导管铰刀铰削，进刀量不宜过大，铰刀保持垂直，边铰边试，直至间隙合适为止。

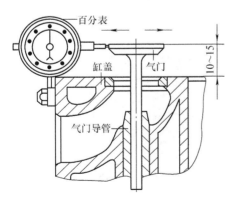

图 2-4-17　测量气门头部摆动量

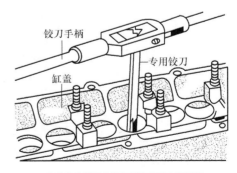

图 2-4-18　铰削气门导管内孔

特别提示：换气门导管时，应用冲子和锤子将旧气门导管拆出，拆出时应注意方向（一般气缸盖上方为拆除方向）。对于铝合金气缸盖，拆出旧气门导管前还应加热气缸盖，以免气缸盖裂损。

（四）气门弹簧和弹簧座及锁止装置的检修

气门弹簧的作用是保证在气门关闭时能紧密地与气门座贴合，防止气门在发动机振动时发生跳动，破坏其密封性；在气门开启时克服配气机构产生的惯性力，使传动件始终受凸轮控制而不相互脱离，并确保气门的自动回位密封。

1. 气门弹簧的类型与结构特点

气门弹簧为圆柱形螺旋弹簧，其结构如图 2-4-19 所示。弹簧两端磨平，安装时，气门弹簧的一端支承在气缸盖上，而另一端则压靠在气门杆尾端的弹簧座上，一般弹簧座用锁片固定在气门杆的末端。

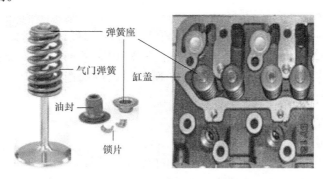

图 2-4-19 气门弹簧与安装

为了防止气门弹簧工作时产生共振，采用了多种设计，包括使用更强的弹簧、不等螺距弹簧以及双弹簧等，如图 2-4-20 所示。安装时，对于不等螺距弹簧，应使螺距较小的一端朝向气缸盖。大多数发动机采用一个气门装配有同心内、外两根气门弹簧的方法，不但可以防止弹簧共振，而且当一根弹簧折断时，另一根仍可继续工作。两根气门弹簧的旋向相反，以防止工作时一个弹簧卡入另一个弹簧中。捷达、高尔夫以及上海桑塔纳轿车发动机均采用双气门弹簧。

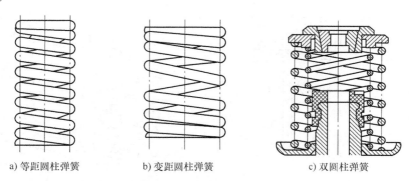

a) 等距圆柱弹簧　　b) 变距圆柱弹簧　　c) 双圆柱弹簧

图 2-4-20 气门弹簧的类型

2. 气门弹簧的材质

气门弹簧多采用优质弹簧合金钢丝卷绕成螺旋状，弹簧两端磨平，以防弹簧在工作中产生歪斜。为提高弹簧疲劳强度，确保弹簧弹力不下降、不折断，簧丝表面都要经过磨光、抛光或喷丸、发蓝或磷化处理，以免在使用中生锈。

3. 气门弹簧的常见损伤与维修

气门弹簧常见的缺陷有弯曲变形（歪斜）、弹力减弱、擦伤、端面不平、裂纹和折断等。当气门弹簧出现上述损伤现象时，会影响气门的密封，导致发动机工作不良，因此要及时地进行检修，具体的检修方法如下。

1）气门弹簧清洁后检视若发现变形、裂纹等缺陷，应更换新弹簧。

2）气门弹簧自由长度与标准值（原厂规定新弹簧长度）比较，若自由长度差超过2mm时，应更换新弹簧。

检查方法有两种，一是新旧对比法：将一标准弹簧与被测弹簧置于同一平板上，比较长度差值是否符合技术要求；二是用游标卡尺测量法：测量弹簧自由长度是否符合规定尺寸值，如图2-4-21a所示。

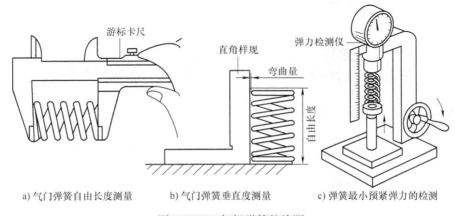

a) 气门弹簧自由长度测量　　b) 气门弹簧垂直度测量　　c) 弹簧最小预紧弹力的检测

图 2-4-21　气门弹簧的检测

3）当气门弹簧弯曲，垂直度超过1.5mm时；弹簧扭曲轴线偏移大于2°时均应更换新弹簧。检测方法如图2-4-21b所示，将气门弹簧放至平板上，用直角尺检查其弯曲和扭曲变形。

4）气门弹簧的弹力小于原厂规定的10%时，应予以更换。弹簧弹力测量方法如图2-4-21c所示，用弹力检测仪测量时，先将弹簧置于检测仪的支承座上，然后通过操纵手柄将弹簧压至规定长度，台秤上所示弹力大小即为所测弹簧弹力。

4. 气门弹簧座和锁片的检修

气门弹簧座通过气门杆尾部环槽（或销孔）与锁片（或锁销）的配合装于气门杆尾部，主要作用是将气门弹簧的张力施加给气门机构，确保气门和气门座的密封性。气门锁片是使气门与弹簧座实现单向连接并锁止的零件。气门弹簧座和锁片的材质有铬合金钢（20Cr）和钛合金钢（Ti-6Al-4V），如图2-4-22所示。

a) 铬合金钢　　b) 钛合金钢

图 2-4-22　弹簧座和锁片

（1）技术要求

1）气门弹簧锁片紧固在气门杆上时，其外圆锥面与座的锥孔应紧密接触。

2）两锁片的端面平面，应低于座圈 2.5mm。

3）气门弹簧锁片紧固在气门杆上，分开面之间应有 0.5mm 以上的间隙。

4）两锁片的高低之差在 0.3mm 以内。

（2）检验与维修

1）检查两锁片内外表面及座锥孔有无明显磨痕及损伤，有则更换。

2）测量或对比，若两锁片高低之差超过 0.3mm，应更换一致的。

3）若两锁片分开面间隙已经消失，应更换。

4）若锁片只有一头和座接触，发动机工作时，锁片因单头张开使它和气门杆都磨坏，甚至使锁片跳出，因此应更换。

5）若锁片片面凸筋有磨损，应更换。

6）若两锁片分开面间隙过小或消失，以及两片高低不一致，可用锉刀锉，但内、外表面要完好，外锥面与座要配合好。

任务五　配气相位与气门间隙的调整

【任务导入】

今天面对一台货车发动机，怠速时发出连续不断的、有节奏的"哒、哒、哒"的敲击声，并且，随着发动机转速升高时响声也随之升高，温度变化和单缸断火时响声没有明显变化。聪聪不知所措。这时师傅告诉他，这种现象是气门响造成的。你的判断呢？

【任务说明】

以组为单位，在老师的监查、指导下，完成对发动机气门配气相位的检测和气门间隙的检查、调整（用两次法调整，逐缸法检验），并详细记录整个工作过程，完成任务单 2-5-1 的填写。

【相关知识与技能】

一、配气相位及其检查调整

1. 配气相位

发动机在工作中，将进气门开始开启到彻底关闭，进气门持续开启时间所对应的曲轴转角称之为进气相位角，如图 2-5-1a 所示；将排气门开启到彻底关闭，排气门持续开启时间所对应的曲轴转角称之为排气相位角，如图 2-5-1b 所示。通常把进气相位角与排气相位角合称为发动机的配气相位角，如图 2-5-1c 所示，简称为配气相位。

（1）进气提前角 α

在排气行程接近完成时，活塞到达上止点之前，进气门便开始开启。从进气门开始开启到上止点所对应的曲轴转角称为进气提前角，用 α 表示，α 值一般在 10°~30°之间。进气门早开，使得活塞到达上止点开始向下移动时，进气门已有一定开度，因此可较快地获得较大的进气通道截面，提升充气效率。

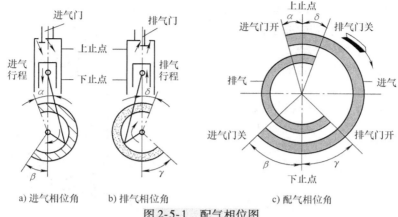

图 2-5-1 配气相位图

(2) 进气迟闭角 β

在进气行程到达下止点时,进气门并未关闭,而是在活塞上行一段距离后才关闭。从活塞位于下止点至进气门完全关闭时对应的曲轴转角称为进气迟闭角,用 β 表示。β 值一般在 40°~80°之间。活塞在到达下止点时,气缸内的压力仍低于大气压力,且气流还有相当大的惯性,适当延迟关闭进气门,可利用压力差和气流惯性继续进气,增加进气量。

进气门持续开启时间内的曲轴转角,即进气相位角为 $\alpha+180°+\beta$,一般为 230°~290°之间。

(3) 排气提前角 γ

在做功行程的后期,活塞到达下止点前,排气门便开始开启。从排气门开始开启到活塞到达下止点时所对应的曲轴转角称为排气提前角,用 γ 表示。γ 值一般在 40°~80°之间。做功行程接近结束时,气缸内的压力约为 0.3~0.5MPa,做功作用已经不大,此时提前打开排气门,高温废气迅速排出,可以减小活塞上行排气时的阻力,降低排气时的功率损失。同时,高温废气提早迅速排出,还可防止发动机过热。

(4) 排气迟闭角 δ

排气门是在活塞到达上止点后,又开始下行一段距离后才关闭的。从活塞位于上止点到排气门完全关闭时所对应的曲轴转角称为排气迟闭角,用 δ 表示。δ 值一般在 10°~30°之间。活塞到达上止点时,气缸内的压力仍高于大气压,由于气流有一定的惯性,排气门适当延迟关闭可使废气排得更干净。排气门开启持续时间内的曲轴转角,即排气持续角为 $\gamma+180°+\delta$,一般为 230°~290°。

(5) 气门叠开与气门叠开角 ($\alpha+\delta$)

由于进气门早开和排气门晚关,在活塞位于排气上止点附近,出现一段进、排气门同时开启的现象,称为气门叠开。同时开启的角度,即进气门提前角 α 与排气门迟后角 δ 之和称为气门重叠角 ($\alpha+\delta$)。气门叠开时气门的开度很小,且新鲜气流和废气流有各自的惯性,在短时间内不会改变流向,适当的叠开角,不会出现废气倒流进气道和新鲜气体随废气排出的现象。相反,进入气缸内部的新鲜气体可增加气缸内的气体压力,有利于废气的排出。

2. 配气相位的检查与调整

气门叠开法是指在气门间隙调整为零时,检查排气行程上止点时进排气门的升程高度,然后根据气门叠开情况(升程高度差)来判断配气相位的变化一种方法。

1）将第一缸进排气门间隙调整为零，摇转曲轴，使第一缸处于排气上止点附近进气门未开启的位置，固定好上止点测定仪和配气相位检查仪，并将配气相位检查仪百分表触点于进气门弹簧座上平面，表针调至"0"，如图 2-5-2 所示。

2）按曲轴旋转方向缓缓转动曲轴，根据上止点测定仪百分表指示活塞处于上止点前 0.01mm 和上止点后 0.01mm 位置时刻，读取配气相位检查仪百分表指示的气门升程高度 h_{j1} 和 h_{j2} 取其平均值，作为进气门在上排气止点时的升程高度 h_j。

3）根据进气门平均升程高度 h_j 找准活塞上止点，将配气相位检查仪百分表表头触及排气门弹簧座上平面，并给表头预压缩量为 2mm。

4）缓缓转动曲轴至排气门完全关闭，由配气相位仪百分表读取活塞处于排气上止点时排气门关闭前的升程式高度 h_p。

5）根据进排气门在排气上止点时的升程高度 h_j、h_p 及相对升程高度差 $\Delta h = h_j - h_p$，对照维修技术相关资料即可判断配气相位的变化。

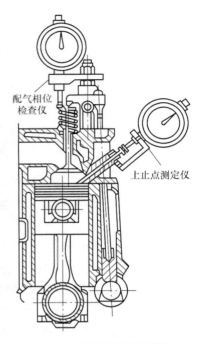

图 2-5-2 配气相位的检测

二、气门间隙及其调整

1. 气门间隙

发动机工作时，气门将因温度的升高而膨胀。如果气门及其传动件之间在冷态下无间隙或间隙过小，则在热态下，气门及其传动件的受热膨胀势必引起气门关闭不严，造成发动机在压缩行程和做功行程中漏气，从而使功率下降，严重时甚至不易起动。

为了消除这种现象，通常在发动机冷态装配时，在气门杆尾端与气门驱动零件（摇臂、挺杆或凸轮）之间留有适当的间隙，以补偿气门受热后的膨胀量。这一间隙称为气门间隙。如图 2-5-3 所示。

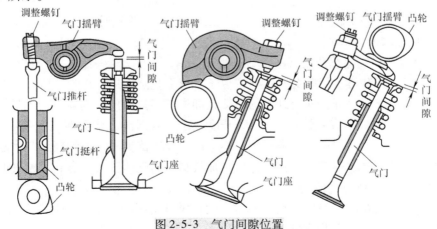

图 2-5-3 气门间隙位置

2. 气门间隙过大、过小的危害

气门间隙的大小，对发动机的工作和性能影响很大。如果气门间隙过小，发动机在热态下可能因气门关闭不严而发生漏气，导致功率下降，甚至气门烧坏；如果气门间隙过大，则使传动零件之间以及气门和气门座之间产生撞击响声，并加速磨损，同时也会使气门开启的持续时间减少，气缸的充气以及排气情况变坏。

3. 气门间隙的检查与调整

气门间隙的调整是发动机维修中必须进行的一项作业。其调整方法有逐缸调整法和两次调整法（也称快速调整法）两种。

气门间隙的检查与调整必须在气门完全关闭状态时进行。在检查与调整气门间隙之前，必须分析判断各气缸所处的工作行程以确定可调气门。

处于压缩上止点的气缸，进气门和排气门均可调；处于排气程上止点的气缸，进气门可调；处于进气程上止点的气缸，排气门可调。气门间隙必须在规定的冷机或热机状态下调整到标准值。一般进气门间隙为 0.20 ~ 0.30mm；排气门间隙为 0.25 ~ 0.35mm。具体值可查阅发动机维修手册。

4. 两次调整法

1) 将第一缸活塞转到压缩行程上止点。
2) 确定进、排气门。根据气门与所对应的气道、气门大小确定；转动曲轴观察确定。
3) 将发动机的气缸按做功顺序等分为两组。
4) 按照"双排不进"法确定气门间隙的可调性。
5) 分两次调整气门间隙。四缸、六缸和V型八缸发动机气门调整顺序，见表2-5-1、表2-5-2和表2-5-3。

第一次调整。在第一缸活塞压缩行程上止点时，按照"双排不进"法检查调整其可调气门的间隙。

第二次调整。将曲轴转动一周，将第一缸活塞达到排气行程上止点，按照"不进双排"法调整余下气门的间隙。

6) 气门间隙的调整方法
① 先松开调整螺钉的锁紧螺母。
② 按规定间隙选定的塞尺片插入气门帽与摇臂间。
③ 用旋具旋转调整螺钉，同时拉动塞尺片感到稍有阻力为好。
④ 用锁紧螺母将调整螺钉锁紧，注意锁紧时间隙不能发生变化。
⑤ 调整完毕，应再重复查一遍，保证气门间隙符合要求。
⑥ 零件上有相互运动的部位涂上机油。

表2-5-1 四缸发动机二次调整气门顺序表

气缸做功序号	1		3		4		2	
气门排列	进	排	进	排	进	排	进	排
1缸压缩上止点	双			排		不		进
4缸压缩上止点	不			进		双		排

表 2-5-2　六缸发动机二次调整气门顺序表

气缸做功序号	1		5		3		6		2		4	
气门排列	进	排	进	排	进	排	进	排	进	排	进	排
1缸压缩上止点	双			排			不				进	
6缸压缩上止点	不			进			双				排	

表 2-5-3　V型八缸发动机二次调整气门顺序表

气缸做功序号	1		6		3		5		4		7		2		8	
气门排列	进	排	进	排	进	排	进	排	进	排	进	排	进	排	进	排
1缸压缩上止点	双				排				不				进			
4缸压缩上止点	不				进				双				排			

5. 逐缸调整法

根据气缸点火次序，确定某缸活塞在压缩上止点位置后，可对此缸进、排气门间隙进行调整；调妥之后摇转曲轴，依次逐缸调整其他各缸气门。下面以四缸发动机点火次序1-3-4-2为例介绍逐缸调整气门方法步骤。

1）转动曲轴到凸轮轴正时齿轮（或链轮）上正时标记与装配正时标记对正，此时为一缸压缩上止点，可调整一缸的进、排气门。

2）摇动曲轴180°使三缸位于压缩上止点，可调整三缸进、排气门。

3）再摇动曲轴180°使四缸位于压缩上止点，可调整四缸进、排气门。

4）再摇动曲轴180°使二缸位于压缩上止点，可调整二缸进、排气门。

任务六　可变配气相位控制系统结构原理与检修

【任务导入】

今天，聪聪看到轿车后部标记着 VVT-i 和 VTEC 请教师傅是什么意思？师傅告诉他 VVT-i 是智能可变气门正时系统；VTEC 是可变气门正时和升程电子控制系统。

【任务说明】

1. 以组为单位，在老师的监查、指导下，完成对装有VVT-i发动机的配气机构的检修，并详细记录整个工作过程，完成任务单2-6-1的填写。

2. 以组为单位，在老师的监查、指导下，完成对装有VTEC发动机的配气机构的检修，并详细记录整个工作过程，完成任务单2-6-2的填写。

【相关知识与技能】

一、可变配气相位控制技术

可变配气相位控制技术（Variable Valve Timing）改变了传统发动机配气相位固定不变的状态，在发动机工况范围内随发动机转速、负荷、冷却液温度等运行参数的变化，适当地调整配气正时和气门升程，充分利用气流的惯性和压差，使进气充分、排气彻底，使发动机多种工况下均能达到最高效率，实现动力性和经济性的提升。

比较有代表性的可变配气相位控制机构有 VVT-i 智能可变气门正时系统，分为叶片式、斜齿轮式、链条式等三种类型；还有 VTEC 可变气门正时和升程电子控制系统。

二、叶片式可变气门正时系统

1. 叶片式可变气门正时系统的组成

叶片式可变气门正时系统是由丰田汽车公司研发的，其基本结构如图 2-6-1 所示，主要由叶片式 VVT-i 控制器、凸轮轴正时机油控制阀（OCV）、曲轴位置传感器（CKP）、凸轮轴位置传感器（CMP）及发动机管理系统（ECU）等组成。CKP 将发动机转速信号传给 ECU，CMP 将气缸识别信号传给 ECU。ECU 经分析、计算，发出指令，输出电流（占空比）控制 OCV，改变 OCV 的高压油通道。OCV 控制可变气门正时执行器调节进气凸轮轴相位，以使气门正时达到最佳。

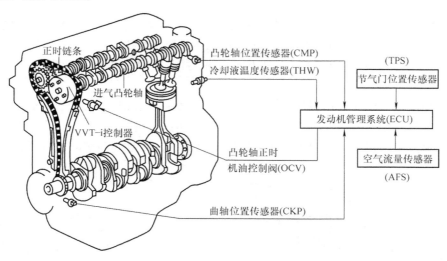

图 2-6-1 VVT-i 系统结构示意图

叶片式 VVT-i 控制器的结构如图 2-6-2 所示，由固定在进气凸轮轴上的叶轮、与从动正时链轮一体的壳体以及锁销组成。叶片轮和 VVT-i 控制器的外壳之间可以做相对转动，叶轮上的叶片与壳组成的空腔，分为气门正时提前室和气门正时滞后室，由凸轮轴正时机油控制阀将压力油传送给提前或滞后室，促使调节器叶片带动凸轴旋转，达到调整进气门正时，获得最佳的配气相位的目的。

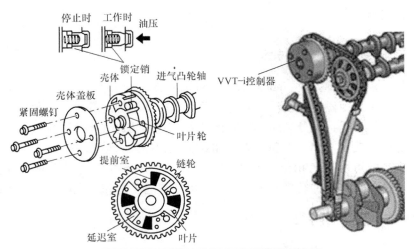

图 2-6-2 叶片式 VVT-i 控制器结构组成

2. 叶片式可变气门正时机构的工作原理

（1）发动机起动时

当可变气门正时执行器的止动销与转子啮合时（转子由于弹簧力处于最大配气延迟位置），凸轮轴链轮与凸轮轴作为一个整体旋转。当油泵压力升高并且止动销脱离时，便可对凸轮轴链轮与凸轮轴的相应角度进行调节。

（2）气门正时提前

当油压控制阀（OCV）的滑阀按照 ECU 信号移动到左侧时，油泵液压注入到气门正时提前通道，并最终到达可变气门正时执行器的气门正时提前室。然后，转子与凸轮轴一起向气门正时提前方向旋转，与曲轴驱动的壳旋转方向相同，此时气门正时被提前如图 2-6-3 所示。

（3）气门正时延迟

当油压控制阀（OCV）的滑阀按照 ECU 信号移动到右侧时，油泵液压注入到气门正时延迟通道，并最终到达可变气门正时执行器的气门正时延迟室。然后，转子与凸轮轴一起向气门正时延迟方向旋转，与曲轴驱动的壳旋转方向相反，此时气门正时被延迟，如图 2-6-4 所示。

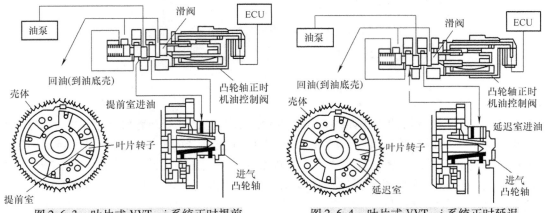

图 2-6-3 叶片式 VVT-i 系统正时提前　　　　图 2-6-4 叶片式 VVT-i 系统正时延迟

（4）保持气门正时中间位置

油压控制阀（OCV）的滑阀位于气门正时提前与延迟的中间位置。由此，液压同时被保持在可变气门正时传动装置的提前室与延迟室内。同时，转子与壳的相应角度被固定并保持，由此产生固定的气门正时。

三、斜齿轮式可变气门正时系统

1. 斜齿轮式可变气门正时系统的组成

斜齿轮式VVT-i系统在韩系车应用较多，其结构如图2-6-5所示，主要由斜齿轮式VVT-i控制器、凸轮轴正时机油控制阀、曲轴位置传感器、凸轮轴位置传感器及发动机管理系统（ECU）等组成。曲轴位置传感器CKP将发动机转速信号传给ECU，凸轮轴位置传感器CMP将气缸识别信号传给ECU。ECU经分析、计算，发出指令，输出电流（占空比）控制凸轮轴正时机油控制阀OCV，改变凸轮轴正时机油控制阀的高压油通道，来控制即斜齿轮式VVT-i控制器调节进气凸轮轴相位，实现气门正时达到最佳状态。

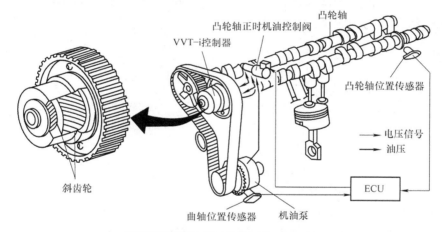

图2-6-5 斜齿轮式VVT-i系统组成

斜齿轮式VVT-i控制器的结构如图2-6-6所示，主要由正时带驱动的外齿轮、与进气凸轮轴刚性连接的内齿轮，以及一个位于内齿轮与外齿轮之间的可移动活塞及回位弹簧等组成。活塞表面有螺旋形花键，活塞沿轴向移动，会改变内、外齿轮的相对位置，即相位。从而产生气门配气相位的连续改变。当机油压力施加在活塞的左侧，迫使活塞右移，由于活塞上的螺旋形花键的作用，进气凸轮轴会相对于凸轮轴正时带轮提前某个角度。当机油压力施加在活塞的右侧，迫使活塞左移，就会使进气凸轮轴延迟某个角度。当得到理想的配气正时，凸轮轴正时液压控制阀就会关闭油道使活塞两侧压力平衡，活塞停止移动。

2. 斜齿轮式VVT-i工作原理

斜齿轮式VVT-i系统工作原理如图2-6-7所示，当发动机工作时凸轮轴正时控制阀根据ECU的指令控制阀轴的位置，从而将油压施加给VVT-i控制器以实现提前或推迟配气正时。发动机停机时，凸轮轴正时控制阀处于最延迟的位置，如图2-6-7b所示。

发动机转速上升时，根据发动机ECU的指令，凸轮正时控制阀位于如图2-6-7a所示位置，机油压力施加在活塞的左侧使得活塞向右移动。由于活塞上的螺旋花键的作用，进气凸

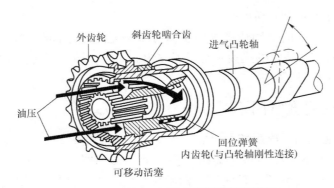

图 2-6-6 斜齿轮式 VVT-i 控制器结构

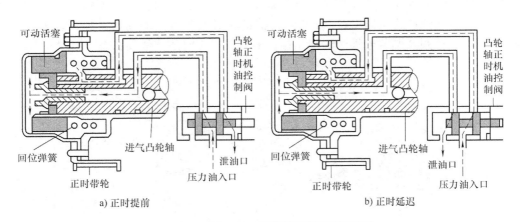

a) 正时提前 b) 正时延迟

图 2-6-7 斜齿轮式 VVT-i 工作原理简图

轮轴相对于凸轮轴正时带轮提前某一角度。

发动机转速降低时,ECU 的指令使凸轮轴正时控制阀处于图 2-6-7b 位置时,机油压力施加在活塞的右侧使得活塞向左移动,进气凸轮轴相对于凸轮轴正时带轮延迟某一角度。

发动机转速恒定时,凸轮轴正时控制阀关闭油道,保持活塞两侧的压力平衡,配气相位保持在某一特定范围内,由此得到理想的配气正时。

四、链条驱动式可变气门正时系统

1. 链条驱动式可变气门正时系统的组成

链条驱动式 VVT-i 系统,在大众车系广泛使用,如宝来、奥迪、帕萨特等。其系统组成如图 2-6-8 所示,主要由正时链条、链轮及可变相位调节器和凸轮轴调节阀 N205(电磁控制阀)、曲轴位置传感器、凸轮轴位置传感器及发动机管理系统(ECU)等组成。

可变相位调节器是在液压张紧器的基础上,加装了用 ECU 控制的电磁控制阀,组成了"配气相位调节总成"部件。排气凸轮轴被曲轴正时带驱动,不能调整;进气凸轮轴通过正时链条被排气凸轮轴驱动,并通过链条可以相对排气凸轮提前或迟后转动一个角度,调节范围为 20°~30°;曲轴位置传感器 CKP 将发动机转速信号传给 ECU,凸轮轴位置传感器 CMP 将气缸识别信号传给 ECU。发动机管理系统(ECU)根据传感器信号,通过凸轮轴调节阀

N205（即电磁控制阀）上的滑阀，使润滑系统的油压通过缸盖主油道送入可变相位调节器内控制活塞的上或下油腔，驱动控制活塞和弧形滑板分别上升或下降动作，从而改变链条在进、排正时链轮之间上、下侧的分配节数，由此使进气凸轮轴相对排气凸轮轴转动一个 θ 角度，让气门正时达到最佳状态，提升充气效率。

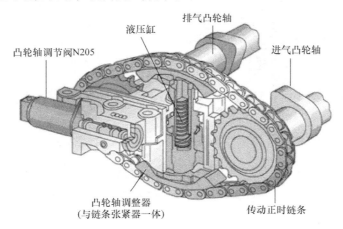

图 2-6-8　链条驱动式 VVT-i 系统组成

2. 链条驱动式可变气门正时系统的工作原理

链条驱动式 VVT-i 系统是利用进、排气凸轮轴之间驱动链条的节数改变来调整进、排气凸轮轴之间的相对角度，从而改变进气配气相位。具体工作原理如下。

1）当发动机转速低于 1300r/min 时，如图 2-6-9 所示，凸轮轴调节阀（电磁控制阀）不通电，滑阀使 A 油道与主油道相通，控制油压即作用在控制活塞的下方，推动控制活塞向上运动，使上部链条节数增加变长，下部链条节数减少变短，进气凸轮轴相对排气凸轮轴逆时针方向转动一定角度 θ，进气门早开角度变小，进、排气门的重叠角变小，防止发动机回火，低速运转平稳。

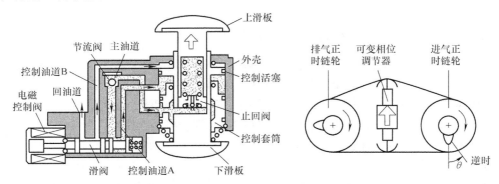

图 2-6-9　链条驱动式 VVT-i 系统工作原理简图（一）

2）当发动机转速高于 1300r/min 时，如图 2-6-10 所示，凸轮轴调节阀（电磁控制阀）通电，磁吸力使滑阀右移，沟通 B 油道和主油道，控制油压即作用在控制活塞的上方，推动控制活塞向下运动，使下部链条节数增加变长，上部链条节数减少变短，进气凸轮轴相对排气凸轮轴顺时针方向转动一定角度 θ，进气门早开角度变大，进、排气门的重叠角变大，废气排出率加大，提高了容积效率和转矩值。

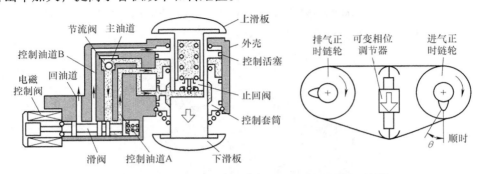

图 2-6-10　链条驱动式 VVT-i 系统工作原理简图（二）

3）当发动机转速高于 3600r/min 时，如图 2-6-11 所示，电磁控制阀又断电，调节工作结束，进气门又回到不提前的位置，晚开和晚关角度加大，可利用气体的惯性能量，提高功率值。

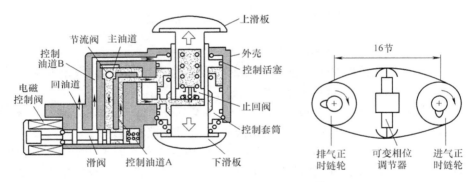

图 2-6-11　链条驱动式 VVT-i 系统工作原理简图（三）

五、可变气门正时与升程电控系统的检修

可变气门正时与升程电子控制系统（Variable Valve & Valve Lift Electronic Control，VTEC）是本田的专有技术，它能随发动机转速、负荷、冷却液温度等运行参数的变化，而适当地调整配气正时和气门升程，使发动机在高、低速下均能达到最高效率。在本田乘用车思域、里程、CR-V、奥德赛、雅阁 F22B1 和 D16Z6 发动机上使用。

1. VTEC 系统的结构组成

VTEC 控制系统由控制部分、执行部分和传感器组成，如图 2-6-12 所示。其中控制部分包括发动机控制单元和 VTEC 电磁阀；传感器包括发动机转速传感器、车速传感器、负荷传感器和冷却液温度传感器；执行部分包括凸轮、摇臂和各个活塞等。发动机运转时，控制单元根据各传感器的信号，判断是否需要改变配气相位和气门升程。

机械执行部分由两个进气门、三个并列的摇臂、三个升程不同的进气凸轮和四个控制活塞组成，如图 2-6-12a 和图 2-6-12c 所示。两个进气门有主、次之分，即主进气门和次进气门。每个气门均由单独的凸轮通过摇臂来驱动。驱动主、次进气门的凸轮分别叫主凸轮、次凸轮。与主、次进气门接触的摇臂分别叫主摇臂、次摇臂。主、次摇臂之间有一个特殊的中间摇臂,它不与任何气门直接接触。三个摇臂并列在一起,均可在摇臂轴上转动。在主、次摇臂和中间摇臂相对应的凸轮轴上铸有三个不同升程的凸轮,如图2-6-12c和图2-6-12d所示,分别为主凸轮、次凸轮和中间凸轮。其中中间凸轮C的升程最大,它是按照发动机双进、双排气门工作最佳输出功率的要求而设计的;主凸轮A升程小于中间凸轮,它是按发动机低速工作时单进气门开闭要求设计的;次凸轮B的升程最小,最高处只是稍微高于基圆,其作用只是在发动机怠速运行时,通过次摇臂稍微打开次气门,以免燃油集聚在次进气门口。中间摇臂的一端和中间凸轮接触,另一端在低速时可自由活动。三个摇臂在靠近气门一端均有一个油缸孔。油缸孔中都安置有靠油压控制的活塞,依次为正时活塞、主同步活塞、中间同步活塞和次同步活塞如图2-6-12a所示。

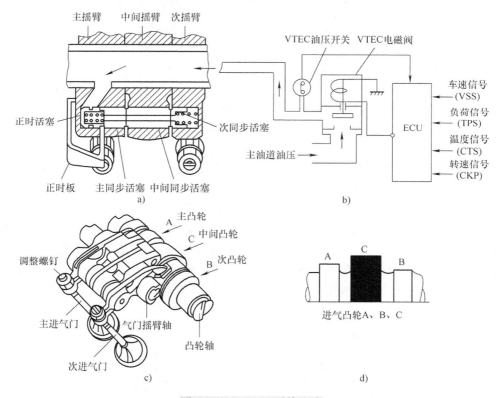

图 2-6-12 VTEC 系统组成

2. VTEC 系统的工作原理

VTEC机构是采用一根凸轮轴上设计两种(高速型和低速型)不同配气定时和气门升程的凸轮,利用液压进行切换的装置。切换原理是根据传感器提供的发动机转速、负荷、冷却液温度及车速信号,经ECU分析计算处理,向VTEC电磁阀输出信号进而控制油路开闭进行切换。控制原理如图2-6-12b所示。

VTEC不工作时,正时活塞和主同步活塞位于主摇臂缸内,与中间摇臂等宽的中间同步活塞位于中间摇臂液压缸内,次同步活塞和弹簧一起则位于次摇臂液压缸内。正时活塞的一端和液压油道相通,油道的开闭由ECU通过VTEC电磁阀来控制。

发动机处于低速工况时，ECU无指令，油道内无油压，活塞位于各自的液压缸内，各个摇臂均独自做上下运动如图2-6-13所示。主摇臂紧随主凸轮开闭主进气门，供给发动机在低速工况时所需的混合气；次凸轮迫使次摇臂微微起伏，次进气门微微开闭；中间摇臂虽然随着中间凸轮大幅度运动，但它对任何气门均不起作用。此时发动机处于单进、双排气门工作状态，吸入的混合气不到高速时的一半。因所有气缸参与工作，发动机的运转十分平顺均衡。

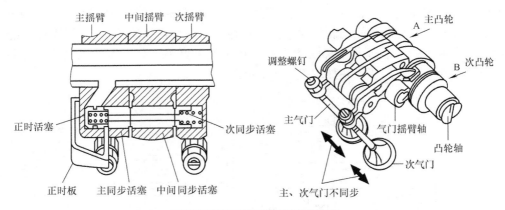

图2-6-13 VTEC低速工况状态

当发动机高速运行时，即发动机转速在2300～3200r/min、车速大于10km/h，冷却液温度高于10℃，发动机负荷到达一定程度时，ECU向VTEC电磁阀供电以开启工作油道，压力油由工作油道进入液压缸，推动正时活塞，压缩弹簧依次作用主同步活塞、中间同步活塞和次同步活塞；主摇臂、中间摇臂和次摇臂被主同步活塞、中间同步活塞和次同步活塞串联为一体，成为一个同步活动的组合摇臂如图2-6-14所示。因中间凸轮的升程大于另两个凸轮，配气定时提前，故组合摇臂随中间摇臂一起受中间凸轮驱动，主、次气门都大幅度地同步开闭，配气相位处于最佳状态，吸入的混合气量增多，满足发动机高速、大负荷的进气要求。

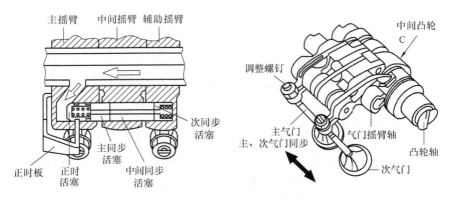

图2-6-14 VTEC高速工况状态

3. VTEC机械部分检修

VTEC系统引起的故障常表现为怠速不稳、中高速功率不足、发动机加速不良等现象，导致故障的主要原因与检修方法分述如下。

（1）VTEC 电磁阀工作不良

VTEC 电磁阀结构如图 2-6-15 所示，主要由电磁线圈和液压控制阀两部分构成。首先可用万用表检测电磁线圈是否有短路或断路及插头接触不良等（电磁线圈标准值为 14～30Ω）现象，若有应当更换电磁阀。然后检查液压控制阀部分，液压阀体与缸盖间的椭圆形滤网是否被堵塞，用手推动柱塞，看其是否能自由运动，若发现滤网堵或柱塞有卡滞现象应进行清洁，如果柱塞有严重划痕或磨损要更换新件；检查密封件如果有损坏则更换新件；同时要检查发动机机油是否变质或太脏，应及时更换机油。

（2）VTEC 系统摇臂机构工作异常

VTEC 系统摇臂机构为整个系统的动作执行机构，其工作不正常将直接影响整个系统及发动机配气机构的工作。

VTEC 系统摇臂机构检查方法有两种，一是手动检查；二是利用专用工具检查。

1）手动检查法。在气门间隙及配气正时正确的情况下，拆开气门室盖，摇转曲轴，带动凸轮轴转动，观察进气门摇臂是否都能正常运动。再逐缸在凸轮的基圆上（该缸活塞处于压缩上止点位置），用手指按动中间进气摇臂观察中间进气摇臂应能单独灵活运动，如图 2-6-16 所示。否则说明此机构有故障，应将三个进气摇臂（主摇臂、中间摇臂、次摇臂）作为整体拆下，一是检查正时弹簧，若有异常应更换；二是检查摇臂和同步活塞有无磨损、卡滞、擦伤，有无过热迹象（变蓝）。若有轻度卡滞可先清洁，然后研磨，各同步活塞应能平滑地移动。若同步活塞磨损严重或有重度划痕应更换新件。如果摇臂的活塞承孔磨损过大，应将三个摇臂（中间、主、次摇臂）作为整体更换。

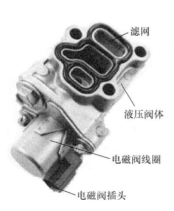

图 2-6-15　VTEC 电磁阀结构

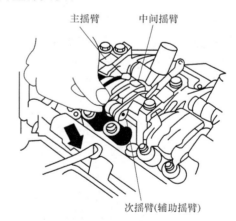

图 2-6-16　VTEC 系统摇臂机构手动检查

2）专用工具检查法。专用工具检查法是指用压缩空气模拟压力机油对系统机构进行检查，在检查前先进行上述手动检查，以保证在气门间隙及配气机构运动正常的前提下进行该项检查。检查操作步骤如下：

① 拆开气门室盖，用专用工具堵住通气孔，如图 2-6-17 所示。

② 在摇臂轴末端有一用螺钉封住的检查孔，将此孔的密封螺钉拆掉，然后连接摇臂检查工具，如图 2-6-18 所示。再与压缩空气管道相接，然后再通入大约 400kPa 的气压，作用

于摇臂的同步活塞上。这时同步活塞仍不应向外移动,然后再向上扳动正时板,当正时板被扳高到 2~3mm,同步活塞应弹出,将主、中间、次三个摇臂连接为整体,仔细观察同步活塞的接合是否灵活自如。

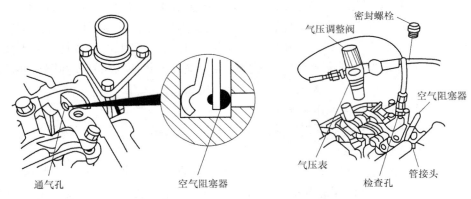

图 2-6-17 用专用工具堵住通气孔　　图 2-6-18 专用检查工具连接

③ 保持压力时,确保主进气摇臂和副进气摇臂通过活塞连接在一起,当用手推中间进气摇臂时,它与主摇臂和次摇臂之间不应有相对运动。如果中间摇臂能单独活动,则应将主、中和次进气摇臂作为整体进行更换。

④ 停止向正时活塞油腔内施加气压,向上推动正时板。这时,同步活塞应回到原来位置,三只摇臂间相互无运动干涉,否则应将进气摇臂作为整体进行更换。

⑤ 拆下专用工具,元件复位,故障警告灯应不亮。

(3) 正时板同步总成损伤

正时板和回位弹簧装在进气摇臂轴的凸轮轴支架上,如图 2-6-19 所示。应查看正时板、回位弹簧和套管有无划痕或裂纹,有无因过热而变色等现象,若有则应更换。检查弹簧是否可靠地连接在凸轮轴支架和正时板上。

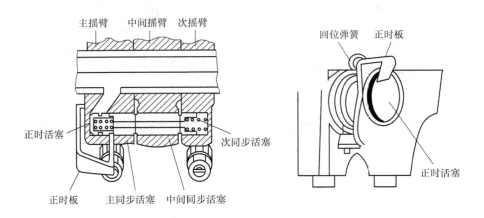

图 2-6-19 正时板安装位置与结构

项目三 曲柄连杆机构构造与维修

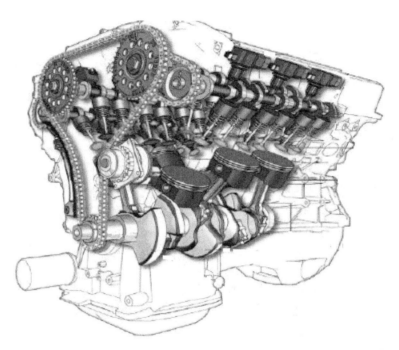

▶【项目描述】

本项目主要围绕曲柄连杆机构的机体组、活塞连杆组和曲轴飞轮组三部分的类型、组成、零部件结构特点、装配连接关系和对曲柄连杆机构进行拆装、检修、调整等知识点,针对性地设置了对曲柄连杆机构的认知、机体组的构造与维修、活塞连杆组的构造与维修、曲轴飞轮组的构造与维修等四个基本技能训练任务。目的是使学生全面掌握汽车曲柄连杆机构的结构、原理与检修方法,具有对发动机曲柄连杆机构故障诊断与维修的能力。

▶【知识目标】

1. 理解曲柄连杆机构的功用、组成及工作原理。
2. 掌握曲柄连杆机构的传动方式及特点。
3. 掌握曲柄连杆机构各零部件的名称及安装位置。
4. 掌握曲柄连杆机构主要零部件的检修方法。

▶【技能目标】

1. 能熟练正确地使用有关工具对曲柄连杆机构进行拆装。

2. 能熟练地对气缸和曲轴进行检测，并能确定修理尺寸等级。
3. 能够查阅维修手册掌握技术标准，对曲柄连杆机构主要零部件进行正确检修。
4. 能准确判断并排除曲柄连杆机构的常见故障。

任务一　对曲柄连杆机构的认知

【任务导入】

一辆 2014 年生产的帕萨特轿车，BGC 发动机冷车起动时，发出清晰而明显的"嗒、嗒、嗒"的响声，热车后，响声明显减弱。师傅告诉聪聪准备拆检活塞连杆组。你知道为什么吗？

【任务说明】

以小组为单位，对照发动机曲柄连杆机构实物完成对零件、部件和总成件的认知；根据发动机总成实物，描述工作原理；并完成任务单 3-1-1 的填写。

【相关知识与技能】

一、曲柄连杆机构的作用和组成

曲柄连杆机构是往复活塞式发动机将热能转换为机械能的主要机构，其功用是将燃气作用在活塞顶上的压力转变为曲轴转矩，使曲轴产生旋转运动通过飞轮向外输出转矩动力。

发动机工作过程中，燃料燃烧产生的气体压力直接作用在活塞顶上，推动活塞作往复直线运动。经活塞销、连杆和曲轴，将活塞的往复运动转换为曲轴的旋转运动。

发动机产生的动力大部分由曲轴后端的飞轮传给传动系统中的离合器；还有一部分通过曲轴前端的齿轮和带轮驱动发动机其他机构和系统。

曲柄连杆机构由机体组、活塞连杆组和曲轴飞轮组三部分组成，如图 3-1-1 所示。

机体组主要由气缸体、曲轴箱、气缸盖、气缸套和气缸垫等零部件组成，如图 3-1-1a 所示。

活塞连杆组主要由活塞、活塞环、活塞销和连杆等运动件组成，如图 3-1-1b 所示。

曲轴飞轮组主要由曲轴、飞轮和附属机件组成，如图 3-1-1c 所示。

二、曲柄连杆机构工作条件及受力分析

发动机工作时，曲柄连杆机构是在高温、高压、高速和有化学腐蚀的条件下工作的。由于曲柄连杆机构是在高压下作变速运动，在工作中的受力情况很复杂。其中主要有气体作用力、运动质量的惯性力、旋转运动件的离心力以及相对运动件接触表面所产生的摩擦力等，下面我们来分析下各种力的不同特点。

1. 气体作用力

气体作用力在发动机工作循环中的每个工作行程都存在。但因为进气、排气两个行程中

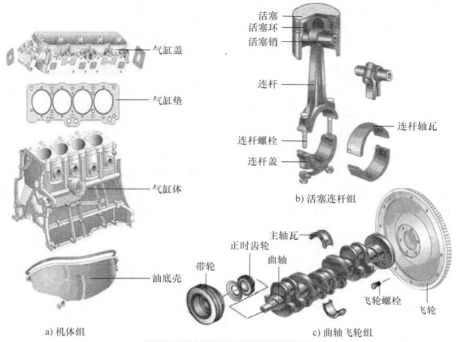

图 3-1-1 曲柄连杆机构的组成

的气体压力较小，对机件影响不大，所以在此重点分析做功和压缩两行程气体作用力的规律和特点。

在做功行程中，气体压力推动活塞向下运动（图 3-1-2a）。设活塞顶部所受的气体总压力为 F'_p，通过活塞作用到活塞销上的力 F_p 可分解为 F_{p1} 和 F_{p2}。分力 F_{p1} 通过活塞销传给连杆，并沿连杆方向作用在连杆轴颈上。F_{p1} 还可分解为两个分力 F_R 和 F_S。分力 F_R 沿曲柄方向使曲轴主轴颈与主轴承间产生压紧力；分力 F_S 垂直于曲柄，其除了使连杆轴颈和连杆轴承之间产生压紧力外，还对曲轴产生转矩 T，驱动曲轴旋转。F_{p2} 把活塞压向气缸壁，形成活塞与缸壁间的侧压力，有使机体翻倒的趋势，故机体下部的两侧固定支撑在车架上。

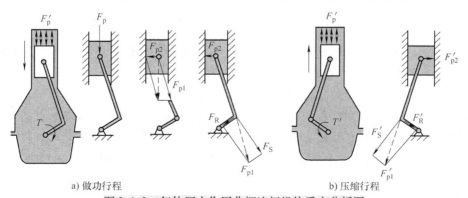

图 3-1-2 气体压力作用曲柄连杆机构受力分析图

做功行程中气体压力越大，发动机动力也越大。但气体压力又是造成机件磨损和损坏的主要因素。

在压缩行程中,气体压力是阻碍活塞向上运动的阻力。这时作用在活塞顶上的气体总压力也可分解为 F'_{p1} 和 F'_{p2}(图3-1-2b),F'_{p1} 又可分解为 F'_R 和 F'_S。分力 F'_S 对曲轴形成一个旋转阻力矩 T',企图阻止曲轴旋转;而 F'_{p2} 则将活塞压向气缸的另一侧壁。

在发动机工作循环的任何工作行程中,气体作用力的大小都是随着活塞的位移而变化的,再加上连杆的左右摇摆,因而作用在活塞销和曲轴轴颈的表面以及二者的支撑表面上的压力和作用点不断变化,造成各处磨损不均匀。

2. 往复惯性力和离心力

往复直线运动的物体,当运动速度变化时,将产生往复惯性力。物体绕某一中心做旋转运动时,就会产生离心力。这两种力在曲柄连杆机构的运动中都存在。

曲柄连杆机构中的活塞组件和连杆小头在气缸中作往复直线运动,其速度很高且数值变化。当活塞从上止点向下止点运动时,速度变化规律是从零开始逐渐增大,临近中间达最大值,然后又逐渐减小至零。即前半行程是加速运动,惯性力向上,以 F_j 表示,如图3-1-3a所示。后半行程是减速运动,惯性力向下,以 F'_j 表示,如图3-1-3b所示。同理,当活塞向上运动时,前半行程是加速运动,惯性力向下,后半行程是减速运动,惯性力向上。

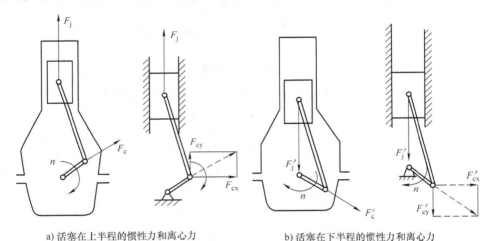

a) 活塞在上半程的惯性力和离心力   b) 活塞在下半程的惯性力和离心力

图3-1-3 曲柄连杆机构运动产生的惯性力和离心力受力分析图

惯性力使曲柄连杆机构的各零件和所有轴颈承受周期性的附加载荷,加快轴承磨损;未被平衡的变化的惯性力传到气缸体后,还会引起发动机振动。

在曲柄连杆机构中,偏离曲轴轴线的曲柄、连杆轴颈、连杆大头在绕曲轴轴线旋转时,将产生离心力 F_c,其方向沿曲柄向外,如图3-1-3所示。离心力在垂直方向上的分力 F_{cy} 与惯性力 F_j 的方向总是一致的,因而加剧了发动机的上、下振动。而水平方向的分力 F_{cx} 则使发动机产生水平方向的振动。此外,离心力使连杆大头的轴承和轴颈受到又一附加载荷,增加了它们的变形和磨损。

3. 摩擦力

曲柄连杆机构中互相接触的表面做相对运动时都存在摩擦力,其大小与正压力和摩擦系数成正比,其方向总是与相对运动的方向相反。摩擦力的存在是造成配合表面磨损的根源。

上述各种力,作用在曲柄连杆机构的各有关零件上,使它们受到拉伸、压缩、弯曲和扭转等不同形式的载荷。为了保证工作可靠，减少磨损，减轻振动，在结构上应采取相应的措施。

三、拆装曲柄连杆机构

1. 气缸盖上附件的拆装

一般在拆卸发动机前，应断开或松开与汽车其他系统联系的所有电路、气路、油路，并将发动机与变速器总成脱离，然后从汽车前面将发动机拆下来。放尽发动机内的油和水。有条件的可以将发动机固定在发动机翻转架上进行拆装。

（1）拆卸

1）拆卸空气滤清器、进/排气歧管及进/排气管垫，需用工具为T形套筒扳手。

2）取下各缸的高压线　如图3-1-4所示。

3）拆下加机油口盖。

4）拆下气门室罩及气门室罩、密封条等。

（2）安装

1）在干净的气缸盖密封表面上涂以密封胶，在密封胶固化以前，将气门室罩安装在气缸盖上，拧紧气门室罩紧固螺钉，拧紧力矩为6.4N·m。

2）拧上加机油口盖，装上各缸高压线。

3）安装进、排气歧管。

4）清洁空气滤清器，装合。清洁空气滤清器时，可用压缩空气由滤芯内部往外吹。

2. 气缸盖的拆装

（1）气缸盖的拆卸

1）拆下正时带上护罩，拧下气门罩盖的螺母。

2）取下压条、支架、正时带护罩和气门罩。

3）拆出火花塞，并放置在一边。

4）按照如图3-1-5所示的顺序，松开凸轮轴轴承盖螺栓，拆下凸轮轴。

图3-1-4　取下各缸高压线

图3-1-5　凸轮轴轴承盖的拆装顺序

5）按照如图3-1-6所示从1到10的顺序，松开气缸盖螺栓。

6）将气缸盖与气缸垫一起拆下。

（2）气缸盖的安装

按照与拆卸相反的顺序安装气缸盖，但应注意以下事项：

1) 在安装气缸盖之前，要将曲轴转动到第一缸的上止点位置。
2) 安装气缸垫时，有标号（配件号）的一面必须可见。
3) 更换气缸盖紧固螺栓，不能重复使用已经按照拧紧力矩拧紧过的螺栓。
4) 按照如图3-1-7所示的顺序，用扭力扳手以40N·m的力矩拧紧气缸盖螺栓，然后用扭力扳手再拧紧180°。
5) 更换损坏的衬垫。
6) 对角拧紧气门罩盖的紧固螺母，拧紧力矩为10N·m。

图3-1-6 气缸盖螺栓拆卸顺序

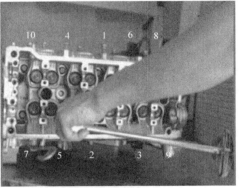

图3-1-7 气缸盖螺栓的紧固

3. 机体组的拆装

（1）发动机机体组拆卸前的准备工作
1) 放出油底壳内机油。
2) 拆卸发动机机体外部零件（附件），拆装步骤见气缸盖上附件的拆装。
3) 拆卸正时带和带轮（正时链轮或链条）。

（2）发动机机体拆卸
1) 拆卸气门室罩，取下气门室罩密封垫。
2) 拆卸凸轮轴。拆卸凸轮轴轴承盖螺栓顺序如图3-1-5所示。

特别注意：拆卸下来的轴承盖一定作好标记并按顺序放好，如图3-1-8所示。

3) 拆下气缸盖。拆卸螺栓的顺序如图3-1-6所示，应从两端向中间分次、交叉拧松。

4) 将曲轴摇至需拆缸位于下止点，拆卸位于下止点的活塞连杆组，注意气缸号、朝前记号如图3-1-9所示；若无记号的需人为做上相应的记号以便安装及拆卸工艺。

5) 拆下连杆螺母，取下连杆端盖、衬垫和连杆轴承，并按顺序放好，以免相互搞错。用手将连杆向上推，使连杆与连杆轴颈分离。用橡胶锤或锤子木柄推出活塞连杆

图3-1-8 凸轮轴轴承盖上的标记

图 3-1-9 活塞上的安装记号和人为记号

组,如图 3-1-10 所示。取出活塞连杆组后,应将连杆盖、衬垫、螺栓和螺母按原样装回,不可错乱。

6)按两边往中间的拆装顺序拧松主轴承盖螺钉,卸下曲轴飞轮组,如图 3-1-11 所示。注意主轴承盖的安装记号。

图 3-1-10 推出活塞连杆组　　　图 3-1-11 拆卸主轴承盖

(3) 发动机机体装配

按照机体组拆卸相反顺序将各部件进行装配。各部件按照规定力矩拧紧,并注意活塞连杆组装配标记。

1)安装曲轴飞轮组。

2)安装活塞连杆组。注意缸号朝前记号。

3)安装气缸盖。注意气缸垫的安装方向。

4)安装凸轮轴。注意凸轮轴的装配标记,如图 3-1-12 所示。

5)安装气门室罩。更换气门室罩密封垫。

6)安装机油泵总成。

7)安装油底壳。

8)安装正时带和带轮(正时链轮或链条)。注意核准正时标记,如图 3-1-13 所示。

9)装复发动机的机体外部零件。

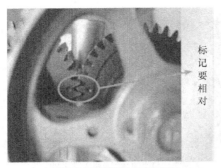
图 3-1-12 凸轮轴的安装

图 3-1-13 曲轴正时标记

任务二　机体组的构造与维修

【任务导入】

一辆帕萨特轿车，因发动机动力不足，燃油消耗过大到汽车 4S 店检修。初步用故障诊断仪检测发动机没有故障码，又进行了缸压检测，发现缸压比较低。师傅告诉聪聪准备对发动机解体，需要进一步检查活塞和气缸壁的磨损情况。你知道为什么要这样做吗？

【任务说明】

以组为单位，在老师的监查、指导下，完成对发动机机体的检修，并详细记录整个工作过程，完成任务单子 3-2-1 的填写。

【相关知识与技能】

机体组是发动机曲柄连杆机构的重要组成部分，是发动机的支架，是曲柄连杆机构、配气机构和发动机各系统主要零部件的装配基体。主要由气缸盖罩、气缸盖、气缸垫、气缸体、曲轴箱、油底壳等不动件组成，如图 3-2-1 所示。总体结构很复杂，所以在维修过程中，我们必须要掌握各部分的结构特点，才能采用相应的检测方法进行维修。

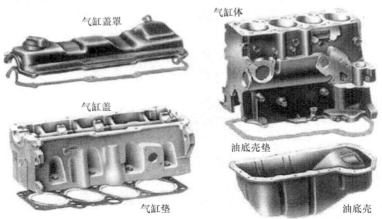
图 3-2-1　机体组的构成

一、气缸体与曲轴箱的构造与维修

1. 气缸体与曲轴箱的构造

气缸体是发动机各个机构和系统的装配基体,并由它来保持发动机各运动件相互之间的准确位置关系。水冷式发动机通常将气缸体与上曲轴箱铸成一体,称为气缸体-曲轴箱,也可简称气缸体,如图3-2-2a所示。

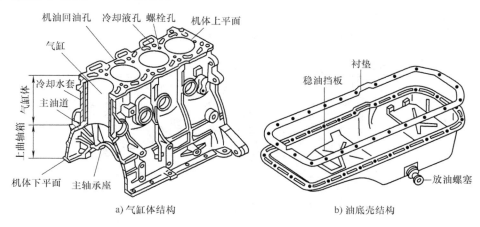

a) 气缸体结构　　　　　　　　　　b) 油底壳结构

图 3-2-2　气缸体与油底壳结构

气缸体上半部有若干个为活塞在其中运动导向的圆柱形空腔,称为气缸。下半部为支承曲轴的上曲轴箱,其内腔为曲轴运动的空间。在上曲轴箱上制有主轴承座孔。为了这些轴承的润滑,在侧壁上钻有主油道,前后壁和中间隔板上钻有分油道。

气缸体的上、下平面分别用以安装气缸盖和下曲轴箱,是气缸修理的加工基准。下曲轴箱也称油底壳,如图3-2-2b所示。主要用于储存机油并密封曲轴箱,同时也可起到机油散热作用。

（1）气缸体的结构形式

气缸体有三种结构形式,即平分式、龙门式和隧道式,如图3-2-3所示。

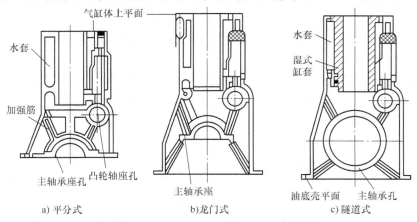

a) 平分式　　　　　b) 龙门式　　　　　c) 隧道式

图 3-2-3　气缸体的三种结构形式

平分式气缸体其发动机的曲轴轴线与气缸体下平面在同一平面上。其特点是便于机械加工，但刚度较差，曲轴前后端的密封性较差，多用于中小型发动机。

龙门式气缸体其发动机的曲轴轴线高于气缸体下平面。其特点是结构刚度和强度较好，密封简单可靠，维修方便，但工艺性较差，大中型发动机采用。

隧道式气缸体主轴承孔不分开，其特点是结构刚度最大，其质量也最大，主轴承的同轴度易保证，但拆装比较麻烦，多用于主轴承采用滚动轴承的组合式曲轴。

（2）气缸的排列方式

发动机气缸排列方式基本上有三种：直列式、V型和对置式，如图3-2-4所示。

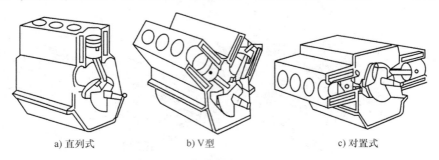

a) 直列式　　b) V型　　c) 对置式

图 3-2-4　气缸的排列方式

直列式发动机的各个气缸排成一列，所有气缸共用一根曲轴和一个缸盖，气缸一般垂直布置。直列式结构简单，易于制造，从而在一定程度上降低了成本，但长度和高度较大，故有些发动机为了降低高度，有时也把气缸布置成倾斜的。一般六缸以下发动机多采用直列式。

V型发动机将气缸排成两列，其气缸中心线的夹角 $\gamma < 180°$，最常见的是60°~90°角。这种设计采用一根曲轴驱动两列气缸中的活塞运动，曲轴上每个连杆轴颈上连接两个连杆，发动机必须有两个缸盖。气缸V形布置缩短了发动机的长度，降低了发动机的高度，改善了车辆外部空气动力学特性，且增加了气缸体的刚度，但发动机宽度增大，形状复杂，加工困难，一般多用于气缸数多的大功率发动机上。

一些制造厂也设计了一种特殊类型的V型结构，称作W型发动机。它看上去与V型结构很相像，但与V型结构相比，每一侧的活塞数增加了一倍。这种发动机结构非常紧凑，较小的尺寸却有较大的动力。W型结构用在负荷较重的车辆，这些车辆需要10缸或12缸的动力，但却要求尺寸较小。

对置式发动机两列气缸之间的夹角为180°，一根曲轴、两个缸盖，曲轴的每个轴颈上连接两个连杆。这种发动机高度最小，用在发动机垂直空间很小的车辆上。

（3）气缸与气缸套

气缸套有两种结构，即干式和湿式，如图3-2-5所示。

干式气缸套不直接与冷却液接触，干式缸套是被压入缸体孔中的，由于缸套自上而下都支撑在缸体上，所以可以加工得很薄，壁厚一般为1~3mm，与其承孔装配过盈量一般为0.05~0.10mm。具体标准值可查阅相关车型的维修手册。

湿式气缸套与冷却液直接接触，也是被压入缸体的。冷却液接触到缸套的中部，因为它只在上部和下部有支撑，所以必须比干式缸套厚一点，一般壁厚为5~9mm。为了保证径向

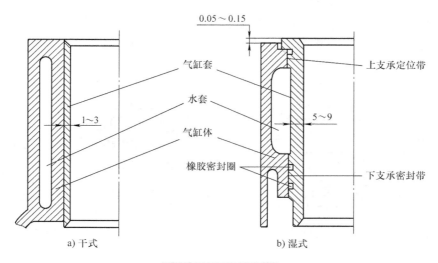

图 3-2-5 气缸套结构

定位,气缸套外表面有两个凸出的圆环带,即上支承定位带和下支承密封带,轴向定位利用上端凸缘实现。湿式缸套的顶部和底部必须采用密封件,以防止冷却液从冷却系统中渗出。湿式缸套铸造方便,容易拆卸更换,冷却效果好,但气缸体刚度差,易出现漏气漏冷却液。

大多数湿式缸套压入缸体后,其顶面高出气缸体上平面 0.05~0.15mm。这样当紧固气缸盖螺栓时,可将气缸盖衬垫压得更紧,以保证气缸更好地密封和气缸套更好地定位。

水冷式气缸周围和气缸盖中均有用以充冷却液的空腔,称为水套。气缸体和气缸盖上的水套是相互连通的,利用水套中的冷却液流过高温零件的周围而将热量带走。

2. 气缸体的检修

气缸体主要的损伤形式是变形、裂纹、磨损和蚀损等,因此在气缸体检修过程中要根据损伤的特点采用相应的检验与维修方法。

(1) 气缸体变形的检修

1) 气缸体变形的检验。气缸体的上下平面翘曲变形可用平板作接触检验,也可用刀形样板尺(或直尺)和塞尺检测。用刀形样板尺和塞尺检测气缸体平面翘曲的方法如图 3-2-6 所示。将等于或大于被测平面全长的刀形样板尺放到气缸体平面上,沿气缸体平面的纵向、横向和对角线方向多处用塞尺进行测量,求得其平面度误差。

2) 气缸体变形的修理。气缸体变形后,可根据变形程度采取不同的修理方法。

> **特别提示**:一般缸体上平面的平面度误差值不超过 0.05~0.10mm,具体值要查阅相关车型维修手册技术要求。

平面度误差在整个平面上不大于 0.05mm 或仅有局部不平时,可用刮刀刮平;平面度误差较大时可采用平面磨床进行磨削加工修复,但加工量不能过大,约 0.24~0.50mm,否则会影响压缩比。

(2) 气缸体裂纹的检修

1) 气缸体裂纹的检验。气缸体外部明显的裂纹,可直接观察。而对于细微裂纹和内部裂纹,一般采用和气缸盖装合后进行水压试验,如图 3-2-7 所示。将气缸盖和气缸衬垫装在气缸体上,将水压机出水管接头与气缸前端水泵入水口处连接好,并封闭所有水道口,然后将水压入水套,要求在 0.3～0.4MPa 的压力下,保持约 5min,应没有任何渗漏现象。若有水珠渗出,则表明该处有裂纹。

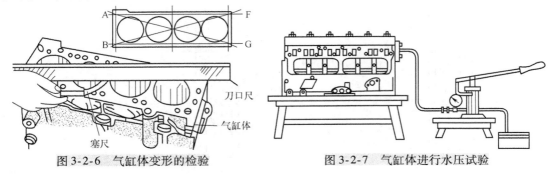

图 3-2-6　气缸体变形的检验　　　　图 3-2-7　气缸体进行水压试验

2)气缸体裂纹的修理。在对气缸体裂纹进行修理时,凡涉及漏气、漏水、漏油等问题,一般予以更换。对未影响到燃烧室、水道、油道的裂纹,则根据裂纹的大小、部位、损伤程度等情况选择粘接、焊接等修理方法进行修补。

(3)气缸磨损的检修

1)气缸的磨损规律。气缸正常磨损的特征是不均匀磨损。气缸孔沿高度方向磨损成上大下小的倒锥形,最大磨损部位是活塞处于上止点时第一道活塞环对应的气缸壁位置,而该位置以上几乎无磨损形成明显的"缸肩"。气缸沿圆周方向的磨损形成不规则的椭圆形,其最大磨损部位往往随气缸结构、使用条件不同而异,一般是前后或左右方向磨损最大。如图 3-2-8 所示。

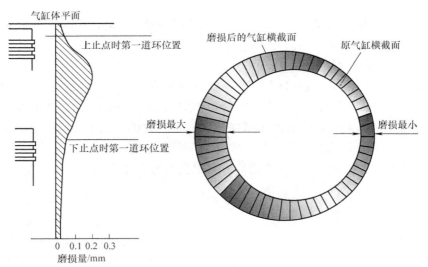

图 3-2-8　气缸的磨损规律

造成上述不均匀磨损的原因包括:活塞在上止点附近时各道环的背压最大,其中又以第一道环为最大,以下逐道减小;气缸上部温度高,润滑条件差,进气中的灰尘附着量多,废气中的酸性物质引起的腐蚀等，造成了气缸上部磨损较大。而圆周方向的最大磨损部位主要是侧向力、曲轴的轴向窜动等造成的。

2）气缸磨损程度的衡量指标。气缸的磨损程度一般用圆度和圆柱度及最大磨损量来衡量。一般规定三个指标参数中只要有一个超过标准就要进行修理。

圆度误差是指同一截面上磨损的不均匀性，用同一横截面上不同方向测得的最大直径与最小直径差值的一半作为圆度误差。

圆柱度误差是指沿气缸轴线的轴向截面上磨损的不均匀性，用不同截面的被测气缸表面任意方向所测得的最大直径与最小直径差值的一半作为圆柱度误差。

最大磨损量是气缸中标准尺寸和气缸磨损后的最大尺寸之差值。

气缸圆度公差：汽油机为 0.05mm，柴油机为 0.065mm。气缸圆柱度公差：汽油机为 0.20mm，柴油机为 0.25mm。若超出此范围，则应进行镗缸修理。

> **特别提示**：不同型号的发动机缸体，气缸的圆度、圆柱度和最大磨损量的技术要求是不一样的，具体参数值一定要查阅相关型号发动机维修手册。如：大众 E888 发动机维修手册。

3）气缸磨损的测量。测量气缸的磨损程度是确定发动机技术状况的重要手段。通过测量，主要是确定气缸磨损后的圆度、圆柱度和最大磨损量，根据气缸的磨损程度，确定发动机是否需要进行大修，以及确定修理尺寸。

测量气缸磨损通常使用量缸表。测量方法如下：

① 根据气缸直径的尺寸，选择合适的接杆，装入量缸表的下端。接杆装好后与活动伸缩杆的总长度应与被测气缸尺寸相适应，如图 3-2-9 所示。

② 校正量缸表的尺寸。将外径千分尺校准到被测气缸的标准尺寸，再将量缸表校准到外径千分尺的尺寸，并使伸缩杆有 1~2mm 的压缩行程，旋转表盘使表针对准零，如图 3-2-10 所示。

图 3-2-9　选择测量接杆

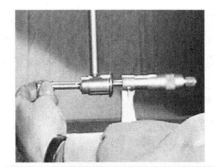
图 3-2-10　用外径千分尺校对基准长度

③ 将量缸表的测杆伸入到气缸的上部，根据气缸磨损规律测量第一道活塞环在上止点位置时所对应的气缸壁 S1 位置，如图 3-2-11 所示。

④ 量缸表下移，测量气缸中部和下部的磨损。气缸中部为上、下止点中间的位置 S2，气缸下部为距离气缸下边缘 10~20mm 处 S3。

用量缸表进行测量时，应注意使测杆与气缸轴线保持垂直位置，以达到测量的准确性。当摆动量缸表，其指针指示到最小读数时，即表示测杆已垂直于气缸轴线，这时才能记录读数，如图 3-2-12 所示。否则，测量不准确。

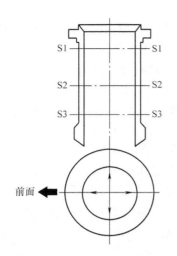
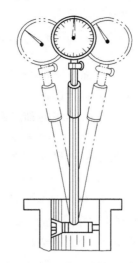

图 3-2-11　气缸磨损的测量部位　　　图 3-2-12　量缸表测量法

4）气缸的修理方法。当气缸磨损后的圆度或圆柱度误差超过允许的限度时，在结构、强度和强化层允许的条件下，对磨损的气缸进行机械加工使其通过尺寸的改变，恢复气缸正确的几何形状和配合性质，这种方法称为修理尺寸法。扩大后的尺寸叫修理尺寸。

气缸经多次修理，当直径超过最大修理尺寸，或气缸壁上有特殊损伤时，可对气缸作圆整加工，用过盈配合的方式镶上新的气缸套，使气缸恢复到原来的尺寸，这种方法称为镶套修复法。

气缸的修理就是按修理尺寸法或镶套修复法，通过镗削和磨削加工，使气缸达到原来的技术要求，目前常用的镗缸设备有两种：固定式镗缸机和移动式镗缸机。

固定式镗缸机是以气缸下平面为基准面，刚性好，加工精度高，生产效率高。移动式镗缸机是以气缸上平面为基准面，机动灵活，安装方便，但加工精度稍差。

气缸镗削时，气缸中心线位置的确定有同心定心法和偏心定心法两种。

同心定心法是以气缸磨损最小的部位为基准来确定气缸的镗削中心。

偏心定心法是以气缸磨损最大的部位为基准来确定气缸的镗削中心。修理后的气缸中心与原中心不重合，向气缸磨损较大的一方偏移了一个距离。

5）气缸修理等级尺寸的确定。气缸的修理等级因生产厂家的不同而有所不同，一般汽油机缸体分为四级，柴油机分为六级。级差均为 0.25，一级加 0.25，二级加 0.50，三级加 0.75，四级加 1.00。

具体的修理尺寸的确定要根据气缸的磨损情况和原厂规定的修理尺寸等级而定。

确定气缸修理尺寸的计算方法如下：

气缸的修理尺寸 = 气缸最大直径 + 镗磨余量（镗磨余量一般取 0.10~0.20mm）

式中　镗磨余量 = 镗削量 + 珩磨余量

镗削量 = 活塞裙部最大直径 − 气缸实测最小直径 + 配合间隙 − 磨缸余量

珩磨余量一般取 0.03~0.05mm。

计算出的修理尺寸应与修理级别对照。若与修理级别不相符，应圆整到下一个修理级别。同一台发动机的各气缸应采用同一级修理尺寸，选择同级别的活塞及活塞环。

二、气缸盖的构造与维修

气缸盖的作用是封闭气缸上部，并与活塞顶部和气缸壁一起构成燃烧室。

1. 气缸盖的构造

气缸盖是发动机上最复杂的零件之一。气缸盖内部有与气缸体相通的冷却水套；有进/排气门座、气门导管孔和进/排气通道；有燃烧室、火花塞座孔或喷油器座孔；上置凸轮轴式发动机的气缸盖上还有用以安装凸轮轴的轴承座。气缸盖的结构如图 3-2-13 所示。

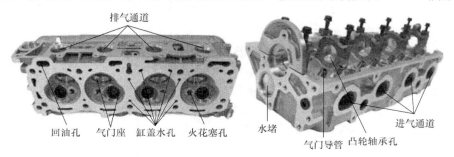

图 3-2-13 气缸盖结构

气缸盖一般采用优质灰铸铁、合金铸铁或铝合金等材料铸造而成。

（1）气缸盖的结构形式

汽车发动机气缸盖的结构形式有两种：整体式和分开式。

整体式气缸盖是指多缸发动机的多个气缸共用一个缸盖。整体式缸盖结构紧凑，零件数少，可缩短气缸中心距和发动机总长度，制造成本低。当气缸数不超过 6 个，气缸直径小于 105mm 时，均采用整体式气缸盖。

分开式气缸盖是指一个、两个或三个气缸共用一个缸盖。这种结构刚度较高，变形小，易于实现对高温高压燃气的有效密封，同时易于实现发动机产品的系列化。但气缸盖零件数增多会使气缸中心距增大，一般用在缸径较大的发动机上。

（2）燃烧室

汽油机的燃烧室是由活塞顶部及缸盖上相应的凹部空间组成。对燃烧室有如下基本要求：一是结构尽可能紧凑，冷却面积要小，以减少热量损失和缩短火焰行程；二是使混合气在压缩终了时具有一定的涡流运动，以提高混合气混合质量和燃烧速度，保证混合气得到及时和充分燃烧；三是表面要光滑，不易积炭。

汽油机常见的燃烧室形状有三种：楔形、盆形和半球形，如图 3-2-14 所示。

（3）气道

现代汽车发动机采用顶置气门，进、排气道都布置在气缸盖上。如果每个气门都有一个气道是最理想的，但由于空间的问题，有时只能将气道合并。这些气道被称为叉形气道，如图 3-2-15 所示。

2. 气缸盖的维修

（1）气缸盖变形的检修

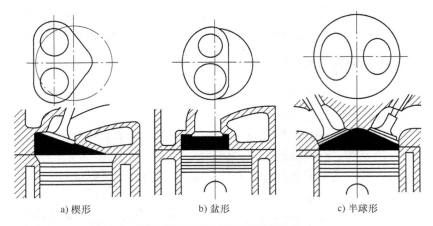

图 3-2-14 汽油机燃烧室类型

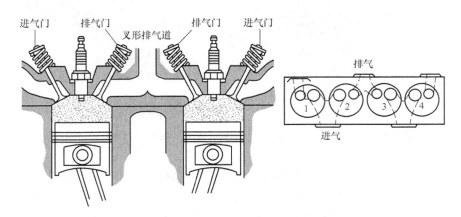

图 3-2-15 发动机叉形气道简图

气缸盖变形主要指与气缸体结合的下平面的平面度误差超限。

1) 气缸盖变形的检验。如图 3-2-16 所示,将气缸盖翻过来,将刀口尺放到气缸盖下表面,用塞尺检查气缸盖的平面度。

2) 气缸盖变形的修理。气缸盖平面度超出限值,应予以修理或更换。如 2016 款帕萨特轿车 CEA 发动机气缸盖的平面度最大不得超过 0.1mm。其修理方法和气缸体平面度的修复方法相同。

经过修理后的气缸盖,其缸盖高度 h 不得低于规定值(具体值可查阅维修手册),如图 3-2-17 所示。例如大众 CEA 发动机气缸盖的高度不得低于 133mm,同时还应检查燃烧室容积,燃烧室容积一般不得小于标定容积的 95%,同一缸盖各缸燃烧室容积差不大于平均容积的 1%~2%,否则更换缸盖。

燃烧室容积的简易测量方法:彻底清除燃烧室内的积炭和污垢,将修平的气缸盖放置在工作台上,用水平仪找好水平;将火花塞和进、排气门按规定装配好,并保证不泄漏;用量杯加入 80% 的煤油和 20% 的机油的混合油至燃烧室,记下量杯中液面变化的差值,总注入量即为燃烧室容积。如果活塞顶部有凹坑,还应测量凹坑的容积。若燃烧室容积减少,应采用铣削方法，去掉燃烧室内金属较厚的部分，调整合适为止。

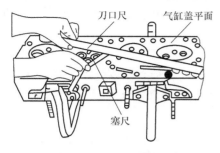

图 3-2-16　气缸盖平面的检测

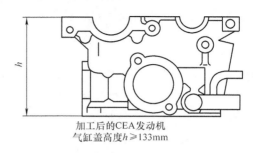

图 3-2-17　气缸盖的高度

（2）气缸盖裂纹的检修

气缸盖的裂纹常出现在气门座及火花塞螺孔之间。气缸盖出现裂纹一般应予以更换。

三、气缸盖罩的检修

气缸盖罩安装在气缸盖的上平面是发动机上部的密封部件，防止灰尘从缸盖顶部进入配气机构和机体内部污染机油，加快零件的磨损。

1. 气缸盖罩的结构

气缸盖罩一般用铝合金铸造或薄钢板冲压制成，形状由安装于气缸盖顶部的配气机构的情况而定。为了更好的密封，与气缸盖结合面加上橡胶衬垫然后用螺栓紧固。有的罩盖上有加机油口和曲轴箱通风管接口，如图 3-2-18 所示。

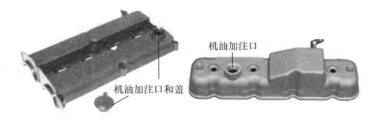

图 3-2-18　气缸盖罩

2. 气缸盖罩的检修

气缸盖罩的主要损伤是变形，一是结合平面翘曲变形；二是局部受外力冲击凹陷变形。变形严重会导致结合面处漏油。一般变形若不漏油并不防碍配气机构工作的情况下，可继续使用，严重变形则要更换。

四、气缸衬垫的检修

气缸衬垫也称气缸垫，其作用是用来保证气缸体与气缸盖结合面间的密封，防止漏气、漏水、漏油。

1. 气缸垫的构造

目前应用较多的有以下几种气缸垫。

（1）金属—石棉气缸垫

石棉中间夹有金属丝或金属屑,且外覆铜皮或钢皮,在缸口、水孔和油道口周围采用卷边加固,以防被高温燃气烧坏。这种气缸垫有很好的弹性和耐热性,能重复使用,但强度较差。

(2) 金属骨架—石棉垫

用编织的钢丝网或冲孔钢片为骨架,外覆石棉及橡胶黏结剂压成垫片,只在缸口、油道口及水孔处用金属包边。这种缸垫弹性更好,但易粘结,只能一次性使用,图 3-2-19 所示为帕萨特轿车 BNL 发动机气缸垫。

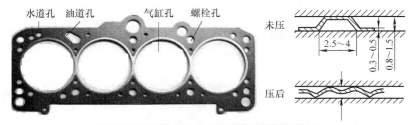

图 3-2-19　帕萨特轿车 BNL 发动机气缸垫

(3) 金属片式气缸垫

这种气缸垫多用在强化发动机上,轿车和赛车上采用较多。它需要在密封的气缸孔、水孔、油道口周围冲压出一定高度的凸纹,利用凸纹的弹性变形实现密封。

2. 气缸垫的维修

气缸垫常见损伤是烧蚀。部位一般在水道孔、油道孔与气缸孔之间,导致油、水、气相互渗透,致使发动机不能正常工作。气缸垫损坏后只能更换。

3. 气缸垫的安装

气缸垫安装时,应注意将卷边朝向易修整的接触面或硬平面。如气缸盖和气缸体同为铸铁时,卷边应朝向气缸盖(易修整);当气缸盖为铝合金,气缸体为铸铁时,卷边应朝向气缸体(硬平面)。换用新的气缸垫时,标记有"OPEN"或"TOP"的一面朝向气缸盖,如图 3-2-20 所示。

五、油底壳的检修

下曲轴箱也称油底壳,如图 3-2-21 所示,主要用于储存机油并密封曲轴箱,同时也可起到机油散热作用。

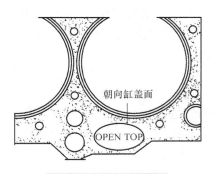

图 3-2-20　气缸垫标记

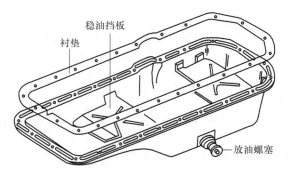

图 3-2-21　油底壳

1. 油底壳的结构

油底壳一般采用薄钢板冲压而成,其形状取决于发动机总体结构和机油容量。为保证发动机纵向倾斜时机油泵仍能吸到机油,油底壳中部做得较深,并在最深处装有放油螺塞,有的放油螺塞是磁性的,能吸附机油中的金属屑,以减少发动机运动件的磨损。油底壳内还设有稳油挡板,防止汽车振动时油面波动过大。为防止漏油,一般都有密封垫,也有的采用密封胶密封。

2. 油底壳的检修

油底壳的主要损伤是变形,一是结合平面翘曲变形;二是局部受外力冲击凹陷变形。如果变形严重会导致结合面处漏油。一般变形在不漏油的情况下,可继续使用,严重变形则要更换。

六、发动机的安装和支承

一般来说,发动机有三种安装位置:发动机前置、中置和后置。发动机通过气缸体和飞轮壳或变速器壳支承在车架上。一般支承方法有三点支承和四点支承两种,如图3-2-22所示。所谓三点支承即前端两点通过曲轴箱支承在车架上,后端一点通过变速器壳支承在车架上;四点支承则为前端两点通过曲轴箱支承在车架上,后端两点通过飞轮壳支承在车架上。

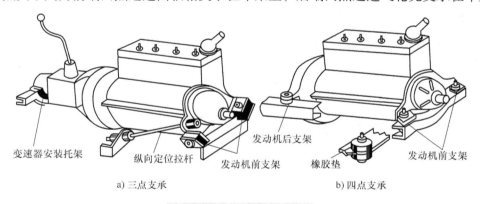

图 3-2-22 发动机支承简图

为了消除汽车在行驶中车架的变形对发动机的影响,以及减少传给底盘和乘员的振动及噪声,发动机在车架上的支承采用弹性支承。

任务三 活塞连杆组的构造与维修

【任务导入】

今天聪聪和师傅一起为一辆奥迪A6L的发动机进行大修,师傅让他检查一下各缸的活塞连杆组件技术状况。可聪聪没有动,一脸茫然地问师傅:要具体检测哪些内容呀?你知道吗?

【任务说明】

以组为单位,在老师的监查、指导下,完成对发动机活塞连杆组的检修,并详细记录整个工作过程,完成任务单 3-3-1 的填写。

[相关知识与技能]

一、活塞连杆组的组成与功用

活塞连杆组是发动机的心脏,是曲轴连杆机构的重要组成部分。其作用是将可混合气燃烧的压力传给曲轴,使曲轴旋转并输出动力转矩。活塞连杆组主要由活塞、活塞环、活塞销、连杆组等机件组成,如图 3-3-1 所示。

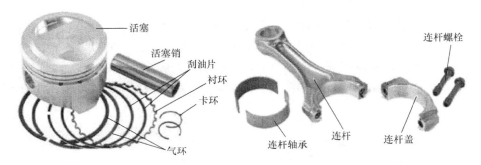

图 3-3-1 活塞连杆组的组成

二、活塞连杆组分解与组装

1. 分解

1)拆下活塞环。
2)拆下活塞销。
3)拆下连杆盖,取出连杆轴瓦。

2. 组装

1)清洗活塞连杆组零件。
2)安装连杆轴瓦和连杆盖。
3)安装活塞一端的卡环。
4)安装活塞销。
5)安装活塞销另一端的卡环。
6)安装活塞环。先安装油环,再安装气环。安装时必须区分第一道气环和其他几道气环,活塞环有的安装还有方向性的要求。要按照说明安装。

特别提示:活塞环拆装时要使用专用拆装钳,并且要特别注意活塞环的方向和顺序;活塞销如果是半浮式装配,要采用加热法拆装(加热温度在 300 ~ 500℃);同一组连杆组件不与其他组件混放与混装。

三、活塞连杆组件的检修

1. 活塞的结构与检修

（1）活塞的结构特点

活塞的功用是与气缸盖和气缸壁等共同形成燃烧室，承受气体压力，并将此力通过活塞销传给连杆，以推动曲轴旋转。

活塞的结构可将其分为顶部、头部和裙部三部分组成。活塞的上顶面为顶部；顶面与油环槽下平面之间的部分为头部；油环槽下平面以下的部分为裙部，裙部开有活塞销座，如图3-3-2所示。

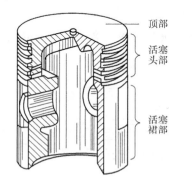 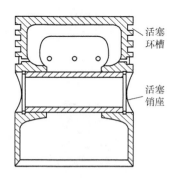

图3-3-2 活塞的结构

1）顶部。活塞的顶部是燃烧室的组成部分，用来承受气体压力。为了提高其刚度和强度，加强散热能力，顶部背面制有加强肋。根据目的和要求的不同，活塞顶部也制成各种不同的形状。如图3-3-3所示为汽油机活塞顶部的几种常见的形状。

 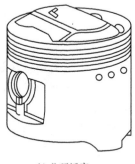 

a) 平顶活塞　　　　　　　b) 凸顶活塞　　　　　　　c) 凹顶活塞

图3-3-3 活塞的类型

平顶活塞结构简单，制造方便，受热面积小，温度低，在汽油机上被广泛采用；凹顶活塞主要用于高压缩比发动机，可用凹坑的深度来调整压缩比，也可防止活塞顶部碰撞气门；凸顶活塞用于组成半球形燃烧室。

2）活塞头部。活塞头部主要用于安装活塞环、与活塞环一起密封气缸，防止可燃混合气漏到曲轴箱内；将顶部吸收的热量通过活塞环传给气缸壁。

活塞的头部切有 3~5 道环槽,用于安装活塞环,它是活塞的防漏部分。两环槽之间称为环岸。环槽的形状与活塞环断面形状相适应,一般为矩形或梯形。靠顶部的环槽装气环,一般为 2~3 道。下面的环槽装油环,一般为 1~2 道。油环环槽的槽底圆周上制有若干贯通的泄油槽或泄油孔,油环从缸壁上刮下多余的机油经此处流回油底壳。

3) 裙部。活塞裙部的作用是为活塞往复运动导向和承受侧压力。因此,裙部既要有一定的长度,又要有足够的面积,保证可靠的导向,防止活塞对气缸壁的单位面积压力过大,造成油膜破坏,加大磨损。

裙部基本形状为一薄壁圆筒,圆筒完整的称为全裙式;许多高速发动机为了减轻活塞质量,在活塞不受侧向力的两侧,即沿销座孔轴线方向的裙部切去一部分,形成拖板式裙部,这种结构裙部弹性较好,可以减小活塞与气缸的装配间隙,如图 3-3-4 所示。

有的两道油环的柴油机活塞,为了改善裙部的润滑条件,将其中的一道油环置于裙部的下方,如图 3-3-5 所示。

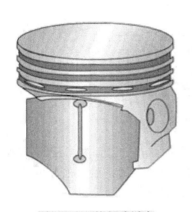

图 3-3-4 拖板式活塞

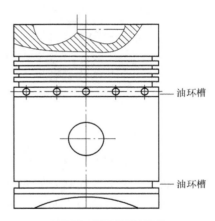

图 3-3-5 裙部油环槽

4) 活塞销座。活塞销座是活塞与活塞销的连接部分,是活塞裙部上用以安装活塞销的厚壁圆筒结构。活塞所承受的气体压力、惯性力由销座传递给活塞销。大部分活塞在销座孔内接近外端面处开有装卡环的卡环槽,可限制活塞销的轴向窜动。为了避免冷却过程中活塞的收缩大于活塞销的收缩而将卡环顶出,卡环与活塞销端面之间要留有足够的间隙,因此,卡环之间的距离要大于活塞销的长度。销座孔的加工精度很高,需分组与活塞销选配才能达到高精度配合,通常将用色漆表示销座孔的尺寸分组标于销座下方的外表面。有些销座上也钻有收集机油的小孔,便于销座孔的润滑。

(2) 活塞工作条件与材料

因为活塞工作在高温、高压、高速及润滑和散热都困难的环境条件下,所以要求活塞的材料质量尽量小,有足够的刚度和强度,良好的导热性和耐热性及充分的散热能力。

目前,汽油发动机的活塞广泛采用铝合金材料,其优点是质量小、导热性好,但较大的热膨胀系数会使其强度和硬度在温度升高时下降较多。活塞用的铝合金中,硅铝合金具有较小的膨胀系数和密度,耐磨性也较好,使用广泛。

柴油发动机的活塞大多采用灰铸铁材料,成本低、耐热性好、膨胀系数也小。少数机械负荷和热负荷较大的柴油机活塞采用了高强度和耐热性较好的铜镍镁铝合金，它的膨胀系数和密度都大于硅铝合金。新设计的灰铸铁活塞有的比铝合金的还轻。

（3）活塞的变形及应采取的措施

活塞能够正常工作，活塞各部与气缸壁之间必须保持一定的间隙。间隙过小，活塞受热膨胀会出现拉缸、卡死等故障；间隙过大，又会出现敲缸、窜气、上机油等故障。因此，要找出变形原因，认清规律，采取相应的结构，消除或减少可能出现的不良影响。

1）活塞的变形原因及规律。活塞变形的主要原因是受热膨胀，其次是侧压力。另外，气体压力也会引起活塞的顶部弯曲变形，但变形情况较小且复杂，可以忽略。活塞变形主要呈现如下规律：

① 由于活塞的温度高于气缸壁，且铝合金的膨胀系数大于铸铁，使整个活塞的热膨胀量大于气缸的热膨胀量，活塞与气缸的配合间隙变小。

② 由于活塞工作时的温度上高下低，且活塞的壁厚是上厚下薄，使头部的热膨胀量大于裙部。导致活塞自上而下热膨胀量由大而小，成倒锥形。

③ 由于气体压力及销座孔处金属热膨胀量和侧压力作用的结果，活塞裙部圆周方向近似椭圆形变化，且长轴沿着销座孔轴线方向，如图3-3-6所示。

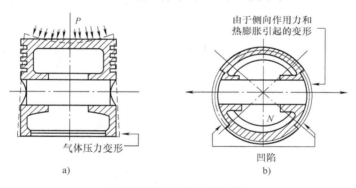

图3-3-6 活塞裙部的变形

2）结构措施。为了使活塞各部分特别是裙部与缸壁之间确保正确的配合，防止活塞出现卡滞现象，对不同结构的活塞采取了不同的控制活塞变形的结构措施。

① 将活塞裙部制成椭圆形。椭圆的长轴在垂直于销座孔轴线的方向，如图3-3-7a所示。将销座外端面在铸造时凹陷0.5~1mm，或截去一小部分。

② 沿活塞裙部高度方向上制成近似圆锥形。以起到补偿活塞裙部热膨胀量上大下小的作用，保证活塞在热态下整体形状接近圆柱形，如图3-3-7b所示。

③ 活塞裙部开绝热槽和膨胀槽。如图3-3-7d，T形或N形槽开在裙部受侧压力较小的面。其中横槽叫绝热槽，它开在头部最下一道油环槽中或裙部上边缘，可减少头部热量向裙部传导，从而减少裙部的热膨胀，绝热槽若开在油环槽中，还可兼作机油的回油孔。竖槽叫膨胀槽，使裙部具有一定的弹性和热态时能起补偿作用，使活塞在装配间隙较小的情况下热膨胀时，不致卡缸。

一般活塞裙部在垂直于销座孔轴线方向的下端直径最大，因而该处在常温下与缸壁的配合间隙最小，这一间隙值通常被称为配缸间隙。因活塞的材料、直径、结构及热负荷等不同，各种发动机的配缸间隙也有所不同。

④ 双金属活塞是目前国内外广泛采用的一种措施。在铝合金活塞裙部或销座内嵌铸入钢片，减小活塞裙部的膨胀量。双金属活塞由于结构和作用原理不同，可分为恒范钢片式（图3-3-7c）、自动调节式、筒形钢片式（图3-3-7e）等数种。

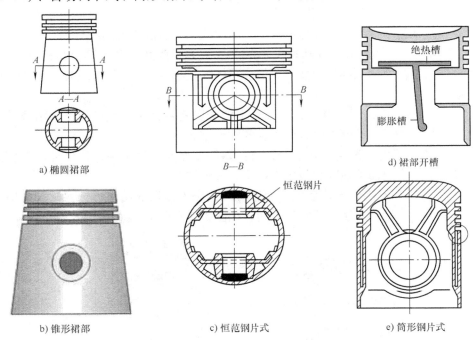

图 3-3-7　控制活塞变形的措施

（4）活塞的维修

活塞的损伤主要是磨损，包括活塞环槽的磨损、活塞裙部的磨损、活塞销座孔的磨损；其次活塞刮伤、顶部烧蚀和脱顶属于非正常的损伤形式。

当气缸的磨损超过规定值及活塞发生异常损坏或活塞与气缸配合间隙超过极限值时，要根据气缸的修理尺寸选配更新活塞，以恢复正常的配合间隙。选配活塞的原则有以下几点：

1）选用同一修理尺寸和同一分组尺寸的活塞。活塞裙部的尺寸是镗磨气缸的依据，即气缸的修理尺寸是哪一级，也要选用哪一级修理尺寸的活塞。由于活塞的分组，只有在选用同一分组活塞后，才能按选定活塞的裙部尺寸进行镗磨气缸。

2）同一发动机必须选用同一厂牌的活塞。活塞应成套选配，以保证其材料和性能的一致性。

3）在选配的成套活塞中，尺寸差和质量差应符合要求。成套活塞中，其尺寸差一般为0.02~0.025mm，质量差一般为4~8g，销座孔的涂色标记应相同。

4）更换新的活塞必须进行检验

① 活塞裙部尺寸的检验。在活塞下部离裙部底边约10mm、与活塞销垂直方向处用千分尺测量活塞裙部直径，如图3-3-8a所示。

② 气缸间隙的检验。活塞与气缸壁之间的间隙称为气缸间隙，此间隙应符合标准。如大众帕萨特1.8T发动机的气缸间隙为0.045mm。检测时可用量缸表测量气缸的直径，用外

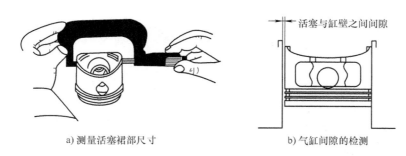

a) 测量活塞裙部尺寸　　　　b) 气缸间隙的检测

图 3-3-8　活塞裙部尺寸与缸壁间隙的检测

径千分尺测量活塞的直径,两者之差即为气缸间隙。也可如图 3-3-8b 所示,将活塞(不装活塞环)放入气缸中,用塞尺测量其间隙值。

2. 活塞环的检修

(1) 活塞环的构造

活塞环有气环和油环两种,其结构如图 3-3-9 所示。气环的作用是保证活塞与气缸壁间的密封,防止高温、高压的燃气漏入曲轴箱,同时将活塞顶部的热量传导到气缸壁,再由冷却液或空气带走。一般发动机每个活塞上装有 2~3 道气环。

气环为一带有切口的弹性片状圆环,在自由状态下,气环的外径略大于气缸的直径,当环装入气缸后,产生弹力使环压紧在气缸壁上,其切口具有一定的间隙。

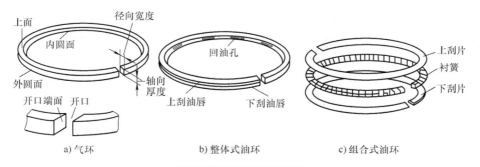

a) 气环　　　　b) 整体式油环　　　　c) 组合式油环

图 3-3-9　活塞环的结构

油环用来刮除气缸壁上多余的机油,并在气缸壁上布上一层均匀的油膜。通常发动机上有 1~2 道油环。油环有整体式和组合式两种。整体式油环其外圆面的中间切有一道凹槽,在凹槽底部加工出很多穿通的排油小孔或缝隙。

组合油环由上、下刮片和产生径向、轴向弹力的衬簧组成。这种环的环片很薄,对气缸壁的比压大,刮油作用强;质量小;回油通道大。在高速发动机上得到广泛应用。

无论活塞上行或下行,油环都能将气缸壁上多余的机油刮下来经活塞上的回油孔流回油底壳。油环的刮油原理如图 3-3-10 所示。

1) 活塞环的间隙。发动机工作时,活塞、活塞环都会发生热膨胀,并且,活塞环随着活塞在气缸内作往复运动时,有径向胀缩变形现象。为防止环卡死在缸内或胀死在环槽中,安装时,活塞环应留有端隙、侧隙和背隙,如图 3-3-11 所示。

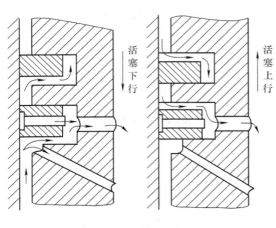 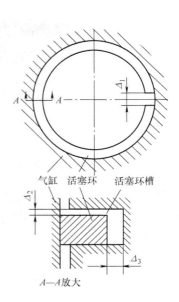

图 3-3-10　油环刮油原理图　　　　图 3-3-11　活塞环的间隙

端隙 Δ_1 又称为开口间隙，是活塞环在冷态下装入气缸后，该环在上止点时环的两端头的间隙。一般为 0.25~0.50mm 之间。

侧隙 Δ_2 又称边隙，是指活塞环装入活塞后，其侧面与活塞环槽之间的间隙。第一环因工作温度高，间隙较大，一般为 0.04~0.10mm，其他环一般为 0.03~0.07mm。油环侧隙较气环小。

背隙 Δ_3 是活塞及活塞环装入气缸后，活塞环内圆柱面与活塞环槽底部间的间隙，一般为 0.50~1.00mm。油环背隙较气环大，以增大存油间隙，利于减压泄油。

2）气环的密封原理。活塞环在自由状态下不是圆环形，其外形尺寸比气缸内径大，因此，它随活塞一起装入气缸后，便产生弹力 F_1 而紧贴在气缸壁上，形成第一密封面，使燃气不能通过环与气缸接触面的间隙。活塞环在燃气压力作用下，压紧在环槽的下端面上，形成第二密封面，于是燃气绕流到环的背面，并发生膨胀，其压力降低。同时，燃气压力对环背的作用力 F_2 使环更紧地贴在气缸壁上，形成对第一密封面的第二次密封，如图 3-3-12 所示。

燃气从第一道气环的切口漏到第二道气环的上平面时压力已有所降低，又把这道气环压贴在第二环槽的下端面上，于是，燃气又绕流到这个环的背面，再发生膨胀，其压力又进一步降低。如此下去，从最后一道气环漏出来的燃气，其压力和流速已大大减小，因而漏气量也就很少了。为减少气体泄漏，将活塞环装入气缸时，各道环的开口应当相互错开。如图 3-3-13所示，若有三道环，则各道环开口应沿圆周成 120°；若有四道环，则第一、二道互错 180°，第二、三道互错 90°，第三、四道互错 180°，形成迷宫式的路线，增大漏气阻力，减少漏气量。

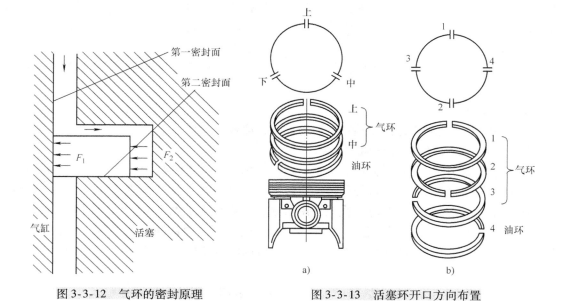

图 3-3-12 气环的密封原理　　　　图 3-3-13 活塞环开口方向布置

3）气环的泵油现象。由于侧隙和背隙的存在，当发动机工作时，活塞环便产生了泵油现象，如图 3-3-14 所示。活塞下行时，活塞环靠在环槽上方，活塞环从缸壁上刮下来的机油充入环槽下方；当活塞上行时，活塞环又靠在环槽的下方，同时将机油挤压到环槽上方。如此反复，就将缸壁上的机油泵入燃烧室。

泵油现象会使燃烧室内形成积炭，同时增加机油消耗，并且可能在环槽中形成积炭，致使环卡死，失去密封作用，甚至折断活塞环。

4）气环的种类。气环按其断面形状分为矩形环、锥形环、梯形环、桶形环、扭曲环等多种，其中扭曲环有上切槽和下切槽两种，如图 3-3-15 所示。

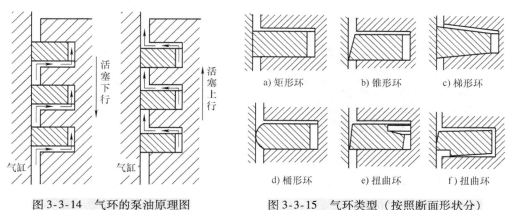

图 3-3-14 气环的泵油原理图　　　　图 3-3-15 气环类型（按照断面形状分）

（2）活塞环的工作条件与材料

由于活塞环是在"三高"即高温、高压、高速和润滑困难的条件下工作的。它的运动情况比较复杂，不仅与气缸壁间有相对高速的滑动摩擦、与环槽侧面产生上下撞击，而且由于环的径向膨胀收缩而产生与环槽侧面相对的摩擦。因此，要求环的材料应具有良好的耐磨性、导热性、耐热性、磨合性、冲击韧性和足够的弹性等。为满足上述要求，通常活塞环多用优质灰铸铁、球墨铸铁或合金铸铁制造，且这些材料含有固体润滑剂石墨，可改善其润滑条件。也有一些发动机的组合式油环采用弹簧钢片制作。

不少发动机为减缓活塞环和气缸的磨损，在环上特别是第一道活塞环外表面进行多孔镀铬或喷钼。

(3) 活塞环的维修

活塞环的损伤主要是磨损，随着磨损的加剧，活塞环的弹力逐渐减弱，端隙、侧隙、背隙增大。此外，活塞环还可能折断。

1) 活塞环的选配。除有标准尺寸的活塞环以外，还有与各级修理尺寸气缸、活塞相对应的加大尺寸的活塞环。发动机修理时，应按照气缸的标准尺寸或修理尺寸，选用与气缸、活塞同级别的活塞环。在大修时，优先使用活塞、活塞销及活塞环成套供应配件。

2) 活塞环的检验。为了保证活塞环与活塞环槽及气缸的良好配合，在选配活塞环时，还应对活塞环弹力、环的漏光度、端隙、侧隙、背隙等进行检测，当其中任何一项不符合要求时，均应重新选配活塞环。

① 活塞环端隙的检验。将活塞环平正地放入气缸内，用活塞顶部把它推平，然后用塞尺测量开口处的间隙，如图3-3-16所示。

② 活塞环侧隙的检验。将活塞环放入环槽内，围绕环槽滚动一周，应能自由滚动，既不松动，又无阻滞现象。用塞尺按图3-3-17所示的方法测量，其值符合要求。若侧隙过小，可将活塞环放在有平板的砂布上研磨，不允许加工活塞；若侧隙过大，则应另选活塞环。

③ 活塞环背隙的检验。在实际测量中，活塞环背隙通常以槽深和环厚之差来表示。检验活塞环背隙的经验方法是：将活塞环置入环槽内，若活塞环低于环槽岸，能转动自如，且无松旷感觉，则间隙合适。

图3-3-16　活塞环端隙的检验

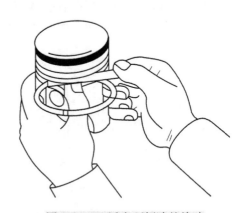

图3-3-17　活塞环侧隙的检验

④ 活塞环弹力的检验。活塞环的弹力是指活塞环端隙达到规定值时作用在活塞环上的径向力。活塞环的弹力是保证气缸密封的必要条件。弹力过弱，气缸密封性变差，燃料和机油消耗增加，燃烧室积炭严重，发动机动力性、经济性降低。弹力过大使环的磨损加剧。活塞环的弹力可用活塞环弹力检验仪检验，如图3-3-18所示，其值应符合规定的要求。

⑤ 活塞环漏光度的检验。活塞环漏光度用于检查活塞环的外圆与缸壁贴合的良好程度。

漏光度的检查方法如图 3-3-19 所示,将活塞环平正地放入气缸内,用活塞顶部把它推平,在气缸下部放置一发亮的灯泡,在活塞环上放一直径略小于气缸内径、能盖住活塞环内圆的盖板,然后从气缸上部观察漏光处及其对应的圆心角。

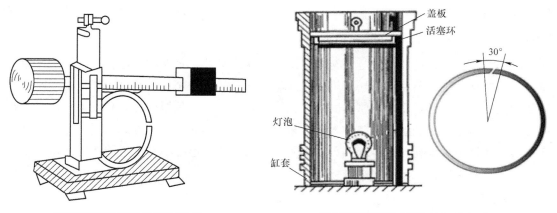

图 3-3-18 活塞环弹力检验　　　　图 3-3-19 活塞环漏光度的检验

一般要求活塞环局部漏光每处不大于 25°;最大漏光缝隙不大于 0.03mm;每环漏光处不超过 2 处,每环总漏光度不大于 45°;在活塞环开口处 30°范围内不允许有漏光现象。

3. 活塞销的构造与维修

(1) 活塞销的结构特点

活塞销的作用是连接活塞和连杆,并把活塞所受的力传递给连杆。活塞销的基本结构如图 3-3-20 所示,一般为圆柱形(厚壁管状体)如图 3-3-20a 所示;还有的根据强度要求做成变截面的结构,如图 3-3-20b 和图 3-3-20c 所示。

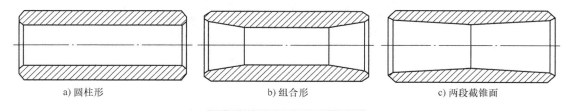

a) 圆柱形　　　　b) 组合形　　　　c) 两段截锥面

图 3-3-20 活塞销的基本结构

(2) 活塞销的工作条件与材料

活塞销工作时要承受大小和方向都不断变化的冲击载荷作用,并且作低速摆转运动,油膜不易建立,故润滑条件极为不良。因此要求活塞销要有较高的刚度、强度和表面硬度以及良好耐磨性和耐冲击性能。活塞销的材料一般为低碳钢或低碳合金钢,如 20 钢或 20Cr、20MnV 等,再经表面渗碳或氰化处理。

(3) 活塞销的检修

活塞销在发动机工作时,承受较大的冲击载荷,损伤的主要形式是磨损,当活塞销与活塞销座和连杆衬套的配合间隙超过一定数值时,就会因配合的松旷而发生异响。一般的修复方法是按照修理尺寸等级修理或选配更换。

选配活塞销的原则：同一台发动机应选用同一厂牌、同一修理尺寸的成组活塞销；活塞销表面应无任何锈蚀和斑点；质量差在 10g 范围内。采用半浮式连接的活塞销，将活塞放置在销座孔处于垂直方向的位置，常温下活塞销应能靠自重缓缓通过销座孔；采用全浮式连接的活塞销，在活塞加热到 60℃ 左右时，应能用手掌心将涂有机油的活塞销推入销座孔，使活塞销能在座孔内转动，但无间隙感觉。

> **特别提示**：活塞销的连接方式有全浮式和半浮式两种。全浮式是指在发动机工作温度时，活塞销与销座、活塞销与连杆小头之间都有间隙，可以相互转动。为防止工作时活塞销从承孔中滑出，必须用卡环将其固定在销座孔内。半浮式是指销与座孔或销与连杆小头两处，一处固定，一处浮动。其中大多数采用销与连杆小头固定的方式。固定方式一种是活塞销与连杆小头承孔过盈装配，另一种是活塞销中部与连杆小头用紧固螺栓连接。半浮式连接不需要卡环，也不需要连杆衬套。

4. 连杆组件的构造与维修

（1）连杆组件的结构特点

连杆组件的作用是将活塞承受的力传给曲轴，推动曲轴转动对外输出转矩。杆组件包括连杆、连杆盖（或称连杆轴承盖）、连杆轴承、连杆衬套（半浮式没有）、连杆螺栓等，如图 3-3-21 所示。连杆和连杆盖统称为连杆。

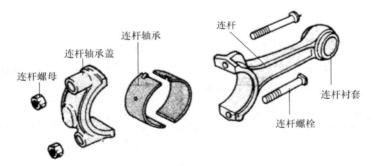

图 3-3-21　连杆组件的结构

连杆由小头、杆身、大头三部分组成，如图 3-3-22 所示。连杆小头与活塞销连接。采用全浮式连接时，小头孔中有减磨的青铜衬套，小头和衬套上钻有集油槽，用来收集飞溅到的机油进行润滑。有些发动机连杆小头采用压力润滑，则在连杆杆身内钻有纵向油道。连杆杆身制成"工"字形断面，以求在强度和刚度足够的前提下减小质量。

连杆大头与曲轴的连杆轴颈连接。为便于安装，连杆大头一般做成剖分式，连杆大头的切口形式分为平切口和斜切口两种，如图 3-3-23 所示。被分开的部分称作连杆盖，用连杆螺栓紧固在连杆大头上。连杆盖与连杆大头是组合加工的，为防止装配时配对错误，在同一侧刻有配对记号，如图 3-3-24 所示。

项目三 曲柄连杆机构构造与维修 115

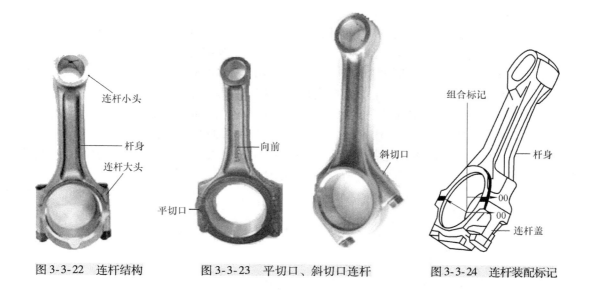

图 3-3-22 连杆结构　　图 3-3-23 平切口、斜切口连杆　　图 3-3-24 连杆装配标记

（2）连杆组件工作条件和材料

连杆组件主要承受大小和方向都不断变化的冲击载荷作用，因此要求连杆有较高的刚度和强度以及良好的抗疲劳和耐冲击性能。连杆材料根据发动机功率负荷情况一般采用中碳钢（如 45 钢）和中碳合金钢（如 40Cr、42Cr、40CrMo）以及采用可锻铸铁 GTS65 或球墨铸铁等，并进行调质热处理。

连杆螺栓经常承受交变载荷的作用，一般采用韧性较高的优质合金钢或优质碳素钢锻制成型。拆装时，连杆螺栓必须以原厂规定的拧紧力矩，分 2~3 次均匀地拧紧。

连杆轴承也称连杆轴瓦（俗称小瓦），装在连杆大头内，保护连杆轴颈和连杆大头孔。由于其工作时承受较大的交变载荷，且润滑困难，要求它具有足够的强度、良好的减磨性和耐腐蚀性。

连杆轴承由钢背和减磨层组成，为两半分开形式。钢背由厚 1~3mm 的低碳钢制成，是轴承的基体，减磨层是由浇铸在钢背内圆上厚为 0.3~0.7mm 的薄层减磨合金制成，减磨合金具有保持油膜，减少摩擦阻力和易于磨合的作用，如图 3-3-25 所示。

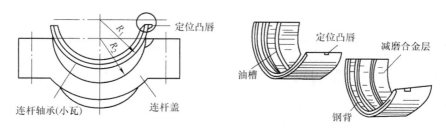

图 3-3-25 连杆轴承结构

（3）连杆组件的检修

连杆组件在使用中主要的损伤形式有连杆的变形、连杆轴承磨损或烧蚀、连杆衬套磨损

或脱落、连杆螺栓损坏等。

1）连杆变形的检验主要通过连杆校验仪检测。如图3-3-26所示，用连杆校验仪能检验连杆的弯曲、扭曲、双重弯曲等。检验操作步骤如下，首先将连杆大端的轴承盖装好，不装连杆轴承，并按规定的拧紧力矩将连杆螺栓拧紧，同时将标心轴装入小端衬套的承孔中。然后将连杆大端套装在支承轴上，通过调整定位螺钉使支承轴扩张，将连杆固定在校验仪上。测量工具是一个带有V形槽的"三点规"。三点规上的三点构成的平面与V形槽的对称平面垂直，两下侧点的距离为100mm，上侧点与两下侧点连线的距离也是100mm。

测量时，将三点规的V形槽靠在心轴上并推向检验平板。如三点规的3个侧点都与检验仪的平板接触，说明连杆不变形。三点规各测点与平板的关系见表3-3-1。

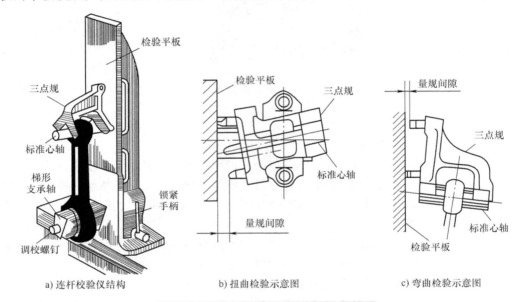

图3-3-26　连杆检验仪与连杆弯、扭检验

表3-3-1　三点规各测点与平板的关系

上测点	左下测点	右下测点	连杆状况
接触	接触	接触	无弯、扭变形
接触	不接触；且两测点间隙相等		弯曲变形
不接触	下两点接触		
不接触	下两点之一接触；且上测点间隙等于下测点间隙一半		扭曲变形
不接触	下两点之一接触；且上测点间隙不等于下测点间隙一半		弯、扭组合变形

有时在测量连杆变形时，会遇到两种情况：一是连杆同时存在弯曲和扭曲。一个下测点与平板接触，但另一个下测点的间隙不等于上测点间隙的两倍。这时，下测点与平板的间隙为连杆扭曲度，而上测点间隙与下测点间隙的一半的差值为连杆弯曲度。二是连杆存在双重弯曲。检验时先测量出连杆小端端面与平板距离，再将连杆翻转180°后，按同样方法测出此距离。若两次测出的距离数值不等，即说明连杆有双重弯曲，两次测量数值之差为连杆双重弯曲度。

在汽车维修技术标准中,对连杆的变形作了如下规定:连杆小端与大端的轴线应在同一平面,在该平面上的平行度公差为 100:0.03,该平面的法向平面上的平行度公差为 100:0.06。若连杆的弯曲度和扭曲度超过公差值时,应进行校正。连杆的双重弯曲,通常不予校正,因为连杆大、小端对称平面偏移的双重弯曲极难校正,而双重弯曲对曲柄连杆机构的工作极为有害。因此,应更换连杆。

2) 连杆变形的校正。在校正连杆时,首先要记下连杆弯曲与扭曲的方向和数值,用连杆校正器进行校正。通常是先校正扭曲,再校正弯曲。校正时,应避免反复的过校正。

校正扭曲时,先将连杆下盖按规定装配和拧紧,然后用台虎钳(钳口垫以软金属垫片)夹紧连杆大端侧面,使用专用扳钳在连杆杆身上、下部位,校正扭曲变形如图 3-3-27 所示。

校正弯曲时,将弯曲的连杆置入专用的压器如图 3-3-28 所示,弯曲的凸起部位朝上,扳转丝杠使连杆产生反向变形并停留一定时间,待金属组织稳定后再卸下,检查连杆的回位量,经反复校正,直至连杆校正至合格为止。

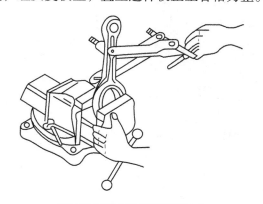

图 3-3-27　连杆扭曲的校正

图 3-3-28　连杆弯曲的校正

在常温下校正连杆,由于材料弹性后效的作用,在卸去负荷后连杆有恢复原状的趋势,从而影响连杆的正常使用。因此,在校正变形量较大的连杆后,必须进行时效处理。方法是,将连杆加热至 300℃左右,保温一定时间即可。校正变形量较小的连杆,只需在校正负荷下保持一定时间,不必进行时效处理。

3) 连杆衬套的修复。在更换活塞销的同时,必须更换并铰削连杆衬套内孔,以恢复配合间隙。新衬套的外径应与连杆小端承孔有 0.10~0.20mm 的过盈量,以防止衬套在工作中发生转动。更换新衬套的步骤如下:

① 压出旧衬套。用锤子和专用冲头将旧衬套敲出。

② 压入新衬套。将衬套的倒角一端对着连杆小端有倒角的一端,整体式衬套上的油孔应对正连杆小端油孔;再将衬套放正,垫上专用铳头,在压床或台虎钳上缓缓压入至与端面齐平。

③ 铰削衬套。根据活塞销直径选择手动可调节铰刀,并将铰刀的刀把垂直装于台虎钳口并夹紧。然后把连杆小端套入铰刀,一手托住连杆大端,一手压下连杆小端,以刀刃露出衬套上面 3~5mm 为第一刀的铰削量,以后各刀可将调整螺母旋转 60°~90°作为吃刀量,最后一刀可小些。铰削操作时,应一手把持住连杆小端并向下略施压力,一手托住连杆大端并

使之按顺时针方向均匀用力扳转进行铰削，如图 3-3-29 所示。并要保持连杆杆身与铰刀轴线相垂直，以防铰偏。保持铰刀不变，再将连杆翻转重铰一次，以保证衬套内圆的圆柱度。

④ 试配与研磨。为防止铰削过度，应边铰削边用活塞销试配。试配时，当用手掌力能将活塞销推入衬套 1/3～2/5 时，应停止铰削，用刮刀修刮和研磨。刮削一般按刮重留轻、刮大留小的原则进行。衬套修刮后，与活塞销的松紧度应合适，即以拇指力能将涂有机油的活塞销推入衬套如图 3-3-30 所示。接触印痕应呈点状均匀分布，轻重一致，接触面积应不小于 75%。

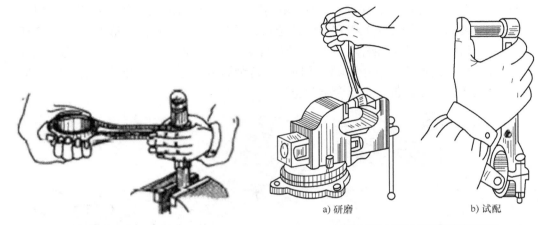

图 3-3-29　连杆衬套铰削　　　　图 3-3-30　活塞销与衬套研磨与试配

4) 连杆轴承的修复。当连杆轴承出现表面脱落、烧蚀，磨损过限及与曲轴连杆轴颈配合间隙超过极限标准时，应随着曲轴的修理尺寸更换选配新件。

四、活塞连杆组的组装

活塞连杆组的零件经修复、检验合格后，方可进行组装。组装前，应对待装零件进行清洗，并用压缩空气吹干。

活塞与连杆的装配应采用热装合方法。将活塞放入水中加热至 80～100℃，取出后迅速擦净，将活塞销涂以机油，插入活塞销座和连杆衬套，然后装入锁环。两锁环应与活塞销端面留有 0.10～0.25mm 的间隙，以避免销受热膨胀时把锁环顶出。锁环嵌入环槽中的深度，应不少于丝径的 2/3。

活塞与连杆组装时，要注意两者的缸序和安装方向，不得错乱。活塞与连杆一般都标有装配标记如图 3-3-31 所示。若两者的装配标记不清或不能确认时，可结合活塞和连杆的结构加以识别。如：活塞顶部的箭头或边缘缺口应朝前；活塞裙部的膨胀槽应开在做功行程侧压力较小的一面；连杆杆身的圆形凸点应朝前。此外，连杆与下盖的配对记号应一致并对正，或杆身与下盖承孔的凸榫槽安装时应在同一侧，以避免装配时的配对错误。

最后，安装活塞环。安装时，应采用专用工具，以免将环折断，如图 3-3-32 所示。由于各道活塞环的结构差异，在安装活塞环时，要特别注意各道活塞环的类型和规格、顺序及其安装方向。

安装气环时，有镀铬的活塞环一般装在第一道；扭曲环应装在第二、第三道，用作刮油的正扭曲环，其内缺口或内倒角朝上，外缺口或外倒角朝下。各种环的组合方式和安装方向要按该型号发动机的说明书的要求进行，不得随意改变。

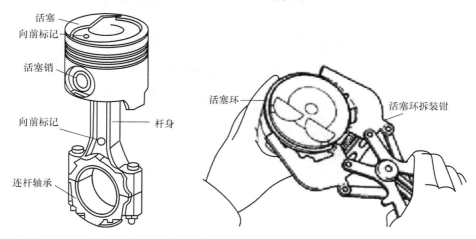

图 3-3-31 活塞连杆组装配标记　　　图 3-3-32 用活塞环拆装钳拆装活塞环

为了提高气缸的密封性，避免高压气体的泄漏，要求活塞环的开口应交错布置。一般是以第一道活塞环的开口位置为始点，其他各环的开口布置成迷宫状走向，并避免与活塞销对正，以及避开做功时活塞与气缸壁接触的一侧。第一道环应布置在做功行程侧压力较小的一侧，其他环（包括油环）依次间隔90°～180°，参见图 3-3-13。

任务四　曲轴飞轮组的构造与维修

【任务导入】

一辆2011年生产的捷达NF轿车，发动机稳定运转时不响，转速突然变化时，发出低沉连续"镗、镗"的金属敲击声，严重时发动机发生振动。请思考如何检修？

【任务说明】

以组为单位，在老师的监查、指导下，完成对曲轴飞轮组的检修，并详细记录整个工作过程，完成任务单3-4-1的填写。

[相关知识与技能]

一、曲轴飞轮组的组成与功用

曲轴飞轮组的功用是把活塞连杆组传来的气体压力转变成转矩对外输出，将发动机的动力传给底盘，还用来驱动发动机的配气机构和其他辅助装置。

曲轴飞轮组由曲轴、飞轮、扭转减振器、曲轴主轴承、曲轴带轮、正时链轮（或齿轮）等组成，如图3-4-1所示。

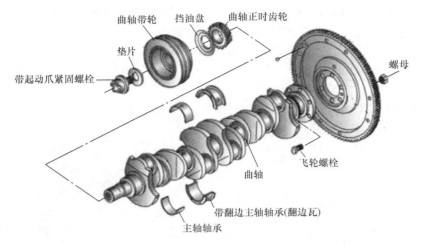

图 3-4-1 曲轴飞轮组的构成

二、曲轴飞轮组的拆装

曲轴飞轮组的拆装步骤如下：

1）拆卸飞轮。用扳手交叉对角分 2~3 次松开飞轮螺栓，然后取下飞轮。

2）拆卸曲轴。用扳手由两边往中间交叉对角分 2~3 次松开主轴承盖螺栓，取出主轴承盖，然后取下曲轴。取下曲轴后，按原位安装好主轴承盖。

3）清洗曲轴飞轮组零件。

4）安装曲轴。先安装主轴承下轴瓦，再安装曲轴，然后安装曲轴轴向止推片，最后安装主轴承上轴瓦及主轴承盖。

5）安装飞轮。安装飞轮时，要对齐曲轴与飞轮之间的安装标记，再用扳手交叉对角分多次拧紧飞轮螺栓。

> **特别提示**：飞轮螺栓和主轴承盖螺栓在拆装时一定要用扭力扳手，并要按照维修手册的螺栓锁紧力矩要求操作。

三、曲轴飞轮组件的检修

1. 曲轴的结构与检修

（1）曲轴的结构特点

曲轴是发动机最重要的机件之一，其作用是将活塞连杆组传来的气体作用力转变成曲轴的转矩对外输出，并驱动发动机的配气机构及其他辅助装置工作。曲轴的前端主要用来驱动配气机构、水泵和风扇等附属机构，前端轴上安装有正时齿轮（或同步带轮）、风扇与水泵的带轮、扭转减振器以及起动爪等。曲轴后端采用凸缘结构，用来安装飞轮。曲轴上钻有贯穿主轴颈和连杆轴颈的油道，用以为连杆轴承和连杆小头供应机油。

曲轴的基本结构包括前端轴、主轴颈、连杆轴颈、曲柄、平衡重及后端凸缘等，如图 3-4-2 所示。一个连杆轴颈和它两端的曲柄及主轴颈构成一个曲拐，曲轴的曲拐数取决于气缸的数目和排列方式。直列发动机曲轴的曲拐数等于气缸数；V 型发动机曲轴的曲拐数等于气缸数的一半。主轴颈是曲轴的支承部分。每个连杆轴颈两边都有一个主轴颈者，被称为全支承曲轴，全支承曲轴的主轴颈总比连杆轴颈数多一个；主轴颈少于连杆轴颈者，称为非全支承曲轴。全支承曲轴的优点是可以提高曲轴的刚度，且主轴承的负荷较小。因此在现代发动机上被广泛应用。

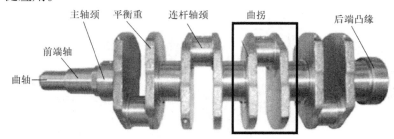

图 3-4-2　曲轴的结构

曲轴有整体式和组合式两种。连杆大端为整体式的某些小型汽油发动机或采用滚动轴承作为曲轴主轴承的柴油发动机，都采用组合式曲轴，即曲轴的各部分分段加工后组合成整个曲轴，如图 3-4-3 所示。

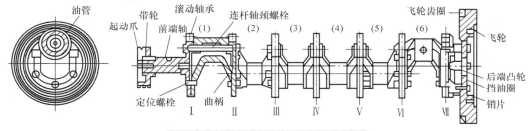

图 3-4-3　六缸柴油发动机组合式曲轴

平衡重用来平衡连杆大端、连杆轴颈和曲柄等产生的离心力及其力矩，有时还为了平衡部分往复惯性力及其力矩，使发动机运转平稳，并可减小曲轴主轴承的负荷。

平衡重有的与曲轴制成一体；有的单独制成零件，再用螺栓固定于曲柄上，形成装配式平衡重；有的刚度相对较大的全支承曲轴没有平衡重。无论有无平衡重，曲轴本身还必须经过动平衡校验，对不平衡的曲轴常在其偏重的一侧钻去一部分质量而使其达到平衡。

（2）曲轴前后端的密封和轴向定位

曲轴前端装有驱动配气凸轮轴的正时齿轮、驱动风扇和水泵的带轮及止推片等，如图 3-4-4 所示。为了防止机油沿曲轴轴颈外漏，在曲轴前端装有甩油盘，随着曲轴旋转，由于离心力的作用，油被甩到齿轮室盖的壁面，再沿壁面流回到油底壳中。即使还有少量机油落到甩油盘前端的曲轴上，也会被压配在齿轮室盖上的油封挡住。

有的中、小型发动机曲轴前端还装有起动爪，以便必要时用人力转动曲轴，起动发动机。曲轴后端有安装飞轮用的凸缘。为了防止机油向后漏出，常采用甩油盘、油封（自紧油封或填料油封）和回油螺纹等封油装置如图 3-4-5 所示。

发动机工作时，曲轴经常受到离合器施加于飞轮的轴向力作用及其他作用从而有轴向窜动的可能。因曲轴的窜动将破坏曲柄连杆机构一些零件的正确位置，故必须用止推片加以限制。在曲轴受热膨胀时，其应能自由伸长，因此曲轴上只能有一个地方设置轴向定位装置。

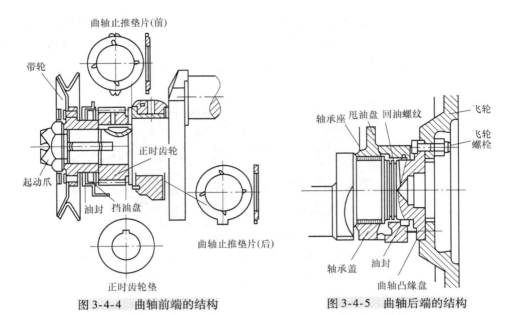

图 3-4-4 曲轴前端的结构　　　　图 3-4-5 曲轴后端的结构

止推片的形式一般有两种：一是翻边轴承的翻边部分；另一种是单面制有减磨合金层的止推片。安装时，应将涂有减磨合金层的一面朝向旋转面。

（3）曲拐的布置

曲轴的形状和各曲拐的相对位置（即曲拐的布置），取决于缸数、气缸的排列形式（直列、V型）和各缸工作顺序。即发动机在一个工作循环的各缸做功间隔时间（以曲轴转角表示，称为做功间隔角）应均匀。对于缸数为 i 的四冲程发动机而言，做功间隔角为 $720°/i$，即曲轴每转 $720°/i$ 时，就应有一个气缸做功，以保证发动机运转平稳。几种多缸发动机曲拐的布置和工作顺序如下：

1）直列四缸四冲程发动机曲轴曲拐的布置。这种曲轴曲拐对称布置于同一平面内，做功间隔为 $720°/4=180°$，各缸的工作顺序有 1-3-4-2 和 1-2-4-3 两种。其结构与工作循环如图 3-4-6 与表 3-4-1 所示。

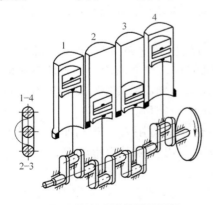

图 3-4-6 四缸曲拐布置图

表 3-4-1 四冲程发动机工作循环表（1-3-4-2）

曲轴转角	第一缸	第二缸	第三缸	第四缸
0~180°	做功	排气	压缩	进气
180°~360°	排气	进气	做功	压缩
360°~540°	进气	压缩	排气	做功
540°~720°	压缩	做功	进气	排气

2）直列六缸四冲程发动机曲轴曲拐的布置。这种曲轴是应用较广的一种曲轴，各缸的

工作顺序为 1—5—3—6—2—4，曲拐均匀布置在互成 120°的三个平面内，做功间隔角为 720°/6 = 120°。这种曲轴的曲拐布置与工作循环如图 3-4-7 所示。

（4）曲轴的工作条件与材料

曲轴的主要功用是把活塞连杆组传来的气体压力转变为转矩并对外输出，另外，还用来驱动发动机的配气机构和其他各种辅助装置。

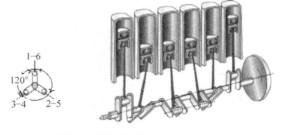

图 3-4-7　六缸曲轴曲拐布置简图

曲轴在工作时，要承受周期性变化的气体压力、往复惯性力和离心力，以及它们产生的转矩和弯矩的共同作用。因此，要求采用曲轴韧性和耐磨性都比较高的材料制造，一般都采用中碳钢或中碳合金钢模锻。

（5）曲轴的检修

曲轴常见损伤形式有轴颈表面擦伤和烧伤、轴颈磨损、弯扭变形和裂纹等。

1）轴颈表面擦伤和烧伤的检修。轴颈表面擦伤和烧伤可以直接通过观察检视发现。若擦伤和烧伤比较轻，可按照修理尺寸法通过磨削加工修复。若轴颈严重擦伤和烧伤，一般要更换新件。

2）曲轴裂纹的检修。曲轴清洗后，首先应检查有无裂纹。这可用磁力探伤器或染色渗透剂进行裂纹的检验。曲轴检验出裂纹，一般应报废。曲轴的裂纹多发生在曲柄臂与轴颈之间的过渡圆角处，以及油孔处。前者是径向裂纹，严重时将造成曲轴断裂；后者多为轴向裂纹，沿斜置油孔的锐边顺轴向发展。曲轴的径向、轴向裂纹主要是应力集中引起的，曲轴变形和修磨不慎也会使过渡区的应力陡增，加剧曲轴的疲劳断裂倾向。

3）曲轴弯曲变形的检修。检验弯曲变形应以两端主轴颈的公共轴线为基准，检查中间主轴颈的径向圆跳动误差。检验时，将曲轴两端主轴颈分别放置在检验平板的 V 形架上，将百分表触头垂直地抵在中间主轴颈上，慢慢转动曲轴，百分表指针所示的最大摆差，如图 3-4-8 所示，即中间主轴颈的径向圆跳动误差值，若大于 0.15mm，则应进行压力校正。低于此限，可结合磨削主轴颈予以修正。

曲轴弯曲变形的校正，一般可采用冷压校正法。具体操作方法是将曲轴用 V 形架架住两端主轴颈，用油压机沿曲轴弯曲相反方向加压，如图 3-4-9 所示。由于钢质曲轴的弹性作用，压弯量应为曲轴弯曲量的 10~15 倍，并保持 2~4min，为减小弹性后效作用，最好采用人工时效法消除。人工时效处理，即在冷压后，将曲轴加热至 300~500℃，保温 0.5~1h，便可消除冷压产生的内应力。

4）曲轴扭曲变形的检修。曲轴扭曲变形的检验是将连杆轴颈转到水平位置上用百分表分别确定同一方位上两个轴颈的高度差，即为扭曲变形量。曲轴若发生轻微的扭曲变形，可直接在曲轴磨床上结合对连杆轴颈磨削时予以修正。

5）曲轴的弯扭变形的检修。所谓曲轴弯曲是指主轴颈的同轴度误差大于 0.05mm，称为弯曲。若连杆轴颈分配角误差大于 0°30′，则称为曲轴扭曲。

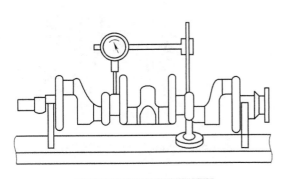 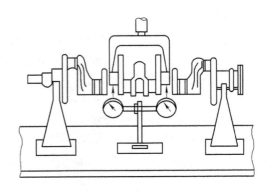

图 3-4-8　曲轴弯曲的测量　　　　　图 3-4-9　曲轴弯曲的校正

曲轴产生弯曲和扭曲变形，是使用不当和修理不当造成的。如发动机在爆燃和超负荷条件下工作，个别气缸不工作或工作不均衡，各道主轴承松紧度不一致，主轴承座孔同轴度偏差增大等，都会造成曲轴承载后的弯扭变形。曲轴弯曲变形后，将加剧活塞连杆组和气缸的磨损，以及曲轴和轴承的磨损，甚至加剧曲轴的疲劳折断。弯扭组合变形的校正原则是先校正弯曲，后校正扭曲；轻微弯扭变形可通过磨削加工修复。

6）曲轴轴颈磨损的检修。对经探伤检查而允许修复的曲轴，必须再进行轴颈磨损量的检查：先检视轴颈有无磨痕和损伤，再测量主轴颈和连杆轴颈的圆度误差和圆柱度误差。对曲轴短轴颈的磨损以检验圆度误差为主，对长轴颈则必须检验圆度和圆柱度误差，测量轴颈圆度和圆柱度部位如图 3-4-10 所示。

曲轴的主轴颈和连杆轴颈磨损后，若其圆度、圆柱度误差超过 0.025mm，应按修理尺寸进行光磨。曲轴的修理尺寸确定：修理等级尺寸 = 实测最小尺寸 - 加工余量

修理级差：0.25　加工余量一般为 0.05～0.10mm

曲轴轴颈的磨削应在弯、扭校正后进行。磨削加工设备通常采用专用曲轴磨床。

曲轴的各道主轴颈和连杆轴颈分别磨成同级修理尺寸，以便选择统一的轴承。

在曲轴磨削时，选择定位基准的正确与否，将直接影响到上述要求的满足程度，影响到曲轴的加工质量。

定位基准的选择原则：根据基准统一的要求，首先应选择与曲轴制造加工时的定位基准相统一；其次，应选择在工作中不易磨损的过盈（或过渡）配合的轴颈表面。据此，在磨削主轴颈时，一般选择曲轴前端起动爪螺孔的内倒角和曲轴后端中心轴承座孔为定位基准。在磨削连杆轴颈时，可选择曲轴前端正时齿轮轴颈和曲轴后端飞轮凸缘的外圆柱面为定位基准。磨削曲轴时，应先磨削主轴颈，然后磨削连杆轴颈，并且采用基孔制磨削曲轴。

2. 飞轮的结构与检修

（1）飞轮的结构特点与材料

飞轮的主要功用是通过储存和释放能量来提高发动机运转的均匀性和改善发动机克服短暂的超负荷能力，与此同时，又将发动机的动力传给离合器。

飞轮是一个转动惯量很大的圆盘，为了保证在有足够转动惯量的前提下，尽可能减小飞轮的质量，应使飞轮的大部分质量都集中在轮缘上，因此轮缘通常做得宽而厚如图 3-4-11 所示。

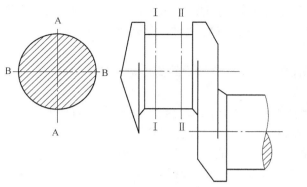

图 3-4-10　曲轴轴颈测量部位　　　　图 3-4-11　飞轮的结构

飞轮多采用灰铸铁制造，当轮缘的圆周速度超过 50m/s 时，要采用强度较高的球墨铸铁或铸钢制造。

飞轮外缘上压有一个齿环，当发动机起动时，起动机齿轮与之啮合，带动曲轴旋转。飞轮上通常刻有正时标记。

飞轮与曲轴装配后应进行动平衡，否则，在旋转时因质量不平衡而产生的离心力，将引起发动机的振动并加速主轴承的磨损。进行动平衡后的曲轴与飞轮的位置是固定而不能再变的。为避免装错而引起错位，使平衡受到破坏，飞轮与曲轴之间应有严格的相对位置，用定位销或不对称布置的螺栓予以保证。

（2）飞轮的检修

飞轮总成常见的损伤形式有齿圈松动、轮齿磨损、断齿、飞轮工作平面有严重烧灼或磨损等。

1）飞轮齿圈有断齿、齿端冲击耗损或松动以及与起动机齿轮啮合困难时，应更换齿圈或飞轮组件。飞轮与齿圈为过盈配合，过盈量为 0.30~0.60mm，更换齿圈时，应先将齿圈加热 350~400℃，再进行热压配合。

2）飞轮工作平面有严重烧灼或磨损沟槽深 0.50mm 时，应进行修整。修整后，工作平面的平面度误差不得大于 0.10mm；飞轮厚度极限减薄量为 1mm；与曲轴装配后的端面圆跳动误差不得大于 0.15mm。

（3）曲轴、飞轮、离合器总成组装后进行动平衡试验

曲轴、飞轮、离合器总成组装后的组件动不平衡量应不大于原厂规定。一般货车小于 100g·cm；国产轻型载货汽车、客车以及进口载货汽车小于 70g·cm；轿车小于 30g·cm。

组件的不平衡量过大，将使组件共振临界转速降低，即发动机转速提高时易发生曲轴的共振，造成曲轴早期疲劳断裂。因此，更换飞轮或齿圈、离合器压盘或总成之后，都应重新进行组件的动平衡试验。

3. 曲轴轴承的选配

（1）轴承的常见损伤

轴承损伤主要形式有磨损、合金层疲劳剥落和黏着咬死等。轴承的径向间隙的使用限度，载货汽车为 0.20mm，轿车为 0.15mm。逾限后，因轴承对机油流动阻尼能力减弱，可使主油道压力降低而破坏轴承的正常润滑；加之引起的冲击载荷，又造成轴承疲劳应力剧

增,使轴承疲劳而导致黏着咬死,使发动机丧失工作能力。因此,行车中应注意,若听到轴承异响(俗称瓦响),应立即停车检修。发动机总成修理时,应更换全部轴承。

(2) 轴承的选配

轴承的选配包括选择合适内径的轴承,以及检验轴承的高出量、自由弹开量、定位凸点和轴承钢背表面质量等内容。

1) 选择轴承内径。根据曲轴轴承的直径和规定的径向间隙选择合适内径的轴承。现代发动机曲轴轴承制造时,根据选配的需要,其内径已制成一个尺寸系列。

2) 检验轴承钢背质量。要求定位凸点完整,轴承钢背光整无损。

3) 检验轴承自由弹开量,如图3-4-12a所示。要求轴承在自由状态下的曲率半径大于座孔的曲率半径,保证轴承压入座孔后,可借轴承自身的弹力作用与轴承座贴合紧密。

4) 检验轴承的高出量,如图3-4-12b所示。轴承装入座孔内,上、下两片的每端均应高出轴承座平面0.03~0.05mm,称为高出量。轴承高出座孔,以保证轴承与座孔紧密贴合,提高散热效果。

(3) 轴承的修理

现代汽车发动机的曲轴轴承已直接按选配要求设计制造,不需要再进行刮削。

1) 轴承径向间隙的检验。轴承径向间隙可以用专用塑料线规或差值法检测。

塑料线规检验法:先把线规纵向放入轴颈与轴承之间,如图3-4-13所示;然后按原厂规定的拧紧力矩紧固轴承盖,如图3-4-14所示。在拧紧过程中应注意防止曲轴转动。之后拆下轴承盖,取出已压展的塑料线规,与附带有不同宽度色标的量规或第一道主轴承侧面上不同宽度的刻线相对比,与塑料线规压展宽度相等的刻线所标示的值,即为轴承的间隙值,如图3-4-15所示。

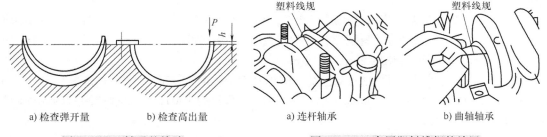

图3-4-12 轴承的检验　　　　　　图3-4-13 专用塑料线规的放置

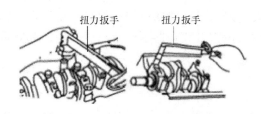

图3-4-14 拧紧连杆与曲轴轴承的螺栓

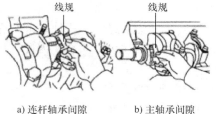

图3-4-15 用专用量规检查轴承间隙

例如,大众帕萨特轿车的测量线规用颜色来标记间隙值,如绿色表示间隙为0.025~

0.076mm，红色表示间隙为 0.05~0.15mm，蓝色表示间隙为 0.10~0.23mm。

差值法：清洁轴承和轴颈后，将轴承装入承孔内，按规定力矩固定，然后用内径百分表测量轴承孔的尺寸；用外径千分尺测量相应轴的尺寸，将孔径减去轴径的差为装配间隙。

2) 轴向间隙的检验与调整。曲轴轴向间隙一般为 0.05~0.20mm，使用极限为 0.35mm。

检验时，把百分表的侧杆触头抵在曲轴的前端或其他与曲轴轴线垂直的平面上，前后撬动曲轴，表针的变动量为曲轴的轴向间隙，如图 3-4-16a 所示。如图 3-4-16b 所示，用撬棒将曲轴撬向后端，用塞尺在推力轴承止推端面与轴颈定位肩之间进行测量。

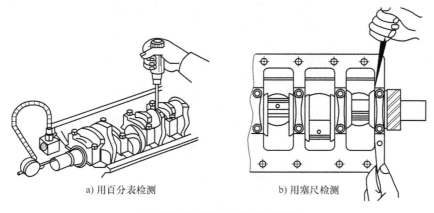

a) 用百分表检测　　　　b) 用塞尺检测

图 3-4-16　检测曲轴轴向间隙

曲轴轴承间隙的调整是通过更换不同厚度的、装在曲轴前端或后端的止推环进行的，有的则是更换装在中间的不同侧面厚度的推力轴承进行调整的。

项目四 电控汽油喷射系统构造与维修

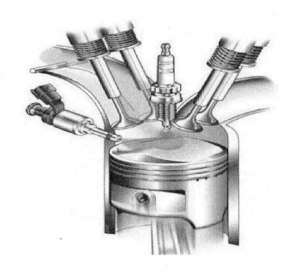

➤【项目描述】

本项目围绕着电控汽油喷射系统的类型、组成、零部件结构特点、工作原理、装配连接关系和对电控汽油喷射系统各组成部分进行拆装、检修等知识点,针对性地设置了对电控汽油喷射系统的认知以及空气供给系统主要部件的构造与维修、汽油供给系统主要部件的构造与维修3个基本技能训练任务。目的是使之全面学会汽车电控汽油喷射系统的组成、工作原理与检修方法,具有对发动机电控汽油喷射系统故障诊断与维修的能力。

➤【知识目标】

1. 掌握电控汽油喷射系统的分类、组成和工作原理。
2. 掌握空气供给系统主要零部件的构造和工作原理及检测方法。
3. 掌握汽油供给系统主要零部件的构造和工作原理及检测方法。
4. 学会运用故障诊断仪检测发动机故障的方法。

➤【技能目标】

1. 能熟练正确使用有关工具对电控汽油喷射系统进行拆装。
2. 能够认知不同类型电控汽油喷射系统主要元件。
3. 能够查阅维修手册掌握技术标准,对电控汽油喷射系统主要零部件进行正确检修。
4. 能够熟练使用故障诊断仪,对电控汽油喷射系统常见故障诊断与排除。

任务一 对电控汽油喷射系统的认知

【任务导入】

有一辆奥迪 A6L 轿车，怠速时发动机有轻微的异响，在市区跑没有那么明显的动力不足现象，在高速公路上行驶动力明显不足，油耗也大。师傅告诉聪聪先用故障诊断仪调取故障码，再检查燃油系统是否有堵塞。你是如何思考的？

【任务说明】

以小组为单位，选择几种不同款式的发动机，在老师的指导下进行简单拆解、观察发动机电控汽油喷射系统的类型和组成，并将观察到的结果进行总结记录，填写好任务单4-1-1。

[相关知识与技能]

一、电控汽油喷射系统的工作原理与作用

电控汽油喷射系统是取代传统化油器式汽油供给系统的现代汽油发动机燃油供给系统，它是利用系统中的各传感器将监测到的发动机运行状态参数转换成电信号，输入发动机电子控制单元（ECU），ECU 根据这些信号，计算出喷油器的通电时间，并接通喷油器电路，将具有恒定压力的汽油通过喷油器以雾状定量喷入进气道或气缸内，然后与新鲜空气混合形成可燃混合气。实现发动机不同工况所需可燃混合气空燃比的精准控制，从而达到节油、降低排污和提高动力性的目的。电控汽油喷射系统与传统的供给系统相比有下列优点：

1) 提高了发动机的燃油经济性（可降低 5% ~ 10% 的燃油消耗）。
2) 提高了发动机的动力性能（功率可提高 10% 左右）。
3) 提高了发动机的起动及冷起动性能。
4) 降低了发动机的排放污染。
5) 空燃比控制系统动态响应快。
6) 适合汽车全车电子控制的要求。

二、电控汽油喷射系统的类型

电控汽油喷射系统的分类方法比较多，下面分述如下：

1. 按喷射方式分类

按汽油喷射方式的不同，可将汽油喷射系统分为连续喷射系统和间歇喷射系统。连续喷射系统在发动机运转期间连续不断地喷油。这种方式多用于机械控制式和机电结合式汽油喷射系统，在当下汽车中已经停止使用。间歇喷射系统是在发动机运转期间间断地喷油，喷油量的多少取决于喷油器开启时间的长短。它按照喷油时序的不同，又可分为同时喷射、分组喷射和顺序喷射，如图 4-1-1 所示。

1) 同时喷射是将各气缸的喷油器并联，所有喷油器有电脑的同一个指令控制，同时喷

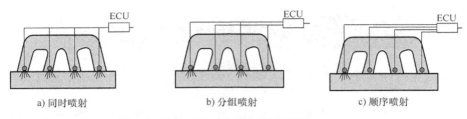

图 4-1-1　按照喷射方式分类

油，同时断油，如图 4-1-1a 所示。

2）分组喷射是将各气缸的喷油器分成几组。如图 4-1-1b 所示，同一组喷油器同时喷油或断油。

3）顺序喷射是喷油器由电脑分别控制。如图 4-1-1c 所示，按发动机各气缸的工作顺序喷油。

2. 按汽油喷射部位分类

按喷油器的喷射位置的不同，汽油喷射系统可分为缸内直喷和缸外喷射，如图 4-1-2 所示。

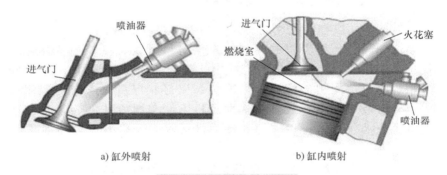

图 4-1-2　按喷射位置分类

1）缸外喷射是通过安装在进气歧管内或进气门附近的喷油器，将燃油喷射后与空气混合形成可燃混合气后再进入气缸，如图 4-1-2a 所示，喷油压力 0.2~0.3MPa。

2）缸内喷射是通过喷油器将燃油直接喷射到气缸燃烧室内，如图 4-1-2b 所示，喷油压力 3~4MPa。

3. 按喷油器数量分类

按喷油器的数量的不同，汽油喷射系统可分为单点喷射和多点喷射。

1）单点喷射是在节气门上方装一个中央喷射装置，由 1~2 个喷油器集中喷油。如图 4-1-3a 所示，这种喷油方式已经被淘汰。当下一般采用多点顺序喷射方式。

2）多点喷射是在每缸都装有一个喷射器，如图 4-1-3b 所示，由 ECU 控制喷射。其汽油分配均匀性好，但控制系统复杂，成本高。

4. 按空气量的计量方式分类

按空气量的计量方式不同，汽油喷射系统可分为 D 型电控汽油喷射系统和 L 型电控汽油喷射系统。

1）D 型电控汽油喷射系统即速度密度控制型电控汽油喷射系统是利用进气歧管绝对压

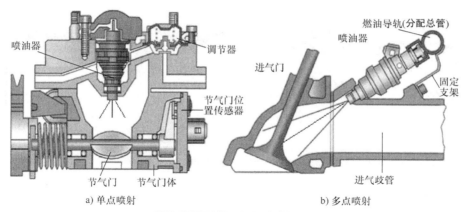

a) 单点喷射　　　　　　　　　b) 多点喷射

图 4-1-3　按喷油器数量分类

力传感器检测进气歧管内的绝对压力，电控单元根据进气歧管绝对压力和发动机转速，计算出发动机吸入的空气量，并由此计算出循环基本喷油量。

2）L 型电控汽油喷射系统即质量流量型电控汽油喷射系统是利用热线式空气流量计或热膜式空气流量计，直接测量单位时间发动机吸入的空气质量流量。电控单元根据已测出的空气质量和发动机转速，然后计算出每一循环的进气空气质量流量，计算出循环基本喷油量。这种测量方式除测量精度高，响应速度快，结构紧凑外，由于其测出的是空气的质量，因此，不需要进行大气压力和温度修正。

三、电控汽油喷射系统的组成

电控汽油喷射系统的全称是电控汽油喷射式发动机燃料供给系统，车型不同，所配置的汽油喷射系统元件结构形式和控制模式也略有差异，按空气量的计量方式不同，汽油喷射系统总体划分为 D 型电控汽油喷射系统和 L 型电控汽油喷射系统。不论是 D 型还是 L 型系统，系统的基本组成都是由空气供给系统、汽油供给系统、电子控制系统等三部分构成，如图 4-1-4 所示。本次任务主要是对电控汽油喷射系统机械元件的结构与原理进行学习。

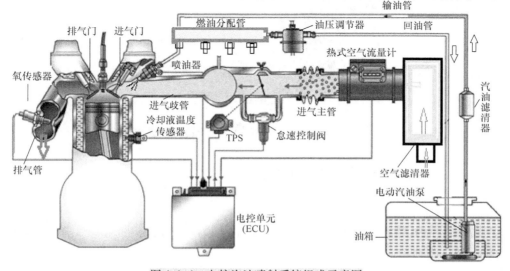

图 4-1-4　电控汽油喷射系统组成示意图

任务二　空气供给系统主要部件的构造与维修

【任务导入】

一款2015年出厂的帕萨特轿车采用的是CSR发动机，起动困难。一旦起动，没有怠速只能在较高的转速下运转。

请思考应该如何诊断与排除上述发动机综合故障。

【任务说明】

以组为单位，在老师的监查、指导下，完成对空气供给系统的拆装与维修，并详细记录整个工作过程，完成任务单4-2-1的填写。

[相关知识与技能]

一、空气供给系统的组成

空气供给系统主要由空气滤清器、空气流量传感器（或进气歧管绝对压力传感器）、节气门体、进气总管、进气歧管和怠速空气控制阀等部件组成，如图4-2-1所示。

空气供给系统的功用，是测量和控制汽油燃烧时所需的空气量，为发动机可燃混合气的形成提供必需的空气。

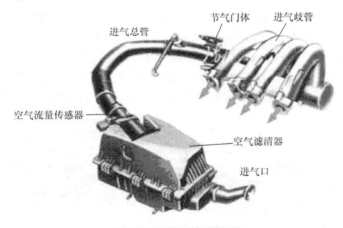

图 4-2-1　空气供给系统

二、空气供给系统主要部件的检修

1. 空气滤清器

空气滤清器的作用是滤去空气中的尘土和砂粒，以减少气缸、活塞和活塞环的磨损，延长发动机的使用寿命。

空气滤清器按滤清方式可分为惯性式、过滤式和综合式（前两种的综合）三种。目前，汽车发动机广泛采用纸质干式空气滤清器，它属于过滤式。这种滤清器具有结构简单、质量轻、成本低、使用方便、滤清效果高的优点。纸质干式滤清器滤清效率可达99.5%以上。

（1）空气滤清器的构造

纸质干式空气滤清器有许多形式和形状，如图4-2-2所示。其滤芯是用树脂处理的微孔滤纸制成的。滤芯呈波折状，具有较大的过滤面积。滤芯的上、下两端有塑料密封圈，以保证滤芯两端的密封。发动机工作时，空气由盖与外壳之间的空隙进入，经纸质滤芯被滤清后，通过外壳下端的进气口进入。

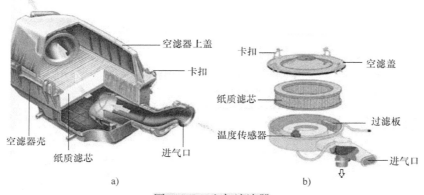

图4-2-2 空气滤清器

（2）空气滤清器的维护

空气滤清器长期使用会产生堵塞，对进气产生额外阻力，使发动机充气量和动力性降低。因此必须定期进行维护。一般每行驶10000～15000km进行一次常规维护，即将滤芯取出用手轻拍，或用压缩空气吹去积灰，切忌接触油质，以免加大滤清阻力。每行驶30000km更换一次空滤芯或空气滤清器。

特别提示：在用压缩空气吹滤芯清洁时，要注意吹气的方向，不可以由外向内吹；在更换滤芯时要注意上下接口一定要与壳体紧密贴合，否则会影响密封性。

2. 空气流量计

空气流量计安装在空气滤清器与节气门体之间，如图4-2-3a所示。作用是对进入气缸的空气量进行直接计量，并把空气流量的信息输送到ECU。它用在L型的发动机进气系统中，作为发动机控制单元对电控汽油喷射系统喷油量控制的主控信号。

空气流量计也被称之为空气流量传感器，有翼片式、卡门旋涡式、热线式和热膜式等四种类型。目前被广泛使用的是热膜式空气流量计。其他类型的空气流量计已经被淘汰或正在被淘汰。在此仅介绍热膜式空气流量计的结构特点和维修方法。

（1）热膜式空气流量计的结构与工作原理

热膜式空气流量计的结构如图4-2-3b所示，主要由壳体、滤网、混合电路盒和金属热膜等组成。空气流量计的工作原理如图4-2-4所示。

当发动机工作时，空气流经热膜使其冷却，热膜温度降低，阻值减小，电桥电压失去平衡，控制电路将增大供给发热元件的电流，使其温度保持高于温度补偿电阻温度120℃。电

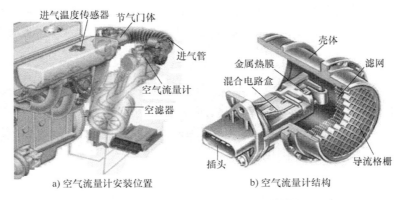

图 4-2-3　空气流量计安装位置与结构

流增量的大小,取决于发热元件受到冷却的程度,即取决于流过传感器的空气量。

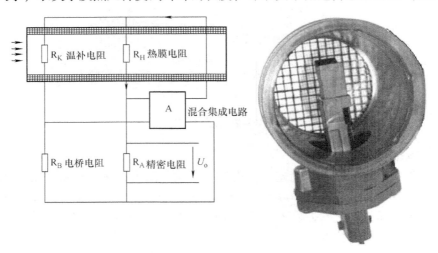

图 4-2-4　热膜式空气流量计工作原理

当电桥电流增大时,精密电阻 R_A 上的电压就会升高,从而将空气流量的变化转换为电压信号 U_s 的变化。信号电压输入 ECU 后,ECU 便可根据信号电压的高低计算出空气质量流量的大小。

(2) 热膜式空气流量计的维护

热膜式空气流量计因长期使用,会因滤网堵塞和热膜电阻表面覆盖一层灰尘而影响到热膜电阻与空气流动时的热交换。进而影响到流量计的准确性,使空气流量计信号失真,最终会导致发动机工作不良。因此,要定期地进行清洁,一般按照汽车二级维护作业周期进行即可。

当对空气流量计做车上检测时,若在怠速时输出信号电压太高(应为 0.25V),而在节气门全开时输出信号电压又达不到 4V,则说明空气流量计已经损坏,应更换新件。

3. 节气门体

节气门体安装在空气流量计之后的进气管上,通过改变节气门开启角的大小来改变进气通道截面积的大小，由此控制发动机正常运行工况下的进气量，并通过节气门位置传感器检测发动机的负荷大小（节气门开度），并将此转化成负荷信号传递给发动机控制单元。用于控制汽油喷射及其他辅助控制。

（1）节气门体的类型与结构特点

当下汽车发动机所采用的节气门体主要分为旁通式节气门体、直动式节气门体、电子控制式节气门体（简称电子节气门），如图4-2-5所示。

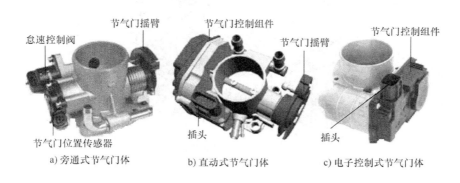

图4-2-5 节气门体类型

1）旁通式节气门体主要由节气门和怠速空气道组成，在节气门体上还安装有节气门位置传感器、怠速控制阀等装置。节气门体的节气门开度、节气门位置传感器与怠速控制阀相对独立。节气门位置传感器安装在节气门体上节气门轴的一端，通过节气门轴带动其内部的电刷、触点转动，从而把节气门开度转化为电信号输出。常见的节气门位置传感器有触点开关式、线性电位计式和综合式三种类型。怠速空气道是通过怠速控制阀来改变旁通气道的面积，实现怠速转速的控制。怠速控制阀有多种形式，其工作原理不同，结构上也有很大差异。常见的怠速控制阀有步进电动机式怠速控制阀、旋转滑阀式怠速控制阀、电磁式怠速控制阀三种。

2）节气门直动式节气门体主要由节气门和节气门控制组件组成，怠速控制机构是通过控制节气门的开度调节空气流通面积来控制进气量，从而实现怠速控制的。节气门控制组件的结构如图4-2-6所示，主要由怠速开关、节气门定位电位计（怠速节气门位置传感器）、节气门电位计（节气门位置传感器）、节气门定位器（怠速控制电动机）等组成。

（2）节气门体的维修

节气门体是空气供给系统的重要部件，常见的机械故障主要有节气门轴与承孔由于磨损导致间隙过大而漏气；节气门体内是否有积垢或结胶造成节气门卡滞等。若节气门轴与承孔间隙过大可孔镶套或轴电镀加粗或更换新件。在维修时若发现节气门体内有积垢或结胶可用化油器清洗剂进行清洗或用专用清洁剂清洁。

4. 进、排气歧管

进气歧管的作用是将空气或可燃混合气分送到各个气缸。排气歧管的作用是汇集各气缸工作后的废气并送到排气管和消声器，然后排入大气中。进、排气歧管构造如图4-2-7和图4-2-8所示。

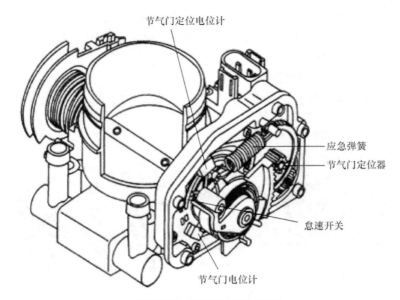

图 4-2-6 节气门控制组件

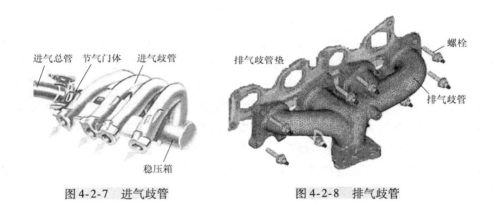

图 4-2-7 进气歧管　　　　　图 4-2-8 排气歧管

进、排气歧管通常用铸铁制成，进气歧管也有用铝合金铸造的，二者可铸成一体，也可分别铸造。进、排气歧管都用螺栓固定在气缸体或气缸盖上，其接合面处装有石棉衬垫，以防漏气。进气歧管与节气门体、进气主管及空气滤清器构成进气通道；排气歧管向下与排气管、消声器等连通构成排气通道。

任务三　汽油供给系统主要部件的构造与维修

【任务导入】

一辆 2014 年款大众 POLO 轿车，配置 1.4L CSSA 发动机，每天早晨起动发动机比较困难，并且，一旦着火就会尾气冒黑烟，运行几分钟后尾气颜色会逐渐接近正常。

请思考应如何检修？

【任务说明】

以组为单位，在老师的监查、指导下，完成对汽油供给系统的拆装与维修，并详细记录整个工作过程，完成任务单 4-3-1 的填写。

[相关知识与技能]

一、汽油供给系统的组成

汽油发动机燃油供给系统的作用是储存并滤清汽油，根据发动机各工况的要求向发动机供给清洁的、具有适当压力并经精确计量的汽油。

汽油发动机燃油供给系统由汽油箱、电动汽油泵、汽油滤清器、燃油压力调节器、燃油分配管（或称燃油总管）、喷油器等组成。图 4-3-1 所示为电控发动机汽油供给系统组成示意图。

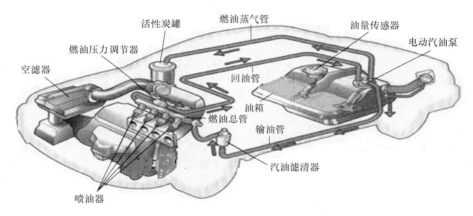

图 4-3-1　汽油供给系统的组成

当发动机工作时，电动汽油泵将汽油从汽油箱中吸出并加压后，经汽油滤清器、燃油分配管输送到各喷油器，在 ECU 的控制下向各进气管或气缸内喷射，多余的汽油经燃油压力调节器流回油箱。

二、汽油供给系统主要部件的检修

1. 汽油箱

（1）汽油箱的结构特点

汽油箱的作用是储存汽油。其数目、容量、外形及安装位置都随车型而异，一般轿车油箱的容量为 55～60L。

汽油箱的构造如图 4-3-2 所示，分为货车用油箱和轿车用油箱。现代轿车燃油箱通常由耐油硬塑料制成，其外形结构随车内空间布置而有所不同，图 4-3-2a 为奥迪 Q5 的油箱，油箱内置电动汽油泵、油量传感器及防晃隔板等。货车油箱是用薄钢板冲压焊成，内壁镀锌锡，以防腐蚀。油箱上部焊有加油管，管内带有可拉出的延伸管，其底部有滤网。进油管口由油箱盖盖住。油箱上面装有油量传感器和出油开关。出油开关经输油管与汽油滤清器相通。油箱底部设有放油螺栓，用以排除油箱内的积水和污物。箱内装有隔板，用以减轻汽车行驶时汽油的激烈振荡。

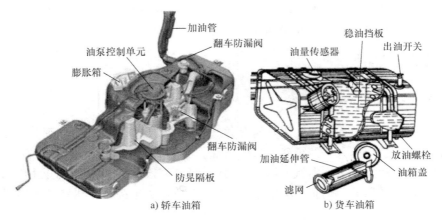

图 4-3-2　汽油箱

（2）汽油箱的检修

油箱在长期使用中常见的损伤主要有局部变形、隔板开裂和渗漏等现象。一般油箱的修复是由专业修复人员作业；若变形不严重，没有泄漏现象可继续使用，严重的更换新件；若轻微渗漏可粘修。

2. 电动汽油泵

（1）电动汽油泵的结构特点

电动汽油泵常见的安装位置有两种，即油箱外置型和油箱内置型。油箱外置型电动汽油泵安装在油箱外，串连在输油管上；油箱内置型电动汽油泵安在油箱内部，浸泡在汽油里，这样可以防止产生气阻和汽油泄漏，且噪声小。电动汽油泵常见的结构形式有四种，即滚柱式、涡轮式、转子式和侧槽式，目前应用较多的是滚柱式和涡轮式两种。

无论是哪种形式的电动汽油泵，其结构基本上是相同的，都是由直流电动机、油泵、安全阀、单向阀和外壳等组成，如图 4-3-3 所示，所不同的只是所采用的油泵的形式各异。油泵安装于直流电动机的一端，由直流电动机的电枢轴带动旋转，直流电动机则由 ECU 控制。

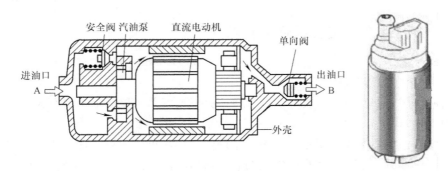

图 4-3-3　电动汽油泵的组成

当点火开关打开时，直流电动机的电路接通，电枢受到电磁力的作用转动，带动油泵一起转动,将汽油从汽油箱中吸出经进油口进入汽油泵,当汽油泵内油压超过单向阀的弹簧压力时,汽油经出油口泵入燃油分配管,再分配到各个喷油器。

当汽油泵内的油压超过规定值时(一般为450kPa),油压将克服限压阀弹簧的弹力,使限压阀打开,部分汽油经限压阀返回到进油口一侧,使泵内压力不致过高而损坏油泵。

(2)电动汽油泵的检修

1)就车检查电动汽油泵

① 用专用导线将诊断插座上的汽油泵测试端子跨接到12V电源上,也可以拆开电动汽油泵的线束插接器,直接用蓄电池给电动汽油泵通电。

② 将点火开关转至ON位置,但不要起动发动机。

③ 旋开油箱盖能听到电动汽油泵工作的声音,或用手捏进油软管应感觉有压力,说明电动汽油泵本身正常,油泵不工作的故障应该是油泵控制部分,需要进一步检测电路导线、继电器、断路熔丝等是否正常;若听不到油泵工作声音或进油管无压力,应检修或更换电动汽油泵。

2)汽油泵的拆装与检验。拆卸汽油泵时注意:应释放燃油系统压力,并关闭用电设备。

① 拆下汽油泵后,测量汽油泵两端子之间电阻,应为2~3Ω。若电阻值不符,应更换汽油泵。

② 用蓄电池直接给汽油泵通电,应能听到汽油泵电动机高速旋转的声音,注意:通电时间不能过长(每次接通不超过10s)。若汽油泵不转动,则应更换汽油泵。

3. 燃油压力调节器

燃油压力调节器的作用是通过油压和进气负压的共同作用,使燃油分配管中的油压与进气歧管中的气压之差保持250~300kPa不变,以保证喷油器喷油量的大小只与喷嘴开启时间有关,而与系统油压、进气歧管的负压等参数无关。

(1)燃油压力调节器的构造

燃油压力调节器位于燃油分配管的一端或与汽油泵一体安装于油箱内,主要由膜片、弹簧和回油阀等组成,其结构如图4-3-4所示。膜片将调节器壳体内部分成两个室,即弹簧室和燃油室。膜片上方的弹簧室通过软管与进气歧管相通,当进气歧管内的气体压力随发动机转速和负荷的变化而变化时,弹簧室内的压力也随之发生相同的变化。因此喷油器的喷射压差保持不变;膜片下方与燃油室内的回油阀相连,回油阀控制回油量。

(2)燃油压力调节器的检修

由于燃油压力调节器的作用是调节喷油压差恒定,出现故障时会直接影响喷油压差的高低和发动机的供油量,使发动机供油不稳、怠速不稳、起动困难、加速无力、油耗高、冒黑烟等故障。

燃油压力调节器的主要故障是弹簧张力因疲劳后变小或膜片破裂或回油阀密封不良。由于燃油压力调节器不可解体拆卸,因此,若工作不良时,应更换新件。

4. 燃油分配管

燃油分配管也称为燃油导轨或油轨,用铝合金制成圆形管状或方形管状,安装在进气歧管或气缸盖上。燃油分配管与喷油器连接处制有小孔以便将汽油分配到各喷油器,燃油分配管与喷油器之间用O形圈密封并用卡环固定。O形圈可防止汽油渗漏,并具有隔热和隔振

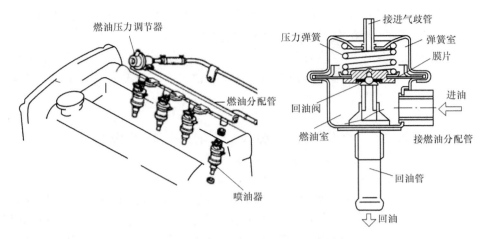

图 4-3-4 燃油压力调节器安装位置与结构

的作用;卡环将喷油器固定在燃油分配管上。燃油分配管的结构如图 4-3-5 所示。

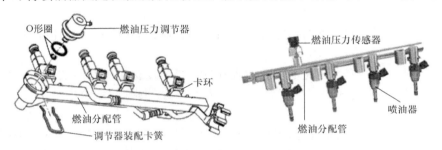

图 4-3-5 燃油分配管

燃油分配管的作用是固定喷油器和燃油压力调节器,并将具有一定压力的汽油分配给各个喷油器;多数燃油分配管上都有燃油压力测试口,可用于检查和释放油压。

5. 喷油器

喷油器是电控燃油喷射系统中一个重要的执行元件,其作用是在 ECU 的控制下,将汽油呈雾状定时定量喷入进气歧管内。

电控汽油喷射系统采用的是电磁式喷油器,喷油器类型的分类方法有多种。按照总体结构不同可分为轴针式、球阀式和片阀式;按照喷油器电磁线圈的电阻值不同分为高阻(13~18Ω)喷油器和低阻(2~3Ω)喷油器。国内电控汽油喷射系统采用的是高阻喷油器,大众车系发动机的喷油器电磁线圈的电阻值为(15.9±0.35)Ω。按喷油器的控制方式不同分为电压驱动式和电流驱动式;按喷口形式可分为轴针式和孔式,孔式又可分为单孔式和多孔式,如图 4-3-6 所示。

电控汽油喷射系统若是缸外喷射,喷油器安装在各进气歧管上;若是缸内喷射,则安装在缸盖上,并用燃油分配管来固定,如图 4-3-7 所示。

(1)喷油器的构造和原理

喷油器的结构虽然因类型不同略有差异,但是总体构造基本相似。下面以轴针式喷油器为例,介绍喷油器的结构。如图 4-3-8 所示,喷油器由外壳、滤网、电插头、电磁线圈、衔

a) 轴针式　　　　　　b) 单孔式　　　　　　c) 多孔式

图 4-3-6　喷油器的类型

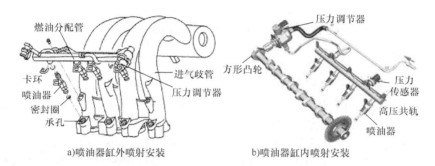

a) 喷油器缸外喷射安装　　　b) 喷油器缸内喷射安装

图 4-3-7　喷油器的安装

铁、针阀、喷油轴针等组成。喷油器内部的电磁线圈经线束与电脑连接，喷油器头部的针阀与衔铁连接为一体。它的一端为进油口，与燃油分配管连接；另一端为喷油口，插入进气歧管中，两端分别用 O 形密封圈密封。

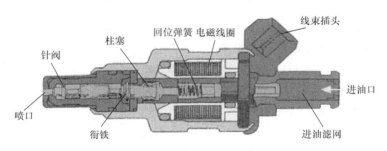

图 4-3-8　喷油器的结构

当 ECU 发出指令使电磁线圈通电时，便产生吸力，将衔铁和针阀吸起，打开喷孔，汽油经针阀头部的轴针与喷孔之间的环形间隙高速喷出，并被粉碎成雾状。电磁线圈不通电时，磁力消失，弹簧将衔铁和针阀下压，关闭喷孔，停止喷油。

（2）喷油器的检修

1）喷油器的就车检查

① 检查喷油器的工作情况。如图 4-3-9 所示，在发动机运转过程中，用听诊器（触杆式）或手指接触喷油器时，可听到或感觉到与发动机转速成正比的喷油频率。若各缸喷油

器工作声音清脆均匀则说明各喷油器工作正常；若某缸喷油器工作声音很小则可能是针阀卡滞，应做进一步的检查；若听不见某缸喷油器的工作声音则说明该缸喷油器不工作，应检查喷油器及其控制线路。

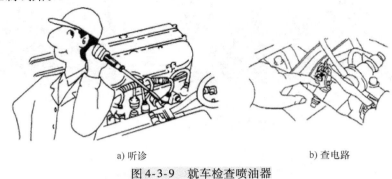

a) 听诊　　　　　　　　　b) 查电路

图4-3-9　就车检查喷油器

② 检查喷油器的电阻。拆下喷油器的线束插接器，用万用表电阻档测量喷油器电阻值。若不符合要求，则应更换喷油器。

③ 检查喷油器的供电电压。当点火开关置于ON位置时，用万用表的直流电压挡测量线束插接器的+B端子与搭铁之间的电压，应为12V，若不正常，则检查控制线路及ECU。

2）喷油器的车下检查。将喷油器从车上拆下，在喷油器清洗试验台上对喷油器进行清洗和检查。喷油器清洗试验台如图4-3-10所示，可对喷油器进行清洗并对喷油器的喷油量、雾化质量和针阀密封性进行检查。

喷油器在正常工作压力下15s常开喷油量一般为45~75mL，各缸喷油量误差不得超过平均喷油量的5%；喷油器关闭后在正常工作压力下1min内，喷油器不得滴漏两滴以上油滴。

6. 汽油滤清器的检修

汽油滤清器的作用是滤清汽油中的杂质和水分，防止燃油系统堵塞，减小机件磨损，保证发动机正常工作。当下汽油滤清器普遍采用的是纸滤芯，一次性过滤式滤清器，结构如图4-3-11所示。一般每行驶20000~40000km或1~2年应更换，安装时应注意汽油流动方

图4-3-10　喷油器清洗试验台

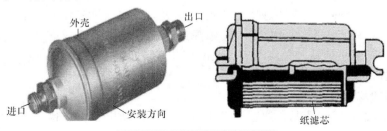

图4-3-11　汽油滤清器的结构

向的箭头，不能装反。更换的步骤如下：

1）松开车辆底部汽油滤清器托架紧固螺栓，取下汽油滤清器托架。
2）松开夹箍，拔下汽油滤清器的油管，使用一块抹布防止剩余的汽油滴落。
3）取下汽油滤清器。安装上新的汽油滤清器时应注意汽油滤清器上箭头应该指向汽油的流向。

三、汽油供给系统检修注意事项

1）汽油供给系统中存有高压汽油，因此任何涉及油路拆卸之前都应卸压并准备好消防设施，作业区应通风良好、断绝火源，作业时也要格外仔细，避免泄漏的汽油引发火灾。
2）油管多用钢、橡胶或尼龙制造，不得渗漏、裂纹、扭结、变形、刮伤、软化或老化，否则应立即予以更换。
3）所有密封元件、油管卡箍均为一次性零件，维修时应予以更换。
4）油管接头不得松动，否则应立即予以紧固；钢制油管端部的喇叭口应密封良好无渗漏，否则应重新制作。有些轿车采用特制的油管快速接头，拆装时应使用专用工具。
5）安装喷油器时可在其密封元件上滴上数滴机油，以利于顺利安装。喷油器安装后应可在其位置上转动，否则说明密封圈扭曲，应重新装配。

四、汽油供给系统压力的检测

拆下蓄电池负极搭铁线，安装燃油压力表（量程为1MPa），燃油压力表一般安装于汽油滤清器的出油口或燃油分配管的进油口处，如图4-3-12所示，带测压口的车辆可将燃油压力表连接至测压口处，在拆卸油管时要用一块棉布包住油管接头以防汽油喷溅。最后擦干溅出的汽油，重新装复蓄电池负极搭铁线、电动汽油泵继电器和电动汽油泵线束插头。

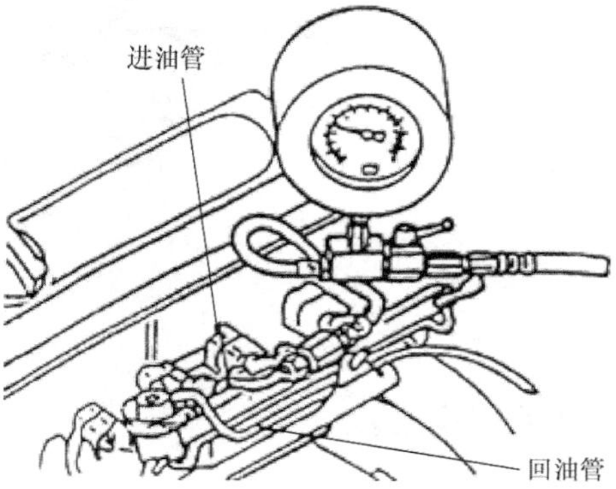

图4-3-12 燃油压力表的连接

将压力表安装在燃油分配管的供油管上，打开燃油压力表开关，起动发动机怠速运转。测量：拔下真空管时的系统油压；不拔真空管时的系统油压；接上真空管，轰一下加速踏板时系统油压；关闭点火开关，10min后系统油压。

分别读取记录以上四种状态下的压力数据，看是否与表4-3-1相符。

表4-3-1 汽油供给系统压力数据

急速时汽油供给系统压力	取下油压调节器真空管（300±20）kPa
	连接油压调节器真空管（250±20）kPa
接上真空管，轰一下加速踏板时系统油压	压力表指针应在280~300kPa间跳动
熄火10min后汽油供给系统保持压力	汽油保持压力应大于150kPa

实测数据与上表对照，若相符，说明系统油压正常；否则，系统有故障，要根据具体情况分析原因。

项目五 电控柴油机燃油供给系统构造与维修

【项目描述】

本项目围绕着电控柴油喷射系统的类型、组成、零部件结构特点、工作原理、装配连接关系和对电控柴油喷射系统各组成部分进行拆装、检修等知识点,针对性地设置了对电控柴油机燃油供给系统的认知,电控泵喷嘴燃油供给系统的认知、电控高压共轨式燃油供给系统的认知三个基本技能训练任务。目的是使之全面学会汽车电控柴油喷射系统的组成和基本工作原理,为学会电控柴油喷射系统故障诊断与维修打下基础。

【知识目标】

1. 掌握电控柴油喷射系统的分类、组成和工作原理。
2. 掌握电控泵喷嘴燃油供给系统的结构和工作原理。
3. 掌握电控高压共轨式燃油供给系统的组成与工作原理。

【技能目标】

1. 能够认知电控柴油喷射系统的构成和主要元件。
2. 能够认知电控泵喷嘴燃油供给系统和主要元件。

3. 能够认知电控高压共轨式燃油供给系统和主要元件。

任务一　对电控柴油机燃油供给系统的认知

【任务导入】

有一辆奥迪 A6L 2010 款 2.7 TDI 柴油车，怠速时发动机有轻微的异响，在市区行驶没有那么明显的动力不足现象，在高速公路上行驶时动力明显不足，油耗也大。师傅告诉聪聪先用故障诊断仪调取一下故障码；然后，再检查燃油系统是否有堵塞。你是如何思考的？

【任务说明】

以小组为单位，选择一款装有直列泵柴油发动机，在老师的指导下进行简单拆解、观察发动机电控柴油喷射系统的类型和组成，并将观察到的结果进行总结记录，填写好任务单5-1-1。

[相关知识与技能]

柴油机电控燃油喷射系统在多年的发展过程中产生了多种结构类型，按照产生高压燃油的机构不同，可以分为电控喷油泵系统（包括电控直列泵系统和电控分配泵系统）和电控单体缸泵系统（包括电控泵喷嘴系统和电控单缸泵系统），以及目前广泛应用的电控高压共轨喷射系统。

柴油机电控燃油技术是由电子控制系统根据收集到的各传感器信息，按预设的程序进行计算，通过控制各执行器（如喷油器、电子提前器和电磁溢油阀等）来控制喷油量、喷油压力、喷油时间、喷油率和其他附加控制功能。EFI 柴油机系统通过控制燃油喷油量和喷油正时使之达到最佳水平。具有油耗低、输出功率大、稳定性强、噪声低、尾气排放少等优点。

电控系统由三大部分组成：传感器、控制器（ECU）和执行器。每部分的作用分述如下：

1）传感器：实时检测柴油机、车辆运行状态及使用者的操作思想即操作量等信息，一并送给控制器（ECU）。基本传感器有发动机转速传感器、齿杆位移传感器、喷油提前角传感器及加速踏板位置传感器等。

2）控制器（ECU）：其核心部分是计算机，它负责处理所有信息，执行程序，并将运行结果作为控制指令输出到执行器。此外，还有一种通信功能，即和其他的控制系统信息共享。如传动装置控制器进行数据传输和交换，同时考虑到其他系统的实时情况，适当修正燃油系统的执行指令，即适当修正喷油量、喷油提前角等。与此同时，还可以向其他控制系统送出必要的信息。

3）执行器：根据控制器送来的执行指令驱动调节喷油量及喷油正时的相应机构，从而调节柴油机的运行状态。在直列泵系统中，有调节喷油泵的齿杆位移的调速器执行器，调节发动机驱动轴和喷油泵凸轮轴的相位差的提前器执行器，从而调节喷油时间，在分配泵系统中也还有一些独特的执行器。

一、电控直列泵燃油供给系统

1. 电控直列泵燃油供给系统的组成

电控直列泵燃油供给系统如图 5-1-1 所示。在电控直列泵燃油系统中，由调速器执行机构控制调节齿杆的位置，从而控制供油量；由提前器执行机构控制发动机驱动轴和喷油泵凸轮轴间的相位差，从而控制喷油时间。调速器执行机构和提前器执行机构是电控直列泵系统中的两个特殊机构。

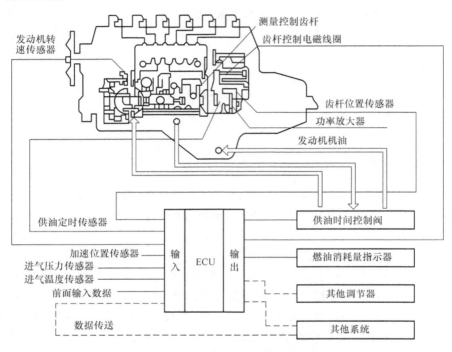

图 5-1-1 电控直列泵燃油供给系统原理

电控直列泵系统属于电控柴油机的早期产品，主要用在载货汽车柴油机上，以改善柴油的燃油经济性与排放性，其方案很多，比较典型的是电控滑套式直列泵，其组成如图 5-1-2 所示。

这种系统基于对传统的机械式喷油泵进行的改进，在喷油泵中增设了控制油量拉杆的电控调速机构，以及控制柱塞滑套的电控供油正时调节机构。各种传感器将柴油机的运行参数和驾驶员的操作意图传给 ECU，ECU 根据上述信息进行计算后，控制喷油泵中相关执行机构的工作，使发动机获得最佳的供油正时和供油量。

2. 电控直列泵系统主要部件的构造与工作原理

（1）电控供油正时调节机构

在机械式喷油泵中实现供油正时的电控调节有很多种方案，如将滚轮挺柱体调节螺钉做成活动可调的形式；用液压机构推动滚轮体横向移动，使其中心线与凸轮中心错位的形式；将柱塞做成上、下两部分，以油压控制柱塞总长度的方式；将柱塞设计成可上下滑动的等，其中最为成熟、应用最为广泛的是滑套式调节机构。

项目五 电控柴油机燃油供给系统构造与维修 147

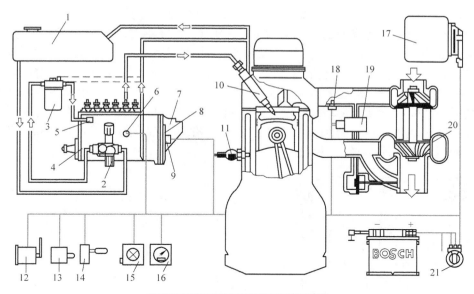

图 5-1-2 电控直列泵系统的组成

1—油箱 2—输油泵 3—燃油滤清器 4—直列式喷油泵 5—电子停油装置 6—燃油温度传感器
7—测量调节齿杆位置传感器 8—线性电磁执行器 9—转速传感器 10—喷油器 11—冷却液温度传感器
12—加速踏板位置传感器 13—离合器、制动和排气制动开关 14—操纵板 15—警告灯和诊断座
16—车速表 17—ECU 18—进气温度传感器 19—增压压力传感器 20—涡轮增压器 21—起动开关

电控直列泵的滑套式电控供油正时调节机构由柱塞、滑套、油量调节齿杆、滑套调节轴、供油正时调节器等组成,如图 5-1-3 所示。滑套 2 和柱塞 4 构成一对精密偶件,滑套位于柱塞的下半部分,在喷油泵的低压油腔内,而柱塞上部又与柱塞套 1 精密配对,构成高压油腔。供油开始前,当柱塞处于下止点时如图 5-1-4a 所示,柱塞顶部空间通过柱塞上的斜槽和进油孔与进油腔相通,随着柱塞的上升,当滑套下部边缘将柱塞上的进油孔完全遮住以

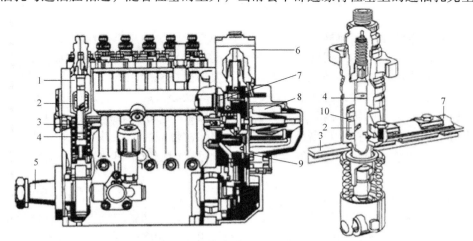

图 5-1-3 滑套式电控供油正时调节机构

1—柱塞套 2—滑套 3—油量调节齿杆 4—柱塞 5—喷油泵凸轮轴 6—供油正时调节器
7—滑套调节轴 8—电子调整器 9—齿杆位移传感器 10—回油孔

后，柱塞顶部的压力升高，供油开始如图 5-1-4b 所示，这时的柱塞升程 h_{ps}，即为预行程；此后柱塞继续上升，至柱塞上的斜槽与滑套上的回油孔 11 相通以后，柱塞顶部空间卸压，供油结束，如图 5-1-4c 所示，柱塞在供油其间上升的距离为有效行程 h_e；供油结束后柱塞继续上升，走完剩余行程 h_1，达到上止点，如图 5-1-4d 所示，再随凸轮下降段回到下止点，完成一次供油行程。滑套的运动由供油正时调节器控制，它是一个线性电磁执行器，电磁线圈的磁力使铁心移动，带动滑套调节轴（图 5-1-3 中的 7）转动，再拉动滑套作上下移动，从而达到改变柱塞预行程和供油始点的目的。滑套上移，预行程增加，供油推迟；反之，预行程减小，供油提前。

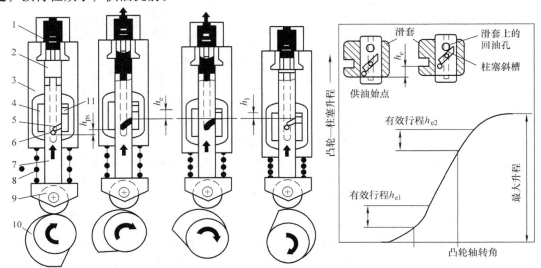

a) 柱塞处于下止点　b) 供油始点　c) 供油终点　d) 柱塞处于上止点

图 5-1-4　滑套控制供油正时示意图

1—出油阀　2—柱塞顶部空间　3—柱塞套　4—滑套　5—控制斜槽　6—柱塞上的进油孔
7—柱塞　8—柱塞弹簧　9—挺柱滚轮　10—凸轮　11—回油孔

（2）调速器执行机构

电控直列泵系统中，调速器执行机构的作用相当于飞块。用电磁作用力代替离心力控制齿杆位移。当电流通过线性螺线管中的电磁线圈时，会产生与通电占空比成正比的电磁力，使滑动铁心在箭头所示方向移动，并与复位弹簧力平衡在某个位置，如图 5-1-5 所示。由于控制油量的调节齿杆和滑动铁心连接在一起并与滑动铁心一起运动，从而改变喷油量。

在调速器执行机构的箱体内，还装有齿杆位移传感器、传感器放大器和转速传感器等。调速器执行机构通过计算机计算出最佳喷油量，用线性螺线管、线性直流电动机等代替传统的杠杆机构，电动地控制调节齿杆的位移。因此，可以根据发动机的运行状态将喷油量控制到最佳。

（3）提前器执行机构

提前器执行机构位于发动机驱动轴和凸轮轴之间，调节两轴之间的相位，而且由它传递喷油泵的驱动转矩。因此，相位调节需要很大的作用力，大多采用液压进行调节。角度提前机构的典型例子是偏心凸轮方式和螺线形花键轴。偏心凸轮方式的实例如图 5-1-6 所示。

电磁阀由 ECU 驱动，控制作用在油压活塞上的油压。油压活塞左右移动使转换机构上下运动，从而改变发动机驱动轴和凸轮轴之间的相位。相位差的检查方法如图 5-1-7 所示。

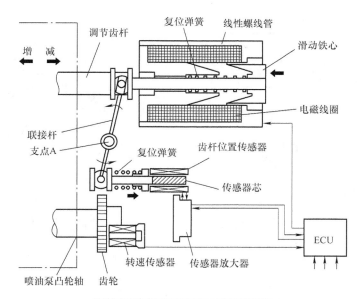

图 5-1-5 调速器执行机构示意图

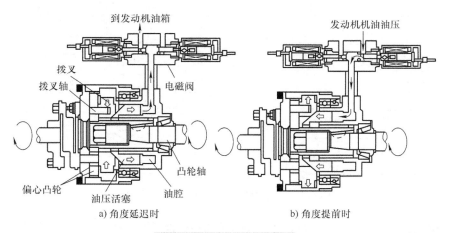

a) 角度延迟时　　　　　b) 角度提前时

图 5-1-6 提前器执行机构

发动机驱动轴和凸轮轴上分别装有转速脉冲发生器和进角脉冲发生器,如图 5-1-8 所示。对应两个脉冲发生器分别装置了传感器。从这两个传感器的信号 n_e 和 n_p 可检出两者的相位差。

二、电控分配泵燃油供给系统

电子控制分配泵燃油供给系统如图 5-1-9 所示,是根据各种传感器的信息检测出发动机的实际运行状态,由计算机完成如下控制:喷油量控制、喷油时间控制、怠速转速控制。从原理方面来说,电控分配泵燃油系统的构成,除喷油泵外和直列泵系统几乎一样。

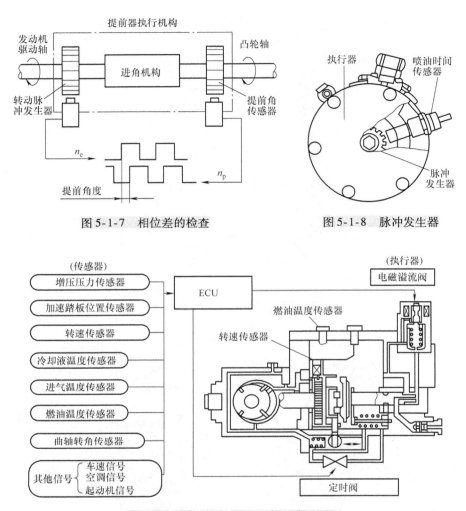

图 5-1-7 相位差的检查

图 5-1-8 脉冲发生器

图 5-1-9 电子控制分配泵燃油供给系统

电控分配泵燃油系统按喷油量、喷油时间的控制方法可分为两类：位置控制式和时间控制式。

1. 位置控制式

（1）轴向柱塞式分配泵"位置控制"式电控系统的基本组成

轴向柱塞式分配泵"位置控制"式电控系统的基本组成如图 5-1-10 所示。该系统利用电子调速器通过控制分配泵中的油量控制滑套位置来实现供油量的控制，利用电磁阀通过控制供油提前角自动调节器中正时活塞两侧的油压（决定正时活塞位置）来实现供油正时控制。

（2）供油量的控制

电子调速器的结构如图 5-1-11 所示，由定子、转子、线圈、转子轴和滑套位置传感器等组成，转子轴下端的偏心钢球伸入油量控制滑套的凹槽中。

位置控制式电控分配泵也是由 ECU 控制电子调速器来控制滑套的位置，从而实现油量调节的，如图 5-1-12 所示。当给线圈通入的直流电流变化时，就会产生使转子轴转动的电

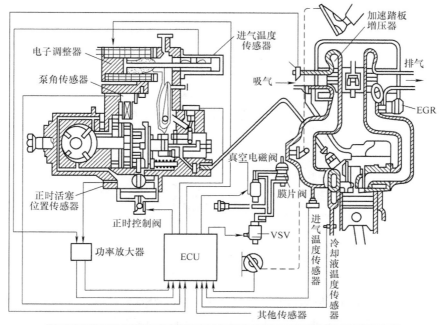

图 5-1-10　轴向柱塞式分配泵"位置控制"式电控系统的基本组成

磁力矩。当电磁力矩与转子轴回位弹簧力矩平衡时，转子轴就会固定在某一位置。转子轴转动时，通过伸入滑套凹槽内的偏心钢球使滑套轴向移动，从而改变喷油泵的供油量。ECU根据发动机的工况计算出目标供油量，通过驱动回路控制流经线圈的电流方向来控制转子轴的转动方向，控制通电占空比来控制转子轴转动的角度，从而实现供油量的控制。滑套位置传感器安装在转子轴上，ECU通过该传感器检测的转子轴位置信号确定油量控制滑套的实际位置，并对滑套位置（供油量）进行闭环控制。即驱动回路根据 ECU 的指令一边反馈控制执行机构的位置，一边控制输出，如图 5-1-13 所示。

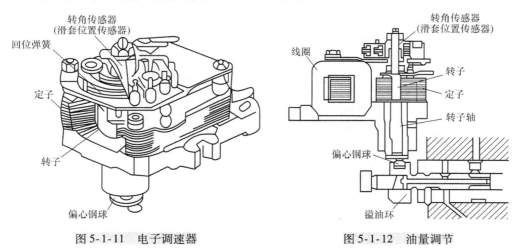

图 5-1-11　电子调速器　　　　　图 5-1-12　油量调节

（3）供油正时的控制

位置控制式电控分配泵供油正时的控制通常是在原供油提前角自动调节器活塞两侧高、低

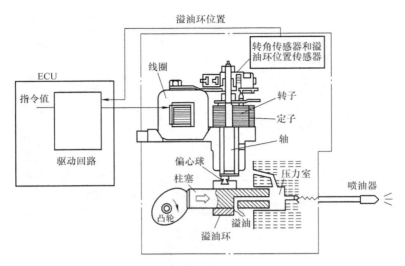

图 5-1-13 供油量的控制

压腔之间增加一条液压通道,依靠占空比控制的正时控制阀使活塞两侧的油压发生变化,从而控制供油正时。正时控制阀结构如图 5-1-14 所示,由 ECU 传来的信号使电磁线圈产生电磁力吸动滑动铁心,铁心带动阀门移动,这样就改变了正时活塞右侧(高压腔)与左侧(低压腔)之间的压力差,从而使正时活塞移动,带动分配泵滚轮架转动,以实现调整供油时刻。

ECU 主要根据柴油机转速和加速踏板位置传感器信号确定基本供油提前角,再根据冷却液温度等传感器信号进行修正,并通过正时控制阀控制正时活塞左右两侧油腔内的燃油压力差,以改变正时活塞的位置。正时活塞左右移动时,通过传动销带动转子分配泵内的滚轮架转动,从而改变喷油泵的供油正时。当正时控制阀线圈通电时,高压腔与低压腔连通,活塞两端的油压差消失,在弹簧的作用下,活塞复位,喷油时间推迟。当正时控制阀线圈断电时,高压腔与低压腔断开,活塞在高压油压力的作用下压缩弹簧向左移动,使凸轮盘相对于滚柱的位置产生偏转,供油时间提前。通电时间长,供油提前角减小;通电时间短,供油提前角增大,如图 5-1-15 所示。正时活塞位置传感器检测出正时活塞的位置,从而进行反馈控制。

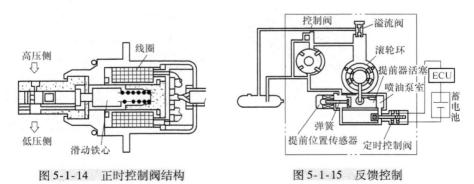

图 5-1-14 正时控制阀结构　　图 5-1-15 反馈控制

2. 时间控制式

供油量的"位置控制"特点是用模拟量来控制执行元件工作,通过对喷油泵油量控制机构的定位来得到所需的供油量。用以闭环控制供油量的反馈信号也是由模拟信号传感器检测的，ECU 只能对模拟信号进行 A/D 转换后才能处理，这必然影响供油量的控制精度和执行元件的响应速度。此外，不论采用何种类型的电子调速器，总是需要由部分机械装置来完成对喷油泵供油量的调节，这也会降低控制精度和响应速度。因此，继供油量"位置控制"之后出现了"时间控制"。

时间控制式电控分配泵如图 5-1-16 所示。微型计算机内设有时钟，通过时钟，控制喷油终了时间，从而控制喷油量。控制喷油终了的执行机构是电磁阀，对每一次喷油都可以进行控制，因此，可以取消其他的喷油量控制机构。另外，在时间控制方式中，电子回路比较简单。

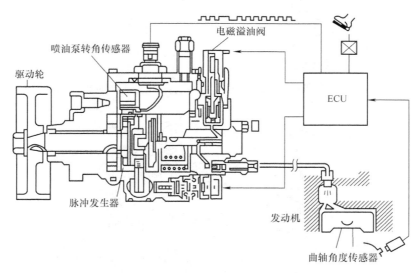

图 5-1-16 时间控制式电控分配泵

（1）轴向柱塞式分配泵时间控制式电控系统的基本组成

转子分配泵通常是利用一个油量控制滑套的位置变化来控制高压腔与低压腔之间回油通道相通时间，从而实现供油量控制。因此，只要在回油通道中安装一个由 ECU 控制的高速电磁溢流阀来取代滑套控制回油通道的开闭，也就实现了供油量的时间控制。高速电磁溢流阀通常安装在柱塞顶部的高压腔与低压腔之间的回油通道中。时间控制的转子分配泵不仅取消了油量控制滑套，还取消了泵油柱塞上的回油槽（或孔）。具有代表性的第二代电控分配泵燃油喷射系统，即轴向柱塞式分配泵时间控制式电控系统的基本组成如图 5-1-17 所示。

（2）供油量的控制

时间控制式转子分配泵结构如图 5-1-18 所示。

高速电磁溢流阀安装在泵油柱塞顶部高压腔的回油通道中，为精确控制电磁阀开启和关闭的时刻，在喷油泵内安装有泵角传感器，用来检测喷油泵驱动轴的位置和转角，然后把传感器信号输送给控制器，再由控制器将泵角传感器输入的转角信号传送给 ECU，以便 ECU 确定柴油机转速。

ECU 根据各种传感器信号计算出供油量后，向控制器发出指令和相关信息；控制器则根据 ECU 的指令和相关信息，并参考燃油温度传感器信号对分配给各缸的供油量进行平衡

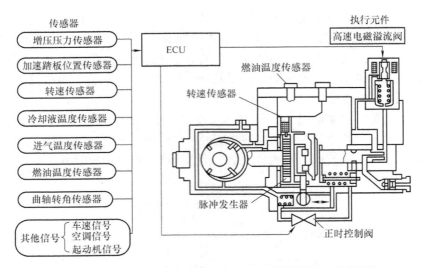

图 5-1-17 轴向柱塞式分配泵时间控制式电控系统的基本组成

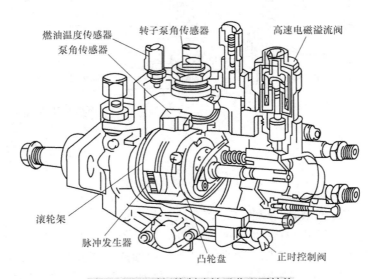

图 5-1-18 时间控制式转子分配泵结构

（均匀性控制），并通过驱动器（放大电路）直接控制高速电磁溢流阀工作。传统转子分配泵中的柱塞工作过程可分为吸油、泵油和回油过程，而时间控制式转子分配泵的柱塞只有吸油和泵油两个过程，即柱塞没有回油作用。高速电磁溢流阀为常闭式，在柱塞吸油过程中电磁溢流阀处于关闭状态，泵油过程开始后高压腔即产生高压，喷油泵向某缸喷油器供油。当控制器发出指令使电磁溢流阀通电时，电磁溢流阀打开高压腔回油通道，柱塞顶部的高压腔内油压迅速下降，喷油泵向某缸的供油停止。从柱塞泵油过程开始到高速电磁溢流阀开启的时间长短决定了喷油泵供油量的多少，柱塞泵油过程开始越早，高速电磁溢流阀开启越晚，供油量越多。柱塞泵油过程开始时刻由供油正时确定。电磁溢流阀关闭时间传感器用于供油量闭环控制，喷油始点传感器信号用于供油正时闭环控制。

采用时间控制方式的分配泵电控系统，根据高速电磁溢流阀对分配泵供油的控制方式不同，可分为回油控制方式和进油控制方式两种类型。

回油控制方式传统分配泵是利用油量控制滑套的位置变化来控制分配泵回油过程开始时间的变化，即在机械控制的供油压力和供油开始时刻一定时，通过滑套的位置变化来改变停止供油（即回油）的时刻，从而实现供油量控制，如图 5-1-19 所示。因此，早期的供油量时间控制分配泵上，就是在分配泵回油（或称溢油）通道中安装一个由 ECU 控制的高速电磁溢流阀来取代滑套，用以控制回油时刻，实现供油量的"时间控制"。此类系统中装用的高速电磁溢流阀为常闭式，即断电时关闭分配泵回油通道，而通电时则开启分配泵回油通道。

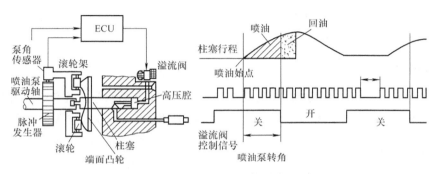

图 5-1-19　转子分配泵的供油量控制原理

（3）供油正时的控制

早期采用时间控制方式的分配泵中，与采用位置控制方式的分配泵相同，保留了电控液压供油提前角自动调节器，通过改变分配泵驱动装置中滚轮架与端面凸轮的相对位置，来实现供油正时的控制。两者的共同特点是供油的开始时刻取决于分配泵驱动装置中滚轮架与端面凸轮的相对位置，而不同的是供油结束时刻的控制方式不同，采用位置控制方式的分配泵供油结束时刻取决于油量控制滑套的位置，采用时间控制方式的分配泵供油结束时刻取决于高速电磁溢流阀的开启时刻。

后期采用时间控制方式的分配泵中，取消了电控液压供油提前角自动调节器，完全用高速电磁溢流阀的关闭和开启时刻来控制供油的开始和结束时刻，真正实现了供油正时的"时间控制"。

利用高速电磁溢流阀的关闭和开启时刻来控制供油的开始和结束时刻，虽然实现了供油正时的"时间控制"，但由于在分配泵柱塞高压腔内建立压力需要时间，燃油通过高压油管时的压力传递也需要时间，ECU 输出的电磁溢流阀驱动脉冲正时与喷油器的实际喷油正时之间必然存在一定程度的时间延迟，总的延迟时间取决于柴油机转速、温度和高压油管长度等因素。在分配泵供油正时的时间控制系统中，为提高供油正时控制精度，ECU 除根据检测柴油机工况信息的各种传感器信号控制供油正时外，一般还采用两种控制措施：一是采用电磁溢流阀关闭时间传感器来精确测定电磁溢流阀关闭始点和终点时刻，以便向 ECU 提供电磁溢流阀驱动脉冲的实际输出正时，实现对电磁溢流阀驱动脉冲输出正时的闭环控制；二是采用各种形式的喷油始点传感器，精确测定喷油器的实际喷油始点，ECU 根据此传感器的反馈信号修正对分配泵供油正时的控制。

采用时间控制方式的分配泵，为准确控制各缸的供油顺序，一般设有供油信号发生器

(同汽油机普通电子点火系统中的点火信号发生器),该信号发生器与凸轮轴/曲轴位置传感器制成一体。

任务二　对电控泵喷嘴燃油供给系统的认知

【任务导入】

有一辆柴油宝来轿车,怠速时发动机有轻微的异响,在市区行驶没有那么明显的动力不足现象,在高速公路上行驶时动力明显不足,油耗也大。师傅告诉聪聪先用故障诊断仪调取一下故障码;然后,再检查燃油系统是否有堵塞。你是如何思考的?

【任务说明】

以小组为单位,选择一款装泵喷嘴的柴油发动机,在老师的指导下进行简单拆解、观察发动机电控泵喷嘴燃油供给系统组成,并将观察到的结果进行总结记录,填写好任务单5-2-1。

[相关知识与技能]

所谓泵喷嘴就是将喷油泵的压油机构紧缩到喷油嘴处,如图5-2-1所示电控泵喷嘴,即高压油管长度为零的燃油系统。因为没有高压油管,所以高压系统的容积可以最大限度地减小,这对高压化非常有利。

电控泵喷嘴燃油供给系统将产生高压的柱塞泵与喷油器和控制单元(泵喷嘴电磁阀)组合在一起,并消除了高压油管。该系统安装在缸盖上,每个缸均有一个。由于无高压油管,消除了高压油管中压力波和燃油压缩的影响,高压容积大大减少,因此可产生20MPa以上的喷油压力。电控泵喷嘴系统用高速电磁阀来控制供油正时和喷油量,属于时间控制类型。高速电磁阀受ECU控制,即控制流过线圈电流的通、断时刻及通断时间的长短,从而控制供油提前角与喷油量。

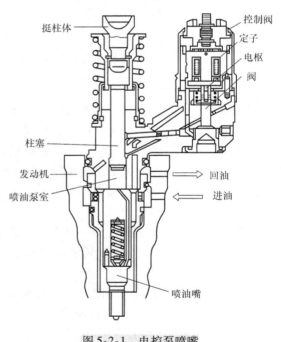

图5-2-1　电控泵喷嘴

一、电控泵喷嘴燃油供给系统的组成

电控泵喷嘴燃油供给系统由低压部分、高压部分和电控系统等部分组成,如图5-2-2所示。

1)低压部分。低压部分是指燃油供给部分。燃油供给部分的任务是储存所需要的燃油,并在所有工况下以规定的压力向燃油喷射系统提供燃油。燃油供给部分主要包括燃油

项目五 电控柴油机燃油供给系统构造与维修 | 157

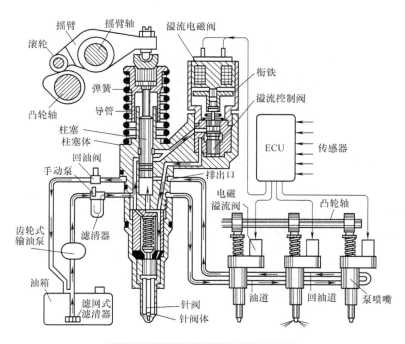

图 5-2-2 电控泵喷嘴燃油供给系统

箱、滤清器、输油泵、手动泵、回油阀等。

2）高压部分。高压部分是指泵喷嘴。泵喷嘴的功用是在所有工况下，按电子控制单元计算出的时刻，以精确的数量和要求的压力将燃油喷射到发动机气缸内。

3）电控系统分三个系统模块，即传感器、电控单元及执行元件。

二、泵喷嘴的结构

泵喷嘴由以下三部分组成，其结构如图 5-2-3 所示。

1）产生高压的部件产生高压的主要部件是泵体组件、泵柱塞和回位弹簧。

2）高压电磁阀（电磁溢流阀）高压电磁阀由线圈、电磁阀针阀、衔铁、铁心和电磁阀弹簧等主要部件组成，其任务是控制喷油起始时刻和喷油持续时间。

3）喷油嘴将燃油雾化，精确定量并分布到燃烧室中。喷油嘴是利用压紧螺母安装到泵喷嘴体上去的。

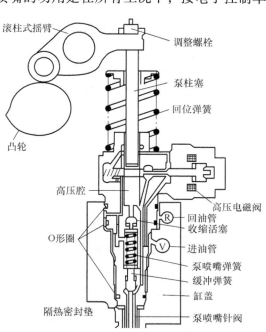

图 5-2-3 泵喷嘴的结构组成

三、泵喷嘴工作原理

泵喷嘴系统的工作过程可分成四个状态，如图 5-2-4 所示。

1）吸油行程如图 5-2-4a 所示，泵柱塞在回位弹簧的作用下往上运动。始终处于过压状态下的燃油从供油系统的低压部分通过集成于发动机机体中的进油孔和进油管流入电磁阀阀腔。电磁阀处于开启状态，燃油通过一个连接孔流入高压腔（又称泵腔）。

2）预备行程如图 5-2-4b 所示，由于驱动凸轮的转动，泵柱塞往下运动。此时，电磁阀处于开启状态，燃油由泵柱塞通过回油管压回到供油系统的低压部分。

3）输油行程和喷油过程如图 5-2-4c 所示，电子控制单元在一个确定的时刻输出指令使电磁阀的线圈通电，将电磁阀针阀吸往阀座，切断了高压腔和低压腔之间的联系。这个时刻称为喷油起始点。高压腔内的燃油压力因为泵柱塞的运动而上升。一旦腔内压力达到大约 300MPa 的喷油嘴开启压力时，泵喷嘴针阀升起，燃油喷入燃烧室。

4）残余行程如图 5-2-4d 所示，如果电磁阀线圈断电，电磁阀将在经过一段短暂的滞后时间后开启，高压腔和低压腔之间重新连通。此后压力迅速下降，当压力低于喷油嘴关闭压力时，喷油嘴关闭，喷油过程结束。

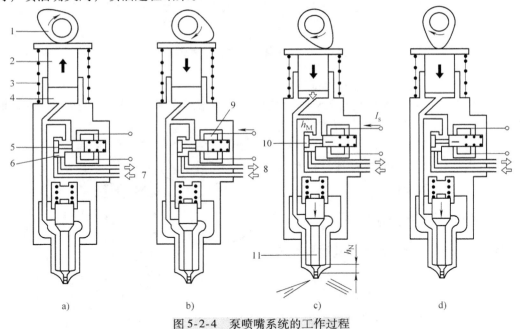

图 5-2-4 泵喷嘴系统的工作过程

1—凸轮 2—泵柱塞 3—回位弹簧 4—低压油腔 5—电磁针阀 6—高压油腔 7—进油管
8—回油管 9—溢油控制阀 10—针阀座 11—泵喷嘴针阀

四、泵喷嘴电控系统结构

泵喷嘴电控系统由传感器、电控单元和执行元件三部分组成。传感器包括空气流量传感器、转速传感器、霍尔传感器、加速踏板位置传感器、强制低挡开关、怠速开关、冷却液温度传感器、进气歧管压力传感器、离合器踏板开关、燃油温度传感器。辅助信号有车速信号、空调信号、巡航开关等。执行元件包括喷油器电磁阀、燃油冷却泵（燃油冷却泵继器)、预热塞(预热塞继电器)、废气再循环电磁阀、增压压力控制电磁阀、进气歧管翻板转换电磁阀等。

任务三 对电控高压共轨式燃油供给系统的认知

【任务导入】

一辆长城哈佛柴油车,怠速时发动机有轻微的异响,在市区行驶没有那么明显的动力不足现象,在高速公路上行驶时动力明显不足,油耗也大。师傅告诉聪聪先用故障诊断仪调取一下故障码;然后,再检查燃油系统是否有堵塞。你是如何思考的?

【任务说明】

以小组为单位,选择一款电控高压共轨式柴油发动机,在老师的指导下进行简单拆解、观察发动机电控高压共轨式燃油供给系统的组成,并将观察到的结果进行总结记录,填写好任务单 5-3-1。

[相关知识与技能]

一、电控高压共轨式燃油系统的基本组成

电控高压共轨式燃油系统的基本组成如图 5-3-1 所示,其工作原理框图如图 5-3-2 所示。

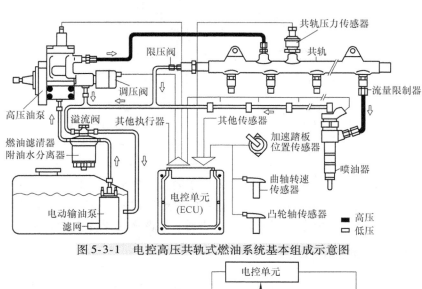

图 5-3-1 电控高压共轨式燃油系统基本组成示意图

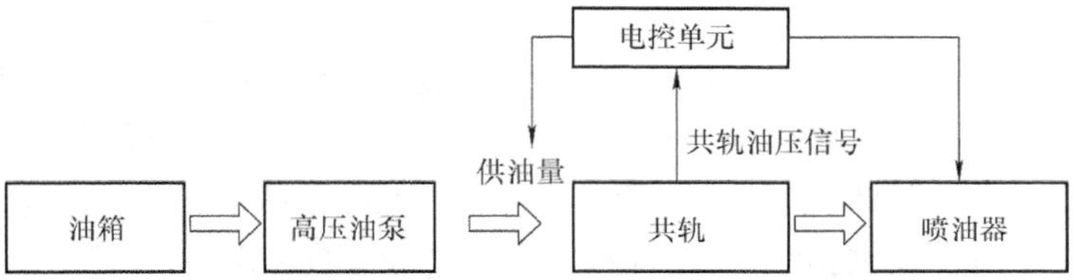

图 5-3-2 电控高压共轨式燃油系统工作原理框图

从功能方面分析，电控共轨系统可以分成两大部分：

（1）电子控制系统

电子控制系统可以分成三大部分传感器、计算机和执行器。电子控制系统的核心是 ECU。ECU 的输入是安装在车辆和发动机上的各种传感器和开关；ECU 的输出是送往各个执行机构的电子信息。ECU 根据各个传感器的信息，计算机进行计算、完成各种处理后，求出最佳喷油时间和最合适的喷油量，并且计算出在什么时刻、在多长的时间范围内向喷油器发出开启电磁阀或关闭电磁阀的指令等，从而精确控制发动机的工作过程。如图 5-3-3 所示。

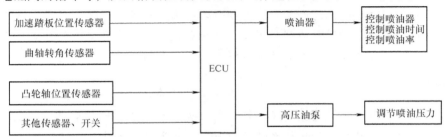

图 5-3-3　高压共轨电子控制系统

（2）燃料供给系统

燃料供给系统的组成部分如图 5-3-4 所示，主要构成是高压油泵、共轨和喷油器。

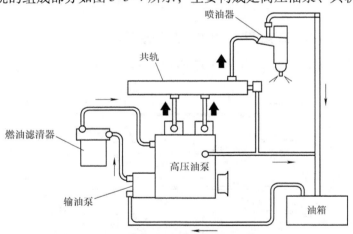

图 5-3-4　高压共轨燃油供给系统

燃油供给系统的基本工作原理：高压油泵将燃油加压成高压，供入共轨内，共轨实际上是一种燃油分配管。储存在共轨内的燃油在适当的时刻通过喷油器喷入发动机气缸内。电控共轨系统中的喷油器是一种由电磁阀控制的喷油阀，电磁阀的开启和关闭由计算机控制。

二、高压共轨系统的特点

1）可实现高压喷射，喷射压力比一般喷油泵高出一倍，最高已达 200MPa。

2）共轨系统喷油压力独立于发动机转速，可改善发动机低速及低负荷性能。

3）具有良好的喷油特性，喷油器电磁阀直接对喷油正时和喷油脉宽进行控制，可优化燃烧过程，使发动机油耗、烟度、噪声及排放等性能指标得到明显改善，并有利于改进发动机转矩特性。

4）可实现共轨压力的闭环控制。共轨压力传感器实时反馈共轨中的压力，通过控制调压阀的电流来调整进入共轨的燃油量和轨道压力，形成独立的共轨压力闭环子系统。

5）共轨沿发动机纵向布置，高压油泵、共轨和喷油器各自的位置相互独立，便于在发动机安装和布置。

6）从技术总体实现难度上看，共轨系统组成较复杂，机械、液力和电子电磁阀耦合程度高，加工制造、控制匹配要求的水平高，与第二代时间控制式相比，具有更好性能的同时，开发难度也更大。

三、电控共轨喷射系统的工作原理

燃油被输油泵从油箱中抽出后，经滤清器过滤后送入高压油泵，这时燃油压力为 0.2MPa。进入高压油泵的燃油被加压至高压后（最高压力可达 150~200MPa）输送到高压共轨。高压共轨中的高压柴油经流量限制阀、高压油管进入喷油器，在喷油器针阀开启时直接喷入燃烧室。高压油泵、喷油器的回油经回油管流回油箱，如图 5-3-4 所示。

在电控高压共轨系统中，各种传感器（如曲轴位置传感器、加速踏板位置传感器、凸轮轴位置传感器、各种温度和压力传感器等）将柴油机的实际运行状态转变为电信号输入 ECU，ECU 根据预置的程序进行运算，确定适合于该工况下的最佳喷油量、喷油时刻、喷油速率等参数，再向喷油器发出指令，精确控制喷油过程，以保证柴油机始终处在最佳工作状态，使柴油机的动力性、经济性得到有效的发挥，并且使排放污染降到最低。

此外，ECU 还通过压力传感器对高压共轨内的油压进行监测，并通过控制调压阀，使共轨内的油压保持为预定的压力，实现对共轨压力的控制。在共轨系统中，喷射压力的产生和喷射过程是彼此独立的。共轨的供油方式使得喷油压力与柴油机转速无关，喷油量取决于喷油压力和受 ECU 直接控制的喷油器的喷油时间的长短。

四、电控共轨喷射系统的主要部件及其结构

（1）输油泵

输油泵的作用是向高压油泵提供充足的燃油。输油泵有两种类型，即电动输油泵和机械驱动的齿轮泵，目前常用的是电动输油泵。

电动输油泵的结构和工作过程与汽油机上的电动汽油泵相似。柴油机起动过程中，电动输油泵就开始运行，且不受发动机转速影响。电动输油泵持续从油箱中抽出燃油，经燃油滤清器送往高压油泵。电动输油泵安装在车辆底盘油箱与燃油滤清器之间的油管上，也可以安装在油箱内。

（2）高压油泵

高压油泵的作用是向共轨持续提供符合系统压力要求的高压燃油，并在起动过程中以及共轨压力迅速升高时保证高压燃油的供给。

高压油泵通常采用由凸轮驱动的直列柱塞泵（一般用于大型柴油机）和转子式油泵（一般用于小型柴油机）。图 5-3-5 所示为一种在博世公司高压共轨系统中使用的转子式高压油泵。燃油是由高压油泵内 3 个相互呈 120°径向布置的柱塞压缩而产生的。

燃油由输油泵加压后从油箱中泵出，经油水分离器和燃油滤清器过滤后送往高压油泵。高压油泵安全阀上的节流孔可使部分燃油进入高压油泵的润滑和冷却回路中。转子式高压油

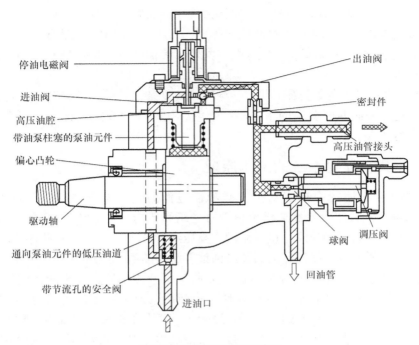

图 5-3-5 转子式高压油泵

泵中的 3 个泵油柱塞在驱动轴凸轮的驱动下进行往复运动，每个柱塞由弹簧对其施加作用力，目的是减小柱塞的振动，并且使柱塞始终与驱动轴上的偏心凸轮接触，如图 5-3-6 所示。当柱塞向下运动时，为吸油行程，进油阀开启，允许低压燃油进入泵腔。当柱塞经过下止点后上行时，进油阀被关闭，柱塞腔内的燃油被压缩，只要达到共轨压力就立即打开出油阀，被压缩的燃油经油管进入高压共轨。柱塞到达上止点前，一直泵送燃油（供油行程）。达到上止点后，柱塞开始下行，柱塞腔内的燃油压力下降，出油阀关闭。柱塞向下运动时，剩下的燃油降压，当柱塞腔中的燃油压力低于输油泵的供油压力时，进油阀再次被打开，重复进入下一工作循环。

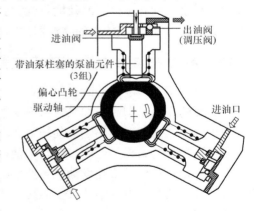

图 5-3-6 转子式高压油泵的工作原理

高压油泵的供油量与其转速成正比，而高压油泵的转速取决于柴油机转速，并与柴油机的转速成固定的比例关系。该传动比视发动机不同而有所不同，通常为 1:2 或 2:3，以保证既能满足发动机全负荷时对供油量的需求，又能尽量减少多余的泵油。

由于共轨中的燃油压力与喷油量无关，且喷油正时也不由高压油泵的凸轮来确定，高压油泵的压油凸轮可以按照峰值转矩最低、接触应力最小和最耐磨的原则来设计。上述转子式高压油泵的驱动轴每转 1 圈有 3 个供油行程，因此驱动峰值转矩小，驱动装置受载均匀，其驱动转矩仅为同等级分配泵所需驱动转矩的 1/9 左右。因此共轨喷油系统对高压油泵的驱动要求比传统的机械式高压泵要低得多。

由于高压油泵的供油量是按高速全负荷的最大供油量设计的，在急速和部分负荷工况下工作时，会有大量剩余的燃油经调压阀流回油箱，它们除了使燃油温度升高以外，还增加了高压油泵消耗的功率。为此在高压油泵的低压进油侧还装有停油电磁阀，它可以根据ECU的指令，在低速、低负荷时使进油阀处于开启状态，这时柱塞在压油行程中，只能将吸进的燃油再压回低压腔而不建立高压，从而节省了高压油泵所消耗的能量。

（3）调压阀

调压阀的作用是根据发动机的负荷状况调整和保持共轨中燃油的压力，它可以安装在高压油泵上，也可以安装在共轨上，其结构如图5-3-7所示。

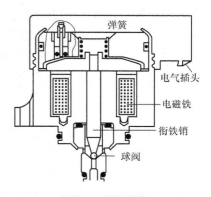

图5-3-7 调压阀

共轨或高压油泵出口处的高压燃油通过进油口作用在调压阀上。发动机工作时，调压阀的球阀在弹簧和电磁力的双重作用下，压紧在阀座上，将高压腔与回油通道隔绝，电磁铁吸力与流过电磁线圈的电流成正比，而电流大小则由ECU通过改变脉冲信号的占空比来控制。当高压系统中的压力高于调压阀弹簧和电磁力的合力时，球阀打开，高压燃油经过旁通油路泄压；反之球阀关闭，压力重新建立，从而达到按ECU指令调整高压系统油压的目的。在调压阀的电磁线圈不通电时，仍有弹簧力将球阀压紧在阀座上，使高压油路保持10MPa左右的压力。

（4）高压共轨

高压共轨安装在发动机气缸盖周围，通过高压油管与高压油泵及各缸的喷油器连接，如图5-3-8所示，其结构与汽油机上的分配油管相似。高压共轨实质上是一个燃油蓄能器，其作用是存储高压燃油，并使高压油泵的供油和喷油器的喷油所产生的压力波动得到缓冲，以保持油压稳定，并将高压燃油分配给各缸的电控喷油器。由于是各缸共用，故有"共轨"之称。

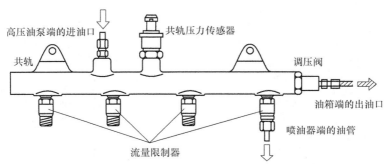

图5-3-8 高压共轨

高压共轨是一个管状厚壁容器，其形状看似简单，但必须通过对整个高压系统的模拟计算和匹配试验，考虑燃油管道在高压下的膨胀性，来确定其尺寸、壁厚和腔内容积，以保证在喷油器喷油和高压油泵脉动供油时共轨内的燃油压力波动尽可能小，同时也要保证起动时，共轨内的油压能迅速建立。

在发动机运转中，高压共轨中始终充满了高压燃油，利用高压共轨较大的容积，来补偿高压油脉动供油和喷油器断续喷油所产生的压力波动。不论供油量和喷油量如何，高压共轨中的压力都应保持恒定，从而确保喷油器打开时喷油压力不变。高压共轨上通常还安装有流量限制器（选装件）、共轨压力传感器和调压阀等部件。

> **特别提示**：由于发动机的安装条件不同，这些部件在共轨上的位置可能有所不同。

（5）共轨压力传感器

共轨压力传感器的作用是及时、准确地测出高压共轨中燃油的压力，并转换成电压信号，实时提供给ECU。共轨压力传感器由传感元件膜片和放大电路组成，如图5-3-9所示。

传感元件膜片焊接在高压接头上，将进油孔末端封住。共轨中的高压燃油进入共轨压力传感器后，作用在膜片上，使膜片形状发生变化，其上的感应电阻的长度和电阻值也随之变化，并在5V供电的电阻电桥中产生电压变化，再经过传感器中放大电路的放大，成为变化范围在0.5~4.5V的电压信号，输送给ECU。ECU根据该信号判定共轨中的燃油压力，以此作为控制调压阀工作的依据。

共轨压力传感器应具有很高的响应速度和测量精度，在其工作范围内的允许偏差应小于最大测量值的2%。一旦共轨压力传感器失效，ECU将以某个固定的预定值来控制调压阀的开度。

（6）限压阀

限压阀通常安装在高压共轨上，相当于安全阀。其作用是限制共轨中的压力，在压力超过最高允许值以后开启泄压，防止系统内部零部件的损坏。

限压阀的结构如图5-3-10所示，它通过螺纹接头拧在共轨上，另一端与通往油箱的回油管连接。在正常工作压力下，弹簧通过活塞将锥形阀门紧压在阀座上，限压阀呈关闭状态。只有当共轨中的燃油压力超过系统最大压力时，活塞才压缩弹簧使阀门开启，使高压燃油从共轨中泄出，从而降低了共轨中的压力。泄出的燃油经回油管流回油箱。

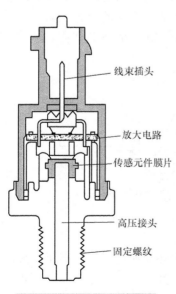

图5-3-9 共轨压力传感器

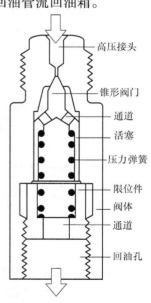

图5-3-10 限压阀的结构

（7）流量限制阀

流量限制阀安装在高压共轨的每个出油口上，与喷油器的高压油管连接，其作用是减小流向喷油器的高压燃油的压力波动，同时在喷油器高压油管中出现过大的流量或持续的泄漏（如喷油器针阀过度磨损、卡死、高压油管破裂等），导致共轨中流出的燃油量超过最大设计流量时，自动将流向该喷油器的燃油管路关闭，起隔离保护作用。

流量限制阀的结构如图 5-3-11 所示，其外壳两端有孔，分别与共轨及喷油器高压油管连接。流量限制阀内部有一个活塞，弹簧将此活塞向共轨方向压紧。活塞中部有节流孔，其上的纵向孔连接进油和出油口，其直径在末端是缩小的。这种缩小的作用和节流孔效果一样，在正常状态下，当喷油器尚未喷油时，活塞在弹簧的作用下抵靠在流量限制阀的共轨端。共轨中的燃油经活塞中部的节流孔进入喷油器高压油管。开始喷油时，喷油器端的燃油压力下降，由于活塞节流孔很小，无法及时向喷油器补偿因喷油而减少的燃油，只能通过活塞向喷油器方向的少量移动来补偿喷油器从共轨中获得的燃油量。

在喷油过程结束时，处于居中位置的活塞并未关闭出油口。弹簧使它回位到流量限制阀的共轨端，此时燃油通过节流孔向喷油器方向流动。弹簧和节流孔是通过精确设计的，即使

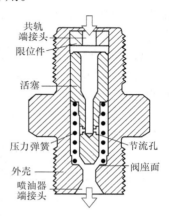

图 5-3-11 流量限制阀

处在最大油量（加上安全储备），活塞也能移回流量限制阀共轨端位置，并保持在该位置直到下一次喷射开始。

当喷油器一端有少量的泄油时，由于流出的燃油量较多，在每次喷油结束时，流量限制阀活塞将无法回到自由位置。经过数次喷油后，活塞将移向出油口处的密封座，并保持在这个位置，关闭通向喷油器的进油口，直到发动机熄火。

当喷油器一端的泄油量过大时，由于大量燃油流出共轨，流量限制阀活塞被迫离开自由位置，抵靠至出口处的密封座，并保持在这个位置，从而关闭通往喷油器的进油口，阻止燃油进入喷油器。

流量限制阀属于选装件，由于结构较复杂，现已大多省略不用。

（8）喷油器

柴油机高压共轨系统中所用的喷油器有电磁式和压电式两种。

1）电磁式喷油器。电磁式喷油器应用在第一代和部分第二代高压共轨系统中，它是用高速电磁阀控制喷油器喷油的开始时刻和喷油持续时间。图 5-3-12 所示为博世公司生产的电磁式喷油器，它由孔式喷油嘴、液压伺服系统、电磁阀组件构成。发动机工作时，燃油经高压油管进入喷油器，并经进油节流孔进入控制室。因为此时泄油孔被电

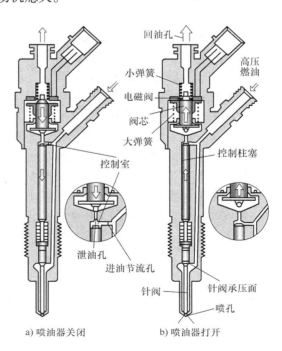

图 5-3-12 博世电磁式喷油器

磁阀的阀芯关闭，所以作用在柱塞上方的压力大于作用在喷油器针阀承压面上的压力，针阀处于关闭状态，因而没有燃油喷入燃烧室。

当电磁阀通电后，球阀受电磁力的作用离开阀座，柱塞控制腔和燃油回油口连通，高压和低压之间的流通通道打开，柱塞控制腔中的部分高压燃油经过溢流节流孔、球阀进入低压回路。因为进油节流孔和溢流节流孔都很小，所以流体的节流作用导致柱塞控制腔的压力小于来自共轨的高压燃油压力，高压燃油在喷油器针阀承压锥面上的压力使柱塞和针阀抬起，喷油器就开始喷油。电磁阀断电时，球阀再次关闭，共轨中的燃油压力又重新作用在控制柱塞的上方，针阀重新关闭。

整个喷射过程简述如下：当电磁阀通电时，针阀抬起，喷射开始；当电磁阀断电时，针阀落座，喷射结束。由于共轨中的压力一直存在，任何时刻喷油器都可以在电磁阀的控制下喷油，这是与第二代时间控制式系统的喷油电磁阀最不同之处。

由此可见，在"时间—压力控制"系统中，ECU 控制供油压力调节阀使喷油器的喷油压差保持不变，再通过控制电磁阀工作实现喷油量和供油正时的控制。电磁阀通电开始时刻决定了喷油的开始时刻，其通电时间决定喷油量。

2）压电式喷油器。为满足日益严格的排放法规要求，对喷油速率和喷油规律的控制，已成为柴油机电控燃油喷射系统的重要功能之一。目前，在柴油机共轨式电控燃油喷射系统中，为降低排放污染和噪声，控制喷油速率和喷油规律的主要措施是，实现预喷射、后喷射甚至多次喷射功能。

预喷射是指主喷射前百万分之一秒内向缸内喷射少量柴油。通过对预喷射量的控制来实现对着火延迟期（燃烧过程分着火延迟期、速燃期、缓燃期和补燃期）内混合气形成数量的控制，从而达到防止柴油机工作粗暴、减小噪声的目的。此外，预喷射的柴油喷入气缸后首先着火燃烧，对燃烧室进行预热后再进行主喷射，使主喷射阶段喷入气缸的柴油着火更容易，有利于形成边喷射、边形成混合气、边燃烧的平缓燃烧过程，从而防止柴油机在速燃期缸内压力的急剧变化，有利于降低燃烧噪声。

后喷射是指在膨胀过程中进行的喷射。后喷射的柴油燃烧放出的热量，可提高柴油机在缓燃期和补燃期的温度，从而降低 HC 和 CO 的排放量。

多次喷射是指在柴油机的 1 个工作循环内进行若干次（一般多于 3 次）喷射，可以根据柴油机工况对喷油速率和喷油规律进行精确控制。

实现预喷射、后喷射甚至多次喷射功能的关键，就是要求电控系统的执行元件必须有很好的灵敏性（即反应速度），能在很短的时间内完成多次切换。此外，电控系统对喷油量的控制应有较高的精度，即要求能控制的最小供油量要足够小。

压电式共轨系统是指采用了压电技术的共轨系统，主要是控制喷油器的执行元件用压电元件取代了电磁阀。用压电元件作为控制执行元件的喷油器称为压电式喷油器。由于压电元件像一个在电压下立即就能充电的电容器，它在施加电压以后的 0.1ms 以内就会发生形变，压电式共轨系统的响应速度快。也正是由于压电元件具有快速的响应性，才能实现高频率切换（切换频率为电磁阀的 5 倍）和高精度控制。压电式喷油器每个工作循环喷射次数可达 5 次（电磁阀式喷油器为 3 次），最小喷射间隔时间可达 0.1ms，最小喷射量可控制在 0.5mm^{3}以下。此外，压电式共轨系统压力从 20～200MPa 弹性调节，最高喷射压力达到 180MPa。

新款奥迪 V6 轿车装用的 3.0L TDI 柴油机采用了博世公司生产的压电式共轨系统，如图

5-3-13 所示。该系统可降低柴油机废气排放高达20%，提高功率5%，降低油耗3%，降低噪声3dB。柴油机工作时，柴油由低压电动输油泵输送给具有泵油量调节功能的高压油泵，分配单元将进入的燃油分成两路：一路供给泵油元件，另一路用于冷却传动机构和润滑轴承。高压油泵将燃油压缩至最高压力达160MPa，并将其输入共轨。安装在共轨上的燃油压力传感器用于燃油压力的闭环控制，而调压阀则用于调节共轨中的油压。

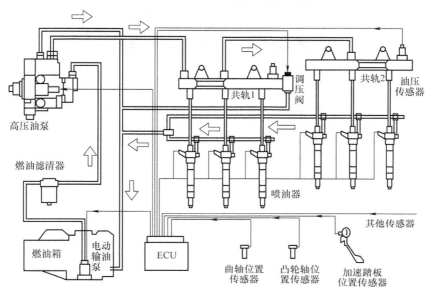

图 5-3-13 博世公司生产的压电式共轨系统

压电元件具有正向和反向压电效应，当压电元件受到外力作用而变形时，会在压电元件两端产生电压，如压电式进气管绝对压力传感器、爆燃传感器就是利用这一原理来产生信号的；反之，当在压电元件两端施加电压时，压电元件就会发生形变，给压电元件施加正向电压时其体积膨胀，给压电元件施加反向电压时则其体积收缩，压电式喷油器就是利用这一原理来使喷油器控制室油道通断或针阀升程改变，从而实现对喷油量和喷油正时的控制。此外，利用压电元件快速响应的能力，通过压电元件通、断电多次切换，即可实现多次喷射，以满足最佳喷油规律的要求。

① 用压电元件控制油道的喷油器。此类喷油器的结构原理与前述高压共轨系统采用电磁阀控制的喷油器基本相同，只是用压电元件取代了电磁阀。博世公司生产的压电式共轨系统一般采用此类喷油器。

② 用压电元件控制针阀升程的喷油器。此类喷油器在直喷式的汽油机和柴油机上均已得到应用，其结构如图 5-3-14 所示。传统的柴油机喷油器，都是利用燃油压力作用在针阀中部的承压锥面上，来使针阀开启实现喷油，而用压电元件控制针阀升程的喷油器，则是利用压电元件直接控制针阀升程来实现喷油。因此，用压电元件控制针阀升程的喷油器，针阀中部无承压锥面和相应的压力室，称为无压力室喷油器（VCO 喷油器）。VCO 喷油器无增压功能，只适用于高压柴油共轨系统。

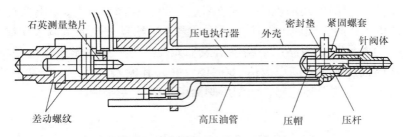

图 5-3-14 压电式直接驱动喷油器

项目六 冷却系统的构造与维修

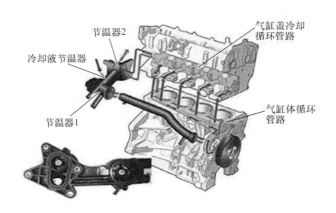

➤ 【项目描述】

本项目主要围绕汽车发动机冷却系统组成、功用、工作原理和主要零部检修方法等知识点,针对性地设置了对冷却系统的认知、冷却系统主要零部件的维修和冷却系统的常见故障诊断与排除等三个基本技能训练任务。在此基础上又增加了冷却系统最新技术——创新型发动机热能管理系统的拓展知识,目的是使之全面学会汽车冷却系统的结构、原理与检修方法,具有对发动机冷却系统故障诊断与维修的能力。

➤ 【知识目标】

1. 知道冷却系统的作用、组成和分类。
2. 掌握冷却系统的循环水路。
3. 掌握冷却系统主要部件的结构及检修方法。
4. 学会对冷却系统常见故障的诊断方法。

➤ 【技能目标】

1. 熟练识别发动机冷却系统结构类型及主要部件,并能根据车型维修手册制定拆装工艺。
2. 能够查阅维修手册,并根据检测结果正确制定修复计划。
3. 能正确对发动机冷却系统主要部件进行拆装与检修。
4. 能熟练对冷却系统常见故障现象识别、原因分析、故障诊断与排除。

任务一　对冷却系统的认知

【任务导入】

一辆帕萨特新领驭轿车，怠速一切正常，深踩加速踏板使发动机转速升到 2500r/min 左右也未见异常。但在行驶过程中，只要车速升至 100km/h，不到半分钟的时间，冷却液温度立即升高，冷却液温度警告灯开始闪烁。请思考应该如何检修？

【任务说明】

以小组为单位，选择几种不同款式的发动机，在老师的指导下进行简单拆解并对比观察发动机冷却系统类型和组成布置情况，将观察到的结果进行总结记录，填写好任务单 6-1-1。

【相关知识与技能】

一、冷却系统的作用

1. 冷却系统的功用

冷却系统的功用是使发动机在所有工况下都保持在适当的温度范围内。冷却系统既要防止发动机过热，也要防止发动机过冷。在冷起动发动机后，冷却系统还要保证发动机迅速升温，尽快达到正常的工作温度。在采用水冷却系统的电控发动机中，冷却液的工作温度一般为 85～105℃。

2. 发动机过热或过冷的危害

过热：工作过程恶化，零件强度降低，零件磨损加剧，机油变质，最终导致发动机动力性、经济性、可靠性及耐久性全面下降。

过冷：散热损失和摩擦损失增加，零件磨损加剧，排放恶化，发动机工作粗暴，发动机工作效率下降及燃油消耗率增加。

二、冷却系统的类型与组成

根据冷却介质的不同，汽车发动机的冷却方式有两种，即水冷却和风冷却。现代汽车发动机普遍采用水冷却。

1. 风冷却系统

将发动机中高温零件的热量直接散发到大气，使发动机的温度降低而进行冷却的一系列装置称为风冷系统。采用风冷系统的发动机，为了增大散热面积，在气缸体和气缸盖上制有许多散热片，发动机利用车辆前进中的空气流，或特设的风扇鼓动空气，吹过散热片，将热量带走。部分汽车发动机采用风冷系统，特别是小排量发动机，但在现代汽车发动机上较少采用。

风冷却系统一般由冷却风扇、导流罩、散热片、气缸导流罩、分流板组成，如图 6-1-1 所示。现代一般风冷发动机气缸盖都用导热性良好的铝合金铸造，气缸体和气缸盖的表面均布了散热片，散热片与气缸体或气缸盖铸成一体，气缸盖和气缸体上部的散热片也比气缸体下部的长一些，这样可以加强冷却。在某些多缸发动机中，为了缩短发动机的总长度，将气缸上下部分的散热片都做成一样长，但需用加大流经气缸上部的空气流量的方法加强冷却。为了更有效地利用空气流加强冷却安装有导流罩，为了保证各缸冷却均匀安装有分流板，考虑到各气缸背风面冷却的需要，在有些发动机上还装有气缸导流罩。采用风冷系统的发动机，铝材料的气缸壁的允许温度为 150～180℃，铝材料的气缸盖的允许温度为 160～200℃。

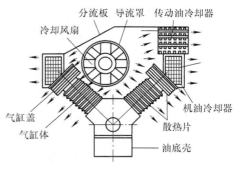

图 6-1-1　风冷却系统

风冷却系统与水冷却系统比较，结构简单，重量轻，使用维修方便。但由于材料质量要求高，冷却强度难以调节，消耗功率大，工作噪声大等缺点，目前在汽车上的应用没有水冷却系统普遍。

2. 水冷却系统

水冷式冷却系统以水或者冷却液为介质，热量由机件传给冷却液，靠冷却液的流动把热量带走，再散发到大气中去，使发动机的温度降低而进行冷却，散热后的冷却液再重新流回到受热机件处。适当地调节水路和冷却的强度，就能保证发动机的正常工作温度。

（1）水冷系统组成与工作原理

目前汽车发动机上广泛采用的是水冷系统。由于车型不同发动机的具体结构也存在差异，与其配套的冷却系统在发动机结构布置上也有所不同。但是，冷却系统的主要元件组成基本相同。如大众车系的发动机冷却系统，主要由散热器、水泵、水管、水套、节温器、膨胀罐、冷却液温度传感器、冷却液温度表和风扇及百叶窗等组成，如图 6-1-2 所示。

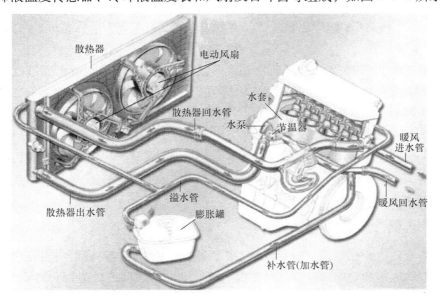

图 6-1-2　大众车系发动机冷却系统基本组成

水冷系统是由水泵强制给水（或冷却液）加压，使水（或冷却液）在冷却系统中进行循环流动，一般称为强制循环式水冷系。水冷发动机的气缸盖和气缸体中都铸造出储水的、连通的夹层空间，称为水套，它是冷却系统的重要组成部分，其作用是让冷却介质接近受热的高温零件，并可在其中循环流动。

下面就以大众车系上海帕萨特轿车 ANQ 发动机为例，介绍一下水冷却系统对发动机工作温度进行控制调节的过程。

当发动机开始运转后，曲轴带轮通过水泵传动带驱动水泵带轮转动由此使水泵轴带动水泵叶轮动，水泵进入工作状态。冷却液从轴向进入水泵后，经水泵叶轮径向直接进入缸体水套，吸收气缸壁热量，然后流进气缸盖水套，由气缸盖后端的出水口流出。根据冷却液温度的不同，冷却液循环路径可分为两条路径：一条是经由节温器主阀门进入散热器的大循环；另一条是经由节温器副阀门直接流回机体的小循环。

当发动机冷却液温度低于节温器开启温度时，一般为 82℃ 左右。此时，节温器的主阀门关闭、副阀门开启，冷却液直接进入节温器后的水泵进水口，不经散热器冷却直接进入机体水套，冷却液只能在水套与水泵间进行小循环，以使发动机冷却液温度迅速升高到正常工作温度。

当冷却液温度升高到节温器主阀门完全开启温度时，一般为 95℃ 左右。此时节温器主阀门完全打开，副阀门关闭，冷却液进行大循环，即冷却液流经散热器冷却后进入装在机体水泵进口处的节温器的主阀门流向水泵进水口再入机体水套，冷却液在水套、水泵、散热器间进行大循环，以求迅速降低冷却液温度，增强冷却效果；从而使得发动机在高温条件下工作的零件不断地得到冷却，保证了发动机的正常工作。

当冷却液温度介于节温器开始开启温度与完全开启温度之间（82~95℃）时，节温器主、副阀门都处于部分开启状态，一部分冷却液进行大循环；另一部分冷却液仍然进行小循环，这种循环水路称为混合循环。

特别提示：不同机型的冷却系统节温器开启温度是有差异的，因此进行检测时，一定要注意查阅维修手册。

当冷却液温度达到 105℃ 时，全部冷却液参加大循环，除了节温器可通过改变流经散热器中冷却液的流量来调节冷却强度以外，冷却强度还可通过改变流经散热器的空气流量得到调节，如电动风扇、百叶窗、自动风扇离合器等。

（2）双模式冷却系统

本田飞度冷却系统采用双模冷却系统如图 6-1-3 所示，发动机暖机的时间比传统模式还要短。区别在于：进行小循环时，双模冷却系统循环水路为缸盖→水泵→缸盖，传统模式循环水路为缸盖→水泵→缸体→缸盖。

三、发动机冷却液的选用

冷却液是发动机冷却系统中最重要的工作介质，汽车常用的冷却液有水及加有防冻剂的防冻冷却液。防冻冷却液中含有特殊添加剂，能起到冷却、防冻、防锈和防积水垢等作用，被现代轿车发动机普遍采用。

1. 防冻冷却液的种类

防冻冷却液主要由冷冻剂与水按一定比例混合而成。按冷冻剂的种类不同，防冻冷却液分为酒精型、甘油型和乙二醇型三种，当下被广泛使用的是乙二醇型防冻冷却液。

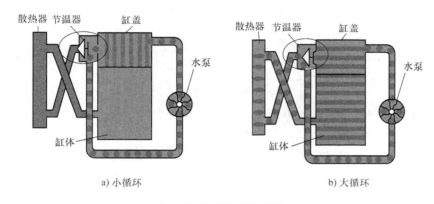

图 6-1-3 双模冷却系统

乙二醇型防冻冷却液是用乙二醇作为冷冻剂，与水、防腐剂和染色剂等多种添加剂配制而成。用不同比例的乙二醇和水混合可配制成不同冰点的防冻冷却液。

2. 乙二醇型防冻冷却液的牌号

乙二醇型防冻冷却液分为防冻冷却液和防冻浓缩液两大类。防冻冷却液按其冰点不同分为 -25、-30、-35、-40、-45、-50 共 6 个牌号，可直接加入车中使用。防冻浓缩液是为了便于储运，使用时应根据产品说明书规定的比例，用蒸馏水或去离子水稀释，如防冻浓缩液与蒸馏水各以 50% 的体积比例混合，制成的防冻冷却液冰点不高于 -37℃。

目前，我国进口量比较大的是日产 TCL 防冻液和美国壳牌防冻液，它们都随冷却液浓度的增加而冰点下降，使用时必须严格按照包装上各自的浓度配比使用。

3. 乙二醇型防冻冷却液的选用

乙二醇型防冻冷却液的牌号是按冰点来划分的，选用时应根据车辆使用地区冬季的最低气温来选择合适的牌号。一般选用的防冻冷却液的冰点应比最低气温低 10℃ 左右。

任务二　创新型发动机热能管理系统的认知

【任务导入】

一辆 2016 年款迈腾 2.0TSI 轿车，配置 CUGA 发动机。早晨准备起动发动机，可点火开关刚打开，电动风扇就开始运转；当起动发动机时，着火困难。

请思考应如何检修？

【任务说明】

以组为单位，在老师的监查、指导下，完成对创新型发动机热能管理系统组成及主要元件工作原理的认知，并详细记录整个认知过程，完成任务单 6-2-1 的填写。

【相关知识与技能】

创新型发动机热能管理系统是大众汽车在最新的第三代 E888 发动机上采用的精准控制新技术的冷却系统。主要特点是：在原来传统节温器控制大、小循环的基础上全新开发出运用电控旋转阀组件的创新型热量管理系统。创新型热量管理系统是针对发动机和变速器的一项智能冷起动和暖机程序，它可实现全可变发动机温度调节，对冷却液液流进行目标控制。在此，以一汽大众迈腾 2.0TSI 轿车为例，介绍创新型热量管理系统的结构和原理。

一、2.0TSI 发动机冷却系统的组成与工作原理

1. 2.0TSI 发动机冷却系统的组成

一汽大众迈腾 2.0TSI 发动机冷却系统构成如图 6-2-1 所示，主要由暖风热交换器、变速器油冷却器（选装）、自动空调冷却液截止阀 N422、冷却液循环泵 V51、变速器冷却液阀 N488、冷却液膨胀罐、冷却液温度传感器 G62、带有发动机温度调节执行元件 N493（旋转滑阀 1 和 2）的冷却液泵、废气涡轮增压器、集成式排气歧管（IAGK）、发动机机油冷却器、散热器风扇 V7 和 V177、散热器出口冷却液温度传感器 G83、散热器等元件组成。

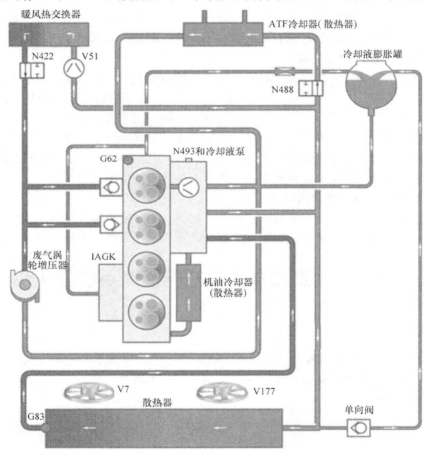

图 6-2-1　2.0TSI 发动机冷却系统原理结构图

2.0TSI 发动机冷却系统车上实物装配位置与连接关系如图 6-2-2 所示。从机体、集成式排气歧管水道等经过旋转阀控制流出的高温冷却液由散热器的上水管进入散热器，经过散热器散热冷却后的冷却液由冷却液泵从散热器下水管吸出输送到缸体与缸盖水套及机油冷却器（散热器）、废气涡轮增压器等冷却液循环管路。系统的核心元件是发动机温度调节执行器

项目六 冷却系统的构造与维修 | 175

N493（旋转阀组件），以实现全可变发动机温度调节，对冷却液液流进行目标控制。

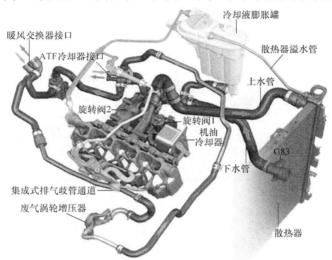

图 6-2-2　2.0TSI 发动机冷却系统实物分布图

系统的核心元件具体安装位置如图 6-2-3 所示，通过螺钉固定到气缸盖下方的进气侧曲轴箱上。

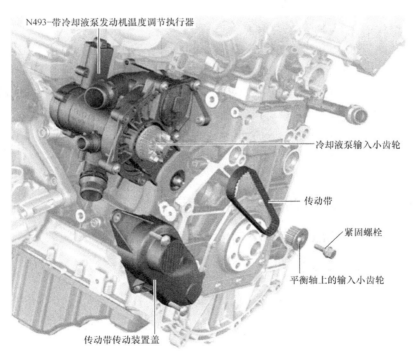

图 6-2-3　2.0TSI 冷却系统核心元件安装位置图

发动机温度调节执行器（旋转阀组件）的结构特点如图 6-2-4 所示，组件内包含两个旋转阀元件，由发动机温度调节执行器 N493 通过电力驱动。旋转阀 1 通过一根轴由发动机温度调节执行器 N493 直接驱动。旋转阀 2 通过一个中间齿轮（针齿轮）在旋转阀 1 上齿形门的作用力下运转。这表示旋转阀 1 和旋转阀 2 是通过机械方式联动的，在运转时会互相影响。另一恒温器带有扩张元件，其功能是作为一项安全装置（紧急模式恒温器），发生故障时在113℃的温度下启动。

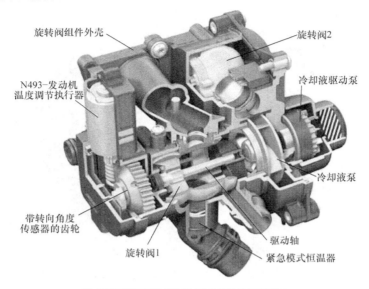

图6-2-4　N493（旋转阀组件）结构图

2. 旋转阀组件的运行原理

N493（旋转阀组件）执行器的分解图如图6-2-5所示，其运行原理是电动机通过一个齿轮驱动旋转阀1。它控制冷却液在机油冷却器、发动机和主水冷却器之间流动。发动机越热，执行器电动机驱动旋转阀1旋转的驱动力更大。旋转阀2通过一个中间齿轮由旋转阀1上的齿形门驱动。控制板上的转向角传感器（霍尔传感器）将旋转阀位置发送至发动机控制单元。发动机停机且持续运行模式结束后，旋转阀自动设置为40°角。如果系统中有故障，发动机可通过紧急模式恒温器在此角度范围内运行。如果没有故障，且发动机起动，旋转阀角度被设置为160°。

二、2.0TSI发动机冷却系统工作过程

N493执行器是通过图谱由发动机控制单元驱动的。通过驱动相应的旋转阀，可实现不同的开关位置，从而让暖机较快，并将发动机温度保持在86～107℃之间。有三个基本控制范围，即暖机范围、温度控制范围、持续运行模式范围，如图6-2-6所示。

当旋转阀1上的齿形门处于145°角位置时，它会接合旋转阀2。冷却液液流流向气缸体，随着旋转阀2的旋转，液流增加。当旋转阀1处于85°时，旋转阀2在达到其最大旋转角度时断开联接，冷却液液流流向气缸体的通道完全打开。

1. 暖机过程

冷却系统的结构原理如图6-2-7所示，在暖机过程中，发动机的运行经过静态冷却液、少量液流、起动发动机机油冷却器三个阶段。在各个阶段中的两个旋转阀位置是不同的，且每个阶段无缝连接。其目的是尽可能使用气缸内燃油燃烧产生的热量来给发动机加热。如果车辆乘员需要在"静态冷却液"阶段进行加热，则会向车内提供热量。

项目六 冷却系统的构造与维修 | 177

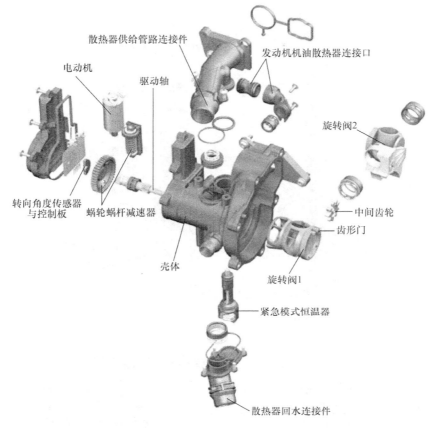

图 6-2-5　N493（旋转阀组件）分解图

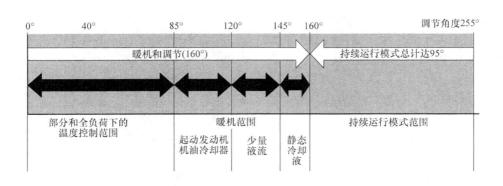

图 6-2-6　温度基本控制范围示意图

（1）暖机（静态冷却液）过程

暖机（静态冷却液）过程如图 6-2-8 所示，为保持发动机内燃烧产生的热量，旋转阀 2 关闭。这会中断冷却液泵的供给液流流向发动机气缸体。旋转阀 1 阻止来自发动机机油冷却器的回流以及来自主水冷却器的回流。自动空调系统冷却液切断阀 N422 中断流向制暖和空调系统的冷却液液流。电动冷却液再循环泵 V51 关闭。

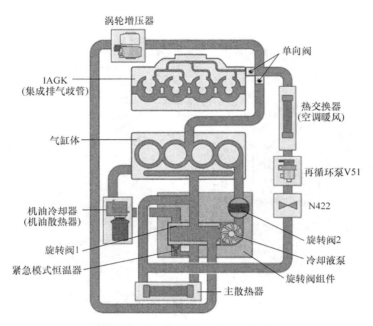

图 6-2-7 冷却系统结构原理示意图

(2) 暖机（少量液流）过程

暖机（少量液流）过程如图 6-2-9 所示，暖机范围中的控制阶段旨在通过排气歧管的静态冷却液来防止气缸盖和涡轮增压器过热。当旋转阀 1 的角度为 145°时，旋转阀 2 接合，并轻微开启，让冷却液液流流向气缸体。现在，少量冷却液液流流经气缸体、气缸盖和涡轮增压器，流回旋转阀组件和冷却液泵。从而防止热量聚集以及气缸盖/涡轮增压器过热。

(3) 暖机（少量液流）以及车内制暖过程

暖机（少量液流）以及车内制暖过程如图 6-2-10 所示，如果在此阶段需要对车内制暖，自动空调系统冷却液切断阀 N422 开启，且冷却液继续循环泵 V51 开始输送液体。旋转阀 2 暂时中断冷却液流向气缸体。冷却液被导向气缸盖、涡轮增压器和加热器交换器。这会让发动机的暖机阶段更

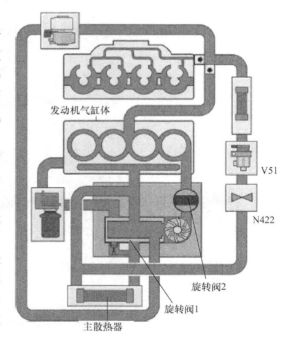

图 6-2-8 暖机（静态冷却液）过程原理示意图

长。自动空调系统冷却液切断阀 N422 和冷却液再循环泵 V51 的激活总是符合后续控制范围的需求。流到发动机气缸体的冷却液液流减少，或在需要时被旋转阀 2 阻止。

项目六 冷却系统的构造与维修 | 179

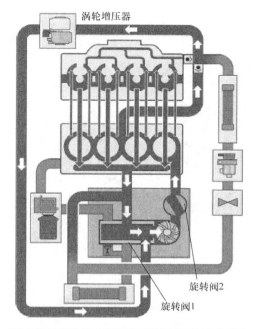

图 6-2-9 暖机（少量液流）过程原理示意图

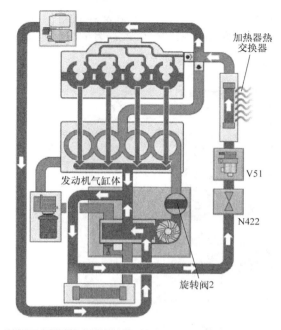

图 6-2-10 暖机（少量液流）及车内制暖过程原理图

（4）暖机（开启由图谱控制的发动机冷却功能）过程

在发动机暖机过程中开启发动机机油冷却器，如图 6-2-11 所示，此时，旋转阀 1 移至 120°角位置，相关连接装置打开，让冷却液流至机油冷却器。因为旋转阀 2 仍然接合，该阀进一步旋转，从而增加流经气缸体的冷却液液流。发动机气缸体内分布大量热量，余热通过机油冷却器释放出去。

2. 温度控制过程

创新型热量管理系统以无缝方式从暖机范围过渡到温度控制范围。旋转阀组件调节是动态的，而且根据发动机负荷而定。为了释放余热，接自旋转阀组件的主水冷却器连接件打开，如图 6-2-12所示。为此，发动机温度调节执行器 N493 根据需要释放的热量的多少，将旋转阀 1 置于 0°~85°位置。当旋转阀 1 处于 0°位置时，接至主水冷却器的连接件完全开启。

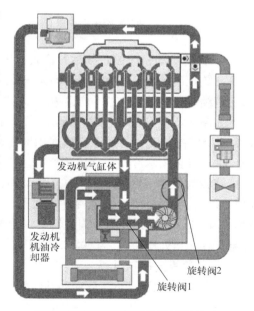

图 6-2-11 暖机（开启由图谱控制的发动机冷却功能）过程

如果发动机在较低的负荷和转速下（部分负荷范围）运行，热量管理系统会将冷却液温度调节至 107℃。此时的温度控制过程如图 6-2-13 所示，因为不需要全部的冷却力，旋转阀 1 暂时关闭接至主水冷却器的连接装置。如果温度上升到门限值以上，接至主水冷却器的连接装置再次开启。需要稳定地保持在开启和关闭状态,从而将温度尽可能恒定地保持在107℃。当负荷和发动机转速提升时,通过完全打开接至主水冷却器的连接装置,冷却液温度减至85℃(满负荷范围)。

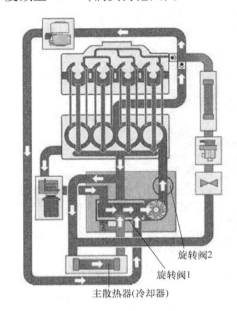

图 6-2-12　温度控制过程

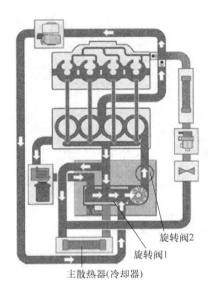

图 6-2-13　温度控制(部分负荷)过程

3. 关闭发动机时的持续运行模式范围

为防止冷却液在发动机停机时在涡轮增压器和气缸盖中沸腾,发动机控制单元通过图谱启动持续运行功能。在发动机停机后,此功能可运行多达 15min。

如图 6-2-14 所示,在持续运行模式中,发动机温度调节执行器 N493 的旋转阀 1 处于 160°~255°的位置。持续运行模式中对冷却程度的需求越高,则阀处于越高的角度位置。在255°时,接至主水冷却器回流管路的连接装置完全打开,因此能传递最大的热量。

旋转阀 2 处于持续运行模式位置,并未接合到旋转阀 1 中。冷却液再循环泵 V51 供给的冷却液分为两股支流,流入冷却液回路。一条支流流过气缸盖,然后流回冷却液继续循环泵V51。第二条支流通过旋转阀 1 流经涡轮增压器,流至主水冷却器,同样流回冷却液继续循环泵 V51。当处于持续运行模式位置时,不会向气缸体供给冷却液。

4. 紧急模式控制过程

如果旋转阀组件的温度超过 113℃,紧急恒温器打开通向主水冷却器的旁通阀,如图6-2-15所示。如果旋转阀组件发生故障,这一设计使得车辆能够继续行驶有限的距离。如果发动机控制单元没有从发动机温度调节执行器 N493 接收到任何位置反馈,则它会驱动旋转阀。这样,无论当前的发动机负荷和运行温度如何,可确保最佳的发动机冷却效果。

在旋转阀组件发生故障的情况下(如电动机发生故障或旋转阀驱动装置卡住),可采取进一步措施:

1)组合仪表上显示故障信息,同时发动机转速限制在 4000r/min。警告音和亮起的EPC 灯也会让驾驶员了解到相关情况。

2）以摄氏度为单位的实际冷却液温度以数字形式显示在组合仪表内。
3）冷却液切断阀 N422 打开。
4）冷却液再循环泵 V51 启动以确保气缸盖冷却。
5）发动机控制单元的故障存储器中存储一条故障记录。

如果来自转向角度传感器的位置信号发生故障，发动机控制单元会驱动旋转阀到安全侧，以便达到最大的冷却功效。

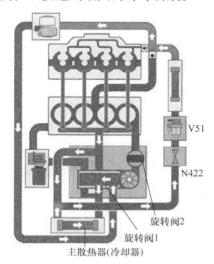

图 6-2-14 持续运行模式控制过程

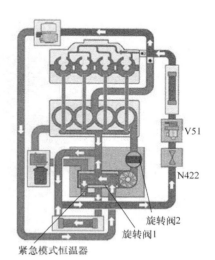

图 6-2-15 紧急模式控制过程

任务三　冷却系统主要零部件构造与维修

【任务导入】

一辆 2009 年款大众 POLO 轿车，配置 1.4L CDD 发动机。早晨起动发动机比较困难，并且，一旦着火就会发现尾气冒白烟，怠速运行不稳，查看机油发现略成乳白色。

请思考应如何检修？

【任务说明】

以组为单位，在老师的监查、指导下，完成对冷却系统主要零部件的拆装与维修，并详细记录整个工作过程，完成任务单 6-3-1 的填写。

【相关知识与技能】

一、水泵的结构与检修

水泵的作用是对冷却液加压，强制冷却液在冷却系中循环流动。常见的水泵安装在发动机前端，由发动机曲轴通过 V 带驱动，现代汽车发动机均采用离心式水泵，这种水泵结构简单、体积小、出水量大、维修方便,获得广泛应用。

1. 水泵的构造

离心式水泵一般由壳体、叶轮、水泵轴、轴承、水封等组成,但由于发动机型号不同水泵的外壳也不同,总体可分为独立式壳体和嵌入式壳体。如大众 AFE 发动机水泵壳就是独立式壳体,其结构如图 6-3-1 所示。

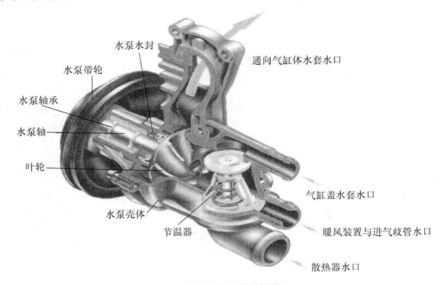

图 6-3-1 水泵的结构

水泵外壳一般用螺栓固定在发动机前端。水泵轴由两个球轴承支承在水泵外壳上。水泵轴的一端铣削成平面与水泵叶轮承孔相配合,并通过螺钉固紧,以防叶轮轴向窜动;水泵轴的另一端用半圆键与凸缘盘连接,并用槽形螺母锁紧。凸缘盘用来安装带轮。

再如帕萨特轿车 ANQ 发动机水泵壳体就是嵌入式壳体,其结构如图 6-3-2 所示,一半壳体铸在缸体壁上,采用闭式叶轮。水泵叶轮用工程塑料压注成形,它装在双连轴承的一端,另一端水泵轴轴头安装带轮,发动机通过 V 带驱动水泵叶轮旋转。

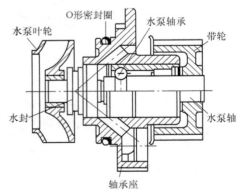

图 6-3-2 帕萨特 ANQ 发动机水泵结构

叶轮的前端为水封装置,带有两凸缘的夹布胶木密封垫圈卡于水泵外壳的两槽内,以防止转动。弹簧通过水封环将水封皮碗的一端压在水封座圈上,而另一端压向夹布胶木密封垫圈上;为了防止水泵内腔的水沿水泵轴向前渗漏,夹布胶木密封垫圈又压在水泵叶轮毂的端面上。当有少量的水滴由水封处渗出时,为避免破坏轴承的润滑,渗漏的水滴可从泄水孔泄出。

2. 水泵的工作原理

离心式水泵的工作原理如图 6-3-3 所示。当发动机工作时带动水泵叶轮旋转，水泵中的水被叶轮带动一起旋转，在离心力的作用下向叶轮边缘甩出，经与叶轮成切线方向的出水管压送到发动机水套内。与此同时，叶轮中心处形成一定负压而将水从进水管吸入，如此连续地作用，使冷却液在水路中不断地循环。

3. 水泵的检修

发动机水泵常见的损坏形式包括：水泵壳体、卡簧槽及叶轮破裂；带轮凸缘配合孔松动；水封变形、老化及损坏；泵轴磨损和弯曲变形、轴承磨损松旷等。

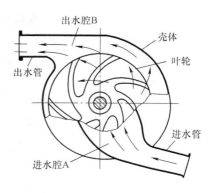

图 6-3-3 离心式水泵的组成与原理

1）检查水泵壳、卡簧槽是否破裂。如果裂纹较轻，则可根据情况实施焊补或用环氧树脂胶粘接，严重时应更换。工程塑料叶轮若有破损，必须更换。

2）凸缘孔若松旷，则应镶套后重新加工，必要时更换新件。水封一般经过拆装就要更换新件。轴承磨损超差应更换；泵轴磨损较轻时可采用镀铬、喷涂修复，必要时更换新轴。

3）水泵装合后，首先用手转动带轮，泵轴转动应无卡滞现象；叶轮与泵壳应无碰擦感觉。然后在试验台上，按原厂规定进行压力和流量试验。当水泵轴转速为 1000r/min 时，每分钟的排水量不应低于规定值，在 10min 的试验中不应出现金属摩擦声和漏水现象。

二、散热器的结构与检修

散热器俗称水箱，其作用是将冷却液吸收的热量散发到大气中去。散热器必须有足够的散热面积，通常使用导热性能、结构刚度和防冻性能较好的铜、铝和铝锰合金等材料制造。

1. 散热器的构造

散热器主要由进水室、出水室、散热器芯、散热器盖等组成，如图 6-3-4 所示，并有纵流式和横流式两种类型。散热器出水室为薄金属板制成的容器，用橡胶皮管同发动机出水管相连接，并设有加水口盖。进水室也是用薄金属板制成的容器，用橡胶软管同发动机进水管或水泵相连接，并装有放水开关。

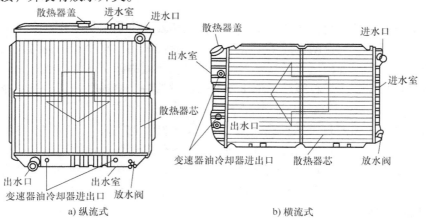

a) 纵流式   b) 横流式

图 6-3-4 散热器的结构

> **特别提示**：当下有很多汽车为了防止冷却液的流失，加装了膨胀水箱。因此，主水箱（或称主散热器）上仅配置进、出水管接口而取消了散热器盖和放水开关，这种散热器在轿车已经普遍采用，如帕萨特 2.0T/1.8T 轿车散热器，如图 6-3-5 所示。

（1）散热器芯

散热器芯常见的结构有管片式和管带式两种，如图 6-3-6 所示。管片式散热器芯由许多冷却管和散热片组成，冷却管是冷却液的通道，多采用扁圆形断面，以增大散热面积，同时当管内冷却液冻结膨胀时，扁管可借助于其横断面变形而免于破裂。为了增强散热效果，在冷却管外面横向套装了很多散热片来增加散热面积，同时增加了整个散热器的刚度和强度。

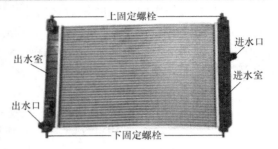

图 6-3-5　帕萨特 1.8T 轿车散热器

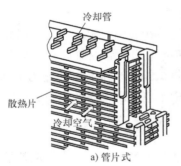 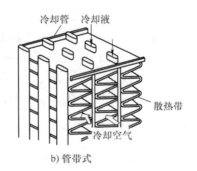

图 6-3-6　散热器芯的类型

管带式散热器芯采用冷却管与散热带相间排列的方式，散热带呈波纹状，其上开有形似百叶窗的缝隙，用来破坏空气流在散热带上的附面层，从而提高散热能力。这种散热器芯与管片式相比，散热能力强，制造工艺简单，质量小，成本低，在轿车上得到广泛应用，但刚度不如管片式好。

（2）散热器盖

散热器盖对冷却系统起密封加压作用。现代汽车发动机采用封闭式水冷却系统，其散热器盖上装有自动阀门，当发动机处于正常热态时，阀门关闭，将冷却系统与大气隔开，防止水蒸气逸出，使冷却系统内压力稍高于大气压力，从而增高冷却液的沸点，保证发动机在较长时间及较高负荷下工作。在冷却系统压力过高或过低时，自动阀门开启，使冷却系统与大气相通。

散热器盖的结构如图 6-3-7 所示。盖内装有蒸气阀和空气阀，当冷却液温度升高，散热器内部压力大于规定值时，蒸气阀开启，使冷却液蒸气从蒸气排出管排出，以防压坏散热器芯管，如图 6-3-7a 所示。当冷却液温度降低，体积收缩后压力降到低于大气压某定值时，空气阀开启，空气进入冷却系，避免压力差将散热器芯管压瘪，如图 6-3-7b 所示。

2. 散热器的检修

由于使用了防冻剂，能防冻、防锈、防结垢。但散热器是个薄弱环节，易损伤，发生渗

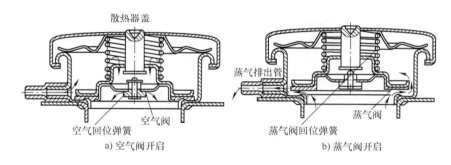

图 6-3-7　散热器盖结构与工作原理

漏，应及时检查修正。特别应注意清洁工作。同时应经常检查散热器软管有无龟裂、损伤、膨胀状况，一旦发现应及时更换。

(1) 散热器的清洗

冷却系统水垢沉积后，将会使冷却液流量减小，散热器传热效果降低，促使发动机过热。清除水垢有以下两种方法：一是用2%~3%的苛性钠水溶液加入发动机冷却系统中，汽车使用1~2天后将冷却液全部放出，并用清水冲洗。然后再加入同样的苛性钠水溶液，再使用1~2天后放出，最后用清水彻底清洗冷却系统。二是冷却系统加满清水后，从加水口向内加入1kg的苏打，让汽车行驶1天时间。然后将冷却系统中的水放尽，再使发动机低速运转，运转时不断地从加水口加入清水（放水开关也放水），彻底将冷却系统冲洗干净。

(2) 散热器的检查

将压力检测器装在散热器上，大众发动机可使用VW1274专用仪器进行检查。用检查仪的手动泵使内部压力达100kPa，然后观察压力变化。如果出现明显下降，说明冷却系统存在渗漏部位，应予以排除。如堵死散热器的进出口，在散热器内充入50~100kPa的压缩空气，并将其浸泡在水中，检查有无气泡冒出。若有气泡，应做好记号，以便焊修。再用手动泵使压力上升，在120~150kPa时膨胀罐上的压力阀必须打开。

(3) 散热器盖的检查

对于具有空气—蒸气阀的散热器盖用专用压力检测器检查，散热器盖的压力阀、蒸气阀开启压力应在规定范围内。

现代轿车发动机冷却系统都采用了自动补偿封闭式散热器，它的特点是在散热器的右侧增设了一个补偿水箱（膨胀罐），用软管连接到散热器的蒸气导出口，如图6-3-8所示。

膨胀罐的作用是减少冷却液的损失，当冷却液温度升高，体积膨胀时，散热器中多余的冷却液流入膨胀罐中；而当冷却液温度降低时，体积收缩，散热器内产生一定真空，膨胀罐中的冷却液又被吸回散热器中。这样散热器可以经常保持在满水状态，以提高冷却效果。同时散热器上水箱也可以做得小些，冷却液损失很少，驾驶员也不必经常检查冷却液量。膨胀罐上印有两条液面高度标记线："DI"（低）与"GAO"（高），或者"FULL"（充满）与"ADD"（添加）。冷却液温度在50℃以下时，液面高度不应低于"DI"（ADD）线，否则需补充冷却液，补充时冷却液可从膨胀罐口加入，高度不超过"GAO"（FULL）线。

三、节温器的结构与检修

节温器安装在冷却液循环的通路中，根据发动机负荷大小及冷却液温度高低来改变冷却

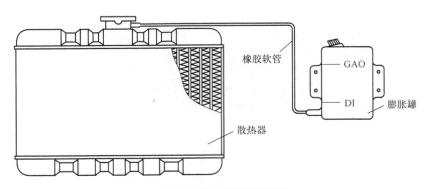

图 6-3-8　膨胀罐的连接

液的流动路线及流量,自动调节冷却系统的冷却强度,使冷却液温度保持在最适宜的范围内。

1. 节温器的构造

节温器有蜡式和乙醚折叠式两种,目前汽车发动机上广泛采用的是蜡式节温器,因为它具有对水压影响不敏感、工作性能稳定、水流阻力小、结构坚固和使用寿命长等优点。

大众车系发动机常采用蜡式双阀型节温器,其结构如图 6-3-9 所示。长方形的阀座与下支架铆接在一起,紧固在阀座上的中心杆的锥形下端插在橡胶管内。橡胶管与感温器体之间的空腔内充满特制的石蜡。常温下石蜡呈固态,当温度升高时,逐渐熔化,体积也随之增大,感温器体上部套装在主阀门上,下端则与副阀门铆接在一起。节温器安装在水泵下端,进水口的前部,用来控制水泵的进水。

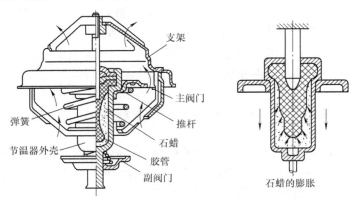

图 6-3-9　蜡式节温器结构

2. 节温器的工作原理

如图 6-3-10 所示,当冷却液温度低于 85℃时,节温器体内的石蜡体积膨胀量尚小,故主阀门受大弹簧作用紧压在阀座上,来自散热器的水道被关闭,而副阀门则离开来自发动机的旁通水道,因此冷却液便不经过散热器,只在水泵与发动机水套之间作小循环流动。这样,冷发动机开始工作时,冷却液快速升温,能很快暖机,在短时间内达到发动机正常工作温度。当冷却液温度高于 85℃时,石蜡体积膨胀,使橡胶管受挤压变形,但由于中心杆是固定不动的,于是橡胶管收缩则对中心杆锥形端部产生一轴向推力,迫使感温器体压缩大弹簧，使主阀门逐渐开启，副阀门逐渐关闭，因而部分来自散热器的冷却液作大循环流动。随着温度升高，主阀门开大，作大循环冷却液量增多。当冷却液温度达到105℃时，主阀全开，开足升程至少7mm，副阀门则完全关闭，全部冷却液流经散热器作大循环流动。

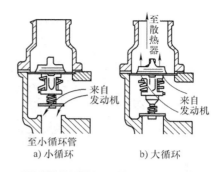

图 6-3-10　蜡式节温器大、小循环

3. 节温器的检查

检查节温器功能是否正常，可将其置于热水中加热，观察节温器阀门开启温度和升程，如图 6-3-11 所示，将测量结果与标准值比较，如果不符合要求，应进行更换。

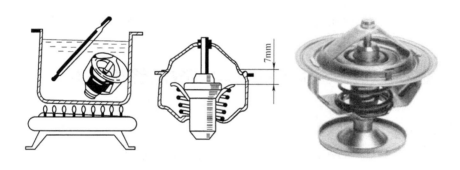

图 6-3-11　检查节温器

四、冷却风扇的结构与检修

风扇安装在散热器后面，风扇旋转时，会产生轴向吸力，增加流过散热器的空气量，加速对流经散热器的冷却液的冷却，同时使发动机外壳及附件得到适当冷却。

1. 冷却风扇的构造

对于风扇来说，要求风量大，效率高，振动与噪声小，消耗发动机的功率少。

传统风扇一般采用钢板冲压而成，和水泵同轴，与发电机一起同时由曲轴带轮通过V带驱动。一般将发电机支架作成可移动式，以调节V带的张紧度，如图 6-3-12 所示。

现代汽车发动机风扇通常采用合成树脂材料制成，以减少噪声，且广泛采用电动风扇，其特点是风扇不与水泵同轴，而由电动机驱动，并受冷却液温度作用的温度开关控制。发动机低温时风扇不转动，当发动机高温后风扇才转动，且某些发动机风扇有高、低两个挡位，由专门的电路控制，如图 6-3-13 所示。

2. 风扇的检修

风扇叶片出现变形、弯曲、破损后，应及时更换。由于风扇连接板强度不足或其他原因，使风扇叶片向前弯曲或扭转变形，破坏了风扇叶片原设计的角度，使其丧失平衡性能，不但会影响通过散热器的空气流速和流量，降低散热器的冷却能力，甚至会打坏散热器，加速水泵轴承、水封的损坏，还会大幅度增大风扇的噪声。

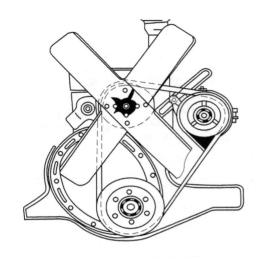

图 6-3-12 机械风扇的安装

图 6-3-13 电动风扇

任务四　冷却系统的常见故障诊断与排除

【任务导入】

一辆帕萨特 B5 轿车，怠速一切正常，深踩加速踏板使发动机转速升到 2500r/min 左右也未见异常。但在行驶过程中，只要车速升至 100km/h，不到半分钟的时间，冷却液温度立即升高，冷却液温度警告灯开始闪烁。

请思考应该如何诊断排除发动机故障？

【任务说明】

在实训老师的指导下，以小组为单位，对一台温度过高的发动机进行故障诊断与维修，并详细记录整个工作过程，完成任务单 6-4-1 的填写。

【相关知识与技能】

一、发动机冷却系统评定标准

发动机冷却系统技术状况的评价，主要取决于维持发动机正常工作温度的能力，最佳的温度范围是 85～105℃。

二、发动机冷却系统检测的内容与方法

发动机冷却系统技术状况的检测主要包括外观检查、冷却系密封性检测、水泵泵水性能检测等。

1. 外观检查

外观检查主要是通过观察散热器、水泵、水管、水套和放水开关等部位是否泄漏，观察

散热器和膨胀罐中冷却液的量是否足够,风扇和散热器的距离是否正确,水泵传动带两侧面有无磨损。

2. 冷却系统密封性检测

冷却系统密封性能检测的主要目的是检查散热器、气缸体、气缸盖等本身和结合部位是否密封良好。测试冷却系统密封性的步骤方法是:

1) 测试之前按规定在冷却系统中加入足够的冷却液,并使发动机暖机至正常工作温度。

2) 不使用连接器,直接将测试器装在散热器的冷却液注入口,如图6-4-1所示。

3) 在确定没有漏气的情况下拧紧;然后给冷却系统加压,使压力值达到规定值以上(一般为120~150kPa)。

4) 检查冷却系统各部件及连接部是否有渗漏现象。

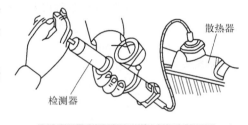

图 6-4-1 冷却系统密封性的检测

3. 水泵泵水性能检测

水泵泵水性能检测可分为就车检测与试验台检测。

(1) 就车检测水泵泵水性能

旋下散热器盖,然后起动发动机,查看散热器出水室进水口处的水流量是否正常、有力。若出水量小,出水无力,说明冷却系统内部有阻塞或水泵泵水量不足。

(2) 水泵泵水性能试验台检测

水泵泵水性能试验是在专用试验台上检测水泵的泵水量。试验时由试验台驱动装置带动水泵转动,观察泵水量是否符合制造厂的标准。例如,帕萨特轿车发动机水泵在规定转速6000r/min时,进口压力为0.1MPa,系统压力为0.14MPa,出口压力为0.16MPa;解放CA6120型发动机水泵规定在转速为2000r/min时,水泵的流量不少于140L/min,压力不得低于40.4kPa,当转速为3300r/min时,水泵流量不得少于240L/min,压力不得低于12.2kPa。东风EQ6100-1型发动机水泵转速为2000r/min时,水泵流量不得低于220L/min,压力不得低于49kPa。若水泵泵水性能达不到上述要求,说明水泵有叶轮和壳体之间间隙过大、水泵泵轴弯曲、水泵轴承松旷等故障,应进行检修。

三、发动机冷却系统故障诊断与排除

发动机冷却系统在使用过程中,常见的故障表现形式有冷却液温度过高、冷却液温度过低,冷却液消耗异常等。冷却液温度过高时,不仅使机油降低润滑质量,加速运动摩擦副表面的磨损,而且容易导致发动机工作爆燃、活塞粘缸、活塞环卡死等严重故障。因此,行车时若发现冷却液温度过高,要及时进行检修,查清故障的原因和部位,并消除隐患。

同样,当冷却液温度过低时,应停止发动机工作,进行故障诊断。因为过低的冷却液温度同样会影响发动机的润滑,加快磨损,使发动机的寿命缩短。冷却系统产生故障的原因及排除方法见表6-4-1。

表 6-4-1　冷却系统故障的原因及排除方法

故障	故障原因	排除方法
冷却液温度过高	冷却液量过少 节温器不能正常工作 散热器风扇不能正常工作 散热器芯（冷却管）部分堵塞 温度表不准确 散热器百叶窗关闭或开度不足 缸盖、缸体水道内水垢过多	补充冷却液 换用新件 检查电路和风扇 清洗水垢或更换 检修或更换 打开或调整 清洗
冷却液温度过低	节温器常开 冷却风扇常开 温度表不准确	更换 检修电路 检修或更换
冷却液消耗异常	外漏 缸盖裂纹 缸体裂纹	检修并紧固 检修或更换 检修或更换

特别提示：当发现冷却液消耗异常时，必须要停车查明原因。因为如果冷却液漏入缸内和油底壳里，会直接破坏发动机的润滑，而造成严重的机械事故。

项目七 润滑系统的构造与维修

↘【项目描述】

本项目主要围绕汽车发动机润滑系统组成、功用、工作原理和主要零部件检修方法等知识点,针对性地设置了对润滑系统的认知、润滑系统主要零部件的维修和润滑系统的常见故障诊断与排除等三个基本技能训练任务。目的是使之全面学会汽车润滑系统的结构、原理与检修方法,具有对发动机润滑系统故障诊断与维修的能力。

↘【知识目标】

1. 了解润滑系统的作用、组成、润滑方式。
2. 理解润滑系统的油路。
3. 掌握润滑系统主要零部件的结构和原理。
4. 掌握润滑系统主要零部件的检修方法。
5. 学会润滑系统的故障分析和排除方法。

↘【技能目标】

1. 熟练识别发动机润滑系统结构类型及主要部件。
2. 能根据车型维修手册制定的拆装工艺正确地对发动机润滑系统主要部件进行拆装与

检修。

3. 能熟练对润滑系统常见故障现象识别、原因分析、故障诊断与排除。

任务一　对润滑系统的认知

【任务导入】

一辆大众 2014 款帕萨特轿车，行驶近 10 万 km 到汽车 4S 店保养，聪聪在保养作业时发现该车放出的机油很稀，并带有金属颗粒，就急忙请教师傅："为什么会这样？"师傅检查了一下发动机后告诉他："是发动机润滑不良造成的"。你觉得是什么原因？

【任务说明】

以小组为单位，选择几种不同款式的发动机，在老师的指导下进行简单拆解、观察发动机润滑的类型和组成，并将观察到的结果进行总结记录，填写好任务单 7-1-1。

【相关知识与技能】

发动机工作时，摩擦表面（如曲轴轴颈与轴承，凸轮轴轴颈与轴承，活塞环与气缸壁，正时齿轮副等）之间以很高的速度作相对运动，金属表面之间的摩擦不仅增大了发动机内部的功率消耗，使零部件工作表面迅速磨损；摩擦所产生的热量还可能使某些工作零件表面熔化，导致发动机无法正常运转。

润滑系统的功用就是在发动机工作时连续不断地把数量足够、温度适当的洁净机油输送到全部传动件的摩擦表面，并在摩擦表面之间形成油膜，实现液体摩擦。从而减小摩擦阻力、降低功率消耗、减轻机件磨损，以达到提高发动机工作可靠性和耐久性的目的。

一、润滑系统的组成与润滑方式的分类

1. 润滑系统的组成

发动机的润滑系统是指将机油不断地送入发动机内各工作摩擦副表面之间，形成油膜实现液体（或半液体）摩擦的一系列装置，其结构组成如图 7-1-1 所示。

（1）机油储存与输送装置

机油储存与输送装置包括油底壳、机油泵、输油管和气缸体与气缸盖上的机油油道等。主要作用是保证机油的储存、加压和循环流动。机油泵大多装于曲轴箱内，也有些柴油机的机油泵装于曲轴箱外面。

（2）机油滤清装置

机油滤清装置包括集滤器、粗滤器和细滤器等。作用是过滤掉机油中的杂质、磨屑、油泥和水分等杂质，使输送到各润滑部位的都是清洁的机油。润滑系统的滤清器按过滤能力分成机油集滤器、机油粗滤器、机油细滤器三种，装于润滑系统的不同部位。有的发动机将粗滤器、细滤器做成一体。

（3）检测报警装置

检测报警装置主要包括机油压力表、机油量尺、机油温度表、报警器等，用以检测发动机润滑系统的工作情况。当油位（或油压）超过允许值时进行警告，便于驾驶人掌握润滑系统的工作状态。

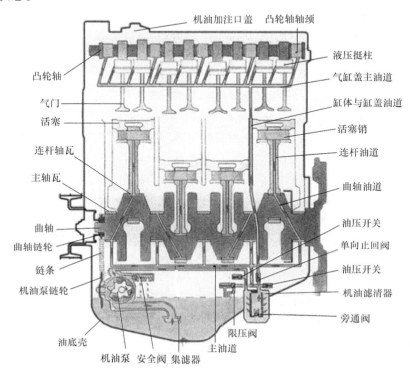

图 7-1-1 润滑系统结构组成

（4）辅助装置

辅助装置主要包括机油冷却器（或称机油散热器）、限压阀、安全阀、旁通阀、单向止回阀及曲轴箱通风装置等。对于一些热负荷较高的发动机设有机油散热装置，以加强机油的冷却，确保发动机在大负荷时机油的最佳润滑效果。

在发动机润滑系统中设有的限压阀用来限制润滑系统中的最高油压；旁通阀在粗滤器发生堵塞时打开，机油泵输出的油可直接进入主油道；安全阀是在机油泵过载时开启，以防止油泵因油压过载而损坏。单向止回阀安装在缸体与缸盖的主油道上，可以避免缸盖上油道内的机油回流，造成润滑不良。

曲轴箱通风装置可以降低曲轴箱内的温度和压力；防止由于窜气而产生的机油油质下降或变质；减轻机件的磨损和腐蚀。总之，这些辅助装置可以使润滑系统的使用性能更加完善。

2. 润滑系统润滑方式的分类

因发动机各零件的载荷大小、运动速度及所处位置各不相同，所以各配合面所要求的润滑强度和润滑方式也不尽相同。按是否对机油加压分为压力式润滑和非压力式润滑；按机油是否循环使用则分为循环式润滑与非循环式润滑。

1）压力润滑。压力式润滑是用机油泵，将具有一定压力的机油源源不断地送到零件的摩擦面上，形成具有一定厚度并能承受一定机械负荷的油膜，尽量将两摩擦零件完全隔开，实现可靠的润滑。相对速度高、机械负荷大的零件，都采用这种润滑方式，如曲轴各轴颈与轴承之间、凸轮轴颈与轴承之间、摇臂轴与摇臂之间等部位。压力式润滑工作可靠，润滑效果好，具有一定的净化和冷却机油的作用，但需有泵油设备及专门的机油油道。

2）飞溅润滑。飞溅润滑是利用发动机工作时运动零件飞溅起来的油滴或油雾润滑摩擦表面。这种方式可润滑裸露在外面的载荷较轻的气缸壁、相对滑动较小的活塞销，以及配气机构的凸轮轴的凸轮表面等。

3）定期润滑。定期润滑是对一些不太重要、分散的部位，采用定期加入润滑脂的方式进行润滑，如发动机水泵轴承、发电机、起动机和分电器等总成的润滑均采用这种润滑方式。

4）循环式润滑与非循环式润滑。压力式润滑和飞溅润滑的机油均可循环使用。二冲程汽油机，是将机油掺入汽油中进行润滑，且润滑后的机油随汽油一起燃烧，最后随废气排出；某些部位采用润滑脂或机油进行定期加注润滑的，均属于非循环式润滑。

5）自润滑。近年来在发动机上有采用含有耐磨润滑材料（如尼龙、二硫化钼等）的轴承来代替加注润滑脂的轴承。使用过程中不需加注润滑脂，故称为自润滑。

一般的汽车发动机都同时采用两种以上的润滑方式，称为复合式润滑。

二、润滑系统的作用

润滑系统的作用就是不断地将清洁的、具有一定压力的机油输送到各零件的摩擦表面，以降低零件间的摩擦而减小磨损。此外，由于机油的循环流动，还具有对摩擦面清洁、冷却、密封、减振和防锈等作用。发动机润滑油，简称机油。

1）润滑作用。将清洁的、压力和温度适宜的机油不断地供到各需要部件的摩擦表面，以起到降低零件间摩擦而减少磨损的润滑作用，使运动部件实现液体摩擦或半液体摩擦。

2）冷却作用。机油与发动机内部的运动部件直接接触，可以有效地带走产生的热量，并传递给曲轴箱及冷却器，最后传到大气中。若发动机没有足够的机油，会让发动机发热。

3）清洁作用。冲洗并带走磨屑，避免产生积炭和杂质，确保发动机正常运行。

4）密封作用。发动机内的机油在运动部件上产生一层薄膜，这层薄膜在重要的活塞环区域作为保护性密封剂，帮助气缸壁和活塞环之间密封。若没有这层油膜，压缩气体将漏入曲轴箱。

5）防锈蚀作用。在零件表面形成油膜，对零件表面起保护作用，防止腐蚀生锈。

6）液压作用。机油还可用作液压油，如对液压挺柱，起传递压力作用。

7）减振缓冲作用。在运动零件表面形成油膜，吸收冲击并减小振动，起减振缓冲作用。

三、发动机润滑系统的油路组成与工作原理

现代汽车发动机机油油路的布置方案大致相似，只是由于润滑系统的工作条件和具体结构的不同而稍有差别。下面以大众车系帕萨特2.0T发动机的润滑系统为例介绍润滑系统油路组成与工作原理。帕萨特2.0T发动机的润滑是采用压力润滑与飞溅润滑相结合的复合润滑，机油油路与机油泵驱动方式如图7-1-2所示。

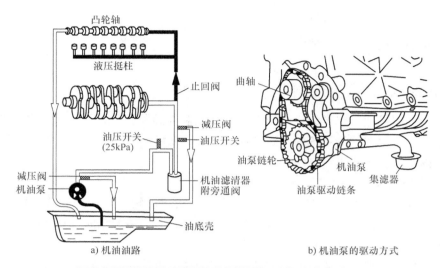

图 7-1-2 帕萨特 2.0T 发动机机油油路与工作原理简图

当发动机工作时，机油泵从油底壳中吸取机油，经过机油滤清器过滤后的机油在机油滤清器支架内分为三路：第一路进入气缸体主油道，经主油道将机油分配到各曲轴主轴承，再由曲轴上的斜油孔通往各连杆轴承，由连杆体上的油孔通往连杆小头衬套。第二路通过安装在机油滤清器的一个止回阀进入气缸体上的一个通向气缸体上平面的油道，经气缸盖上的第四个气缸盖螺栓孔进入气缸盖主油道，由此将机油分配到各凸轮轴轴颈和液压挺柱。止回阀的作用是在发动机停机时保持气缸盖油道内的存油，防止发动机再次起动时缸盖供油不足，导致液压挺柱不能正常工作。第三路通往一个减压阀，油道内的压力过大时该阀打开，将部分机油旁通流回油底壳。

发动机润滑系统在机油滤清器支架上装有两个油压开关，用以监控润滑系统的油压大小。同时，为了保证润滑系统的正常工作，在机油油路中还装有两个减压阀（开启压力为 0.35~0.45MPa），一个为旁通阀，另一个为单向阀。减压阀一个装在机油泵上，另一个装在机油滤清器支架上。当发动机冷态或是机油黏度大时，可避免机油压力过高而造成危险。旁通阀的作用是当滤清器堵塞时，旁通阀打开，未经过滤的机油经旁通阀仍能送到各润滑点。单向阀的作用是当发动机停机时，能阻止气缸盖油道内的机油流回油底壳。

任务二 润滑系统主要零部件的构造与维修

【任务导入】

一辆 2014 年款大众 POLO 轿车，配置 1.4L CSSA 发动机。每天早晨起动发动机后机油压力表显示正常，可着火运行半个小时左右，急速机油压力明显下降，尾气还有蓝烟出现。请思考应如何检修？

【任务说明】

以组为单位，在老师的监查、指导下，完成对机油泵的拆装与维修，并详细记录整个工作过程，完成任务单 7-2-1 的填写。

【相关知识与技能】

一、机油泵的构造与检修

机油泵的作用是把一定量的机油压力升高，强制性地将机油压送到发动机各摩擦表面，并保持机油一定压力在润滑系统内不断循环。目前发动机润滑系中广泛采用的是外啮合齿轮式机油泵和内啮合转子式机油泵两种。

1. 齿轮式机油泵的结构与工作原理

齿轮式机油泵由主动轴、主动齿轮、从动轴、从动齿轮、泵体等组成，如图 7-2-1 所示。两个齿数相同的齿轮相互啮合，装在泵体内，齿轮与壳体的径向和端面间隙很小。主动轴与主动齿轮键连接，从动齿轮空套在从动轴上。

发动机工作时如图 7-2-2 所示，主动齿轮带动从动齿轮反向旋转。两齿轮旋转时，充满在齿轮齿槽间的机油沿油泵壳壁由进油腔带到出油腔，在进油腔一侧由于齿轮脱开啮合以及机油被不断带出而产生真空，使油底壳内的机油在大气压力作用下经集滤器进入进油腔，而在出油腔一侧由于齿轮进入啮合和机油被不断带入而产生挤压作用，机油以一定压力被泵出。

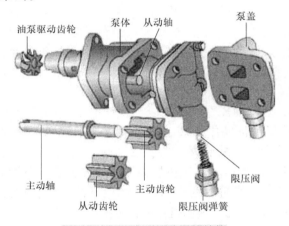

图 7-2-1 齿轮式机油泵的结构

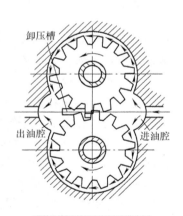

图 7-2-2 泵油原理图

2. 机油泵的拆解

机油泵在进行检修前一定要进行拆卸分解，分解的步骤如下：
1) 拆下机油集滤器及进、出油管，拆下集滤器滤网。
2) 拆下四个紧固油泵盖的螺栓，取下泵盖。
3) 取下主、从动齿轮和主动轴，以及从动轴。
4) 拧下泵盖上限压阀的螺塞，取出限压阀弹簧座、弹簧和球阀。
5) 用汽油将分解的各零件彻底清洗干净，并用压缩空气吹干。

3. 齿轮泵的检修

在发动机工作中，齿轮泵出现故障的形式主要有泵盖磨损、泵轴与承孔磨损松旷、主从动齿轮磨损、壳体破裂等。

1）泵盖检修。泵盖平面上有轻微的拉毛时，可在平板上磨光。有明显台阶时，应测量其平面公差，当公差超过 0.10mm 时，可在机床上磨平或车平。

2）机油泵壳的检修。检查机油泵轴孔的磨损程度，检查螺孔是否损坏、泵壳有无裂纹。机油泵主动轴与轴孔的间隙，一般为 0.03～0.07mm，最大不得超过 0.15mm。若间隙超过规定，或晃动机油泵轴有明显松旷感觉，应将主动轴涂镀加粗或用镶套法修复。

3）机油泵轴的检修。检查机油泵轴的弯曲变形，其直线度在全长上超过 0.03mm 时，应进行校正。泵轴的磨损超过 0.05mm 可以光磨后电镀修复。机油泵主动轴上端安装传动齿轮的键槽和半圆键应良好，若有损坏或松旷，应予修复或更换。

4）主、从动齿轮的检修。如图 7-2-3 所示，检查机油泵主、从动齿轮啮合间隙时，可用窄尺在互成 120°处分三点来测量，啮合间隙一般为 0.05～0.30mm。测量各测量点齿轮啮合间隙相差不得超过 0.10mm，否则，更换新齿轮。齿轮与壳体的齿顶间隙超过限值时要成对更换齿轮；齿轮侧面与泵盖的间隙超过限值可通过增加或减少泵盖下垫片的方法进行调整。

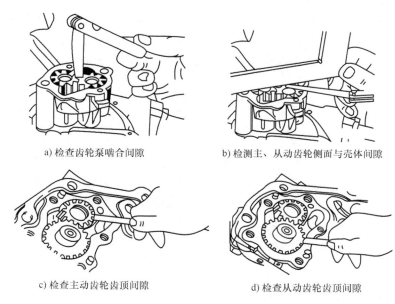

图 7-2-3 齿轮泵齿轮各部间隙的检测

齿轮若有破损、齿轮工作面剥落、磨成台阶状或轮齿磨损量超限，均应更换新零件。齿轮工作面若有轻微点蚀或毛刺，可用油石磨光后继续使用。

4. 转子式机油泵的结构与工作原理

转子式机油泵由泵体、内转子、外转子、限压阀和泵盖等组成，如图 7-2-4 所示。内转子用键或销子固定在转子轴上，由曲轴齿轮直接或间接驱动，内转子和外转子中心的偏心距为 e，内转子带动外转子一起沿同一方向转动。内转子有 4 个凸齿，外转子有 5 个凹齿，这样内、外转子同向不同步的旋转。

当发动机工作时，轮齿啮合旋转，进油腔容积因轮齿以脱离啮合方向运动而增大，机油便从吸油口被吸入；随着齿轮的旋转机油被带到出油腔，由于出油腔一侧轮齿进入啮合使出

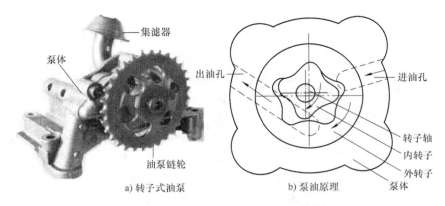

图 7-2-4 转子式机油泵结构与原理图

油腔容积减小，压力增高，机油便经出油口被送入油道。

5. 转子式机油泵的检修

转子式机油泵的故障表现形式主要是零件磨损造成的泄漏，使泵油压力降低，泵油量减小。检修过程中主要是检测油泵的几个重要间隙：检查转子轴与轴孔配合间隙；检查外转子与泵壳配合间隙；检查内、外转子啮合间隙；检查转子端面与泵盖轴向间隙。检测部位与方法如图 7-2-5 所示，主要是用塞尺检测，各间隙若不符合维修手册技术要求，一般采用的方法是更换新泵。

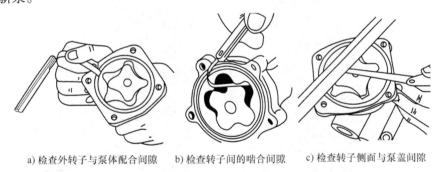

图 7-2-5 转子式机油泵各部间隙的检测

6. 机油泵的性能试验

（1）简易试验法

试验时，集滤器浸入清洁的机油中，按机油泵的工作转向，用手转动机油泵主动轴，机油应从出口流出；用手指堵住出油口，继续转动机油泵，手指应有压力感，同时感到转动主动轴的阻力明显增大，直至转不动或机油被压出；径向和轴向推拉、晃动主动轴，有间隙感但不松旷。

（2）机油泵在试验台上检验

工作性能指标：泵油量（L/min）、泵油压力符合标准。机械传动部分转动灵活，无松旷、卡滞和响声。机油泵在油泵试验台检验时：当机油泵转速为 1800r/min，发动机转速 3600r/min 时，泵油量不得小于 67.5L/min；当把出油阀堵住，使油压增高，其限压阀应在 （588±98）kPa 范围内，若达不到要求，可在弹簧座内加垫片，以增加限压阀弹簧张力，使其达到规定油压。机油泵装回车上后，发动机温度正常时，机油压力应符合规定。如果不符合规定，应调整机油限压阀。当机油压力过低时：可在限压阀螺孔内加调整垫片，以增大弹簧张力，使油压升高。当油压过高时：应在螺塞连接处加垫圈，或减少螺孔内调整垫片，以减弱弹簧张力，使油压降低。若因球阀关闭不严而影响机油压力时，则应换用新阀。

二、机油滤清器的构造与检修

为了保证滤清效果，一般使用多级滤清器：集滤器、粗滤器和细滤器。与主油道串联的滤清器一般为粗滤器；与主油道并联的滤清器一般为细滤器，过油量约为10%～30%。

1. 集滤器的结构与检修

（1）集滤器的结构

集滤器装在机油泵之前的吸油口端，多采用滤网式。其作用是防止较大的机械杂质进入机油泵。汽车发动机使用的集滤器可分为浮式集滤器和固定式集滤器两种，如图7-2-6所示。

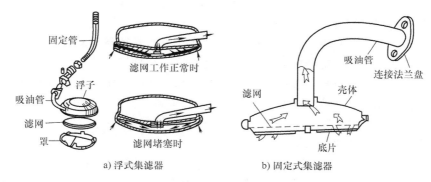

图7-2-6 集滤器的结构

1）浮式集滤器飘浮于机油表面，保证油泵吸入最上层较清洁的机油，但油面上的泡沫易被吸入，使机油压力降低，润滑欠可靠。

2）固定式集滤器淹没在油面之下，吸入的机油清洁度较差，但可防止泡沫吸入，润滑可靠，结构简单。

（2）机油集滤器的检修

机油滤网堵塞，应用柴油或煤油清洗后用压缩空气吹干；浮子有破损，应进行焊修。

2. 粗滤器的结构与维修

粗滤器属于全流式滤清器，串联于机油泵与主油道之间，它对机油的流动阻力较小，用以滤去机油中粒度较大（直径为0.05～0.1mm）的杂质。

粗滤器根据滤清元件（滤芯）的不同，可以有各种不同的结构形式。汽车发动机常用的有金属片缝隙式和纸质式粗滤器。金属片缝隙式粗滤器由于质量大，结构复杂，制造成本高等缺点已基本被淘汰，目前许多汽车发动机都采用纸质式粗滤器。

（1）粗滤器的构造

粗滤器由纸质滤芯、安全阀（或旁通阀）等组成，如图7-2-7所示。纸质滤芯用于过滤机油中的杂质；安全阀则在纸质滤芯堵塞时打开，是为了不妨碍机油正常循环工作而设置的旁通阀。

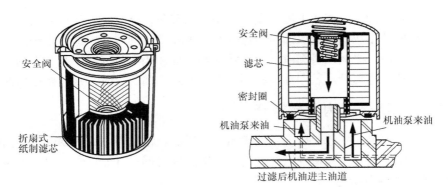

图 7-2-7 粗滤器的结构

（2）粗滤器的维护

现在，越来越多的发动机为维修方便，采用旋转式滤芯结构，滤芯为纸质折叠式结构，封闭式外壳，直接旋装于滤清器盖上，达到规定里程后整体更换。

3. 细滤器的结构与维修

细滤器属于分流式滤清器，与主油道并联，对机油的流动阻力较大，用以滤除直径在 0.001mm 以上的细小杂质。将经粗滤器过滤的机油的一小部分引入细滤器，过滤后又回到油底壳，使此部分机油得到充分过滤。经过一段时间运转后，所有机油都将通过一次细滤器，从而保证了机油的清洁度。细滤器有过滤式和转子式两种，过滤式机油细滤器存在着滤清能力与通过能力的矛盾。为此多数发动机采用离心式细滤器。

（1）采用离心式细滤器的结构

如图 7-2-8 所示，离心式滤清器壳体上固定着带中心孔的转子轴，转子体上压有三个衬套，并与转子体端套连成一体，套在转子轴上可自由转动。压紧螺母将转子盖与转子体紧固在一起。转子下面装有推力轴承，上面装有支承垫圈，并用弹簧压紧以限制转子轴的轴向窜动。转子下端装有两个径向水平安装的喷嘴。压紧螺套将滤清器盖固定在壳体上，使转子密封。

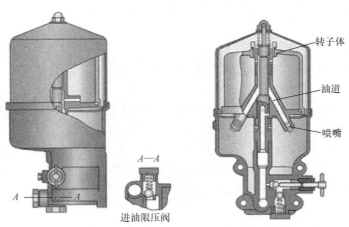

图 7-2-8 离心式机油细滤器结构

发动机工作时，从油泵来的机油进入滤清器进油孔 B。当机油压力低于 0.1MPa 时，进油限压阀不开启，机油则不进入滤清器而全部供入主油道，以保证发动机润滑可靠。当油压高于 0.1MPa 时，则进油限压阀被顶开，机油沿壳体中的转子轴内的中心油道，经出油孔 C 进入转子内腔，然后经进油孔 D、油道 E 从两喷嘴喷出。在机油喷射的反作用力的推动下，转子及转子内腔的机油高速旋转。在离心力作用下，机油中的杂质被甩向转子壁并沉淀，清洁的机油经滤清器出口 F 流回油底壳。

在发动机工作中如果油温过高，可旋松调整螺钉，机油通过球阀，经管接头流向机油散热器。当油压高于 0.4MPa 时，旁通阀打开，机油流回油底壳。

(2) 离心式细滤器的检修

在发动机的机油压力高于 0.15MPa 时，运转 10s 以上，然后立即熄火。在熄火后 2～3min 内，若在发动机旁听不到细滤器转子转动的嗡嗡声，则说明细滤器不工作。若机油压力正常，细滤器的进油单向阀也未堵塞，则为细滤器故障。应拆检清洗细滤器，拧开压紧螺母，取下外罩，将转子转到喷嘴对准挡油板的缺口时，取出转子。清除污物，清洗转子并疏通喷嘴，经调整或换件后再组装。

任务三　润滑系统的常见故障诊断与排除

【任务导入】

一辆众帕萨特 B5 轿车，发动机运转正常，行驶中加速时机油压力警告灯闪亮。怠速时，机油压力为 120kPa；当转速升至 3000r/min 时，实测机油压力为 330kPa 且不再升高。提示：怠速时，机油压力 120kPa 为正常；转速升至 3000r/min 时，机油压力应为 450kPa。

请思考应该如何诊断和排除发动机故障。

【任务说明】

在老师的监督指导下，以实训小组为单位，选用一辆轿车进行跟踪测试机油的消耗量、怠速时的机油压力和机油的品质，并详细记录整个工作过程，完成任务单 7-3-1 的填写。

【相关知识与技能】

一、发动机润滑系统评定标准

发动机润滑系统的技术状况，可从机油压力、机油消耗量和机油品质等三个方面的指标进行检测评价。

1. 机油消耗量

国外对轿车发动机机油消耗量并未作法规性强制规定，一般认为在最初行驶的 10000km 走合期内，机油消耗量将维持在 0.2L/1000km 之内。维修手册中则标明，只要机油消耗量小于 1L/1000km 均为正常。

我国对于汽车发动机的机油与燃油的消耗比，在国家标准 GB/T 19055—2003《汽车发动机性能试验方法》中规定：在额定转速、全负荷时，机油/燃料消耗比不得超过 0.3%，换言之，一辆百公里油耗为 10L 的轿车，其机油消耗量须小于 0.3L/1000km。

2. 润滑系统压力

发动机在正常工作温度时，润滑系统压力的正常范围是由汽车厂商制定的，常见车型机油压力的规定应符合表 7-3-1。

表 7-3-1　常见车型机油压力的规定

车型	发动机转速/(r/min)	润滑系统压力/kPa	发动机怠速时润滑系统压力/kPa
帕萨特 B5	2000	200	120～160
一汽捷达	2000	≥200	≥36
雪铁龙毕加索	2000～4000	300～400	110
雪铁龙爱丽舍	1000～4000	200～400	110
奥迪 A4 2.0T	2000	270～450	120～160
奥迪 A6 2.4L	2000	200	120～160
广州本田 1.8L	3000	300	70
广州本田 2.0L	3000	490	70
威驰 DLX	3000	294～539	49
东风日产阳光	3200	314～392	78
奇瑞	2000	280	100

3. 机油品质

机油品质在发动机使用过程中会逐渐变化，表现为颜色变黑，黏度下降或上升，添加剂性能丧失等。机油品质变化的主要原因：机械杂质的污染和机油自身理化性能指标降低。

二、发动机润滑系统检测的内容与方法

发动机润滑系统的性能检测主要内容是机油消耗量、系统的压力和机油的品质。

1. 机油消耗量的检测方法

机油消耗量的检测，目前采用的是油尺测定法和质量测定法两种。

（1）油尺测定法

测试前，汽车置于水平地面上，预热后停机，将机油加至油底壳规定的液面高度，然后在油尺上清楚地划上刻线，以记住这一油面位置。其后汽车投入实际运用，使机油消耗至油尺下限或行驶一定里程时，停止运行，仍置汽车于原地点，按原测试条件，向油底壳内加入已知量（质量或体积）的机油，使油面仍升至油尺上的原刻线，所加油量即为机油消耗量。此测定方法简单，但测量误差较大。

（2）质量测定法

预热发动机至正常温度，按测试条件打开油底壳的放油螺塞，放出油底壳内的机油，至机油流变成滴时，拧上油底壳的放油螺塞，记下放油时间，然后将已知质量的机油加入油底壳至规定的液面，使汽车投入实际运行。汽车行驶若干里程后，当需要测试机油消耗量时，只要按同样的测试条件和放油时间，放出油底壳内的在用机油，并称出其质量就可以了。加入和放出的质量之差即为机油消耗量。此测定法费力费时，但测量精度较高。

2. 润滑系统压力的检测

润滑系统压力是发动机润滑系统技术状况的重要指标。检测时可采用观察法和油压表测量法。

（1）观察法

所谓观察法就是直接通过查看汽车仪表板上的机油压力警告灯或机油压力表的状态来判断发动机的机油压力是否正常。虽然精度不太高，但能满足使用中的一般检测要求。具体方法：当闭合点火开关时，机油压力表指针指示为"0"；若装有油压警告灯则灯亮，发动机起动后，油压警告灯在数秒内熄灭；机油压力表则表示为某一较高的数值，并随发动机暖机逐渐指示正常值，否则为有故障，需要进一步检查。

（2）油压表测量法

采用油压表测量时，可在发动机主油道油堵螺钉或安装机油压力传感器的螺钉孔处接一油压表。起动发动机，测量发动机怠速和规定转速时的机油压力是否符合要求。机油压力不正常有两种情况，一种是机油压力过低，另一种是机油压力过高。

3. 机油品质的检测

目前，检测机油品质的方法有油滴斑点试验法；还有机油不透光度分析法、介电常数分析法、洁净性分析法等。使用最为广泛的是油滴斑点试验法。在此我们仅介绍油滴斑点试验法的操作规程，该方法主要是分析机油的污染性质和程度。

用机油尺取一滴发动机内的机油滴在专用滤纸上，油内的污染物便随油向滤纸四周扩散。2～3h后，滤纸上便形成颜色深浅不同的晕环，一般在3个或3个以上，如图7-3-1所示。中心有黑色的圆核，外围有一条色度很深的圆带，这就是中心沉淀区。油内粗颗粒的杂质都集中在该区。因此，中心沉淀区的色度表示出油的污染程度。如果发动机磨损异常，这里便可偶然发现金属屑粒。中心沉淀区以外是油内细小、分散的悬浮物向外扩散的痕迹，越向外颜色越浅。向外扩散的宽度代表着机油残余清净分散性的好坏。如果扩散的环很宽，甚至中心沉淀区和扩散区无明显界限，说明油的清净性还好，油内的清净分散剂性能亦佳。反之，滤纸中只有

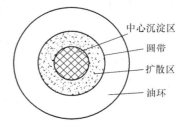

图7-3-1 滤纸斑示意图

中心沉淀区而无扩散区，则表明油的清净分散剂已消耗殆尽。把油样加热到200℃保持5min，再滴一个油斑与未加热的油斑进行比较，更能说明油的清净分散剂性能。不含添加剂的机油即使污染很轻，也没有扩散区。如果油内有2%以上的水分，油滴扩散受到阻碍，从中可以看出油中水的含量。最外层是机油及油内可溶性氧化物的扩散环称为油环。颜色从淡黄到深褐，表示出油的氧化程度。

机油品质变坏会使发动机润滑变差、磨损加剧，甚至引发严重的机械故障，因而应加强对发动机机油品质的定期检测与分析，实行按质换油，以保证发动机的良好润滑。更为重要的是，通过对机油品质的检测，可分析并监控发动机技术状况的变化。

三、发动机润滑系统故障的诊断与排除

发动机润滑系统的故障表现形式主要有机油压力过低或过高；机油消耗量过多；机油品质下降等。

1. 机油消耗量过多的故障诊断与排除

机油消耗过多的主要原因有两方面：一是漏机油；二是烧机油。如机油消耗量明显增加，外部检视也无渗漏，说明是由于气缸活塞配合副间隙太大、活塞环密封性能降低等原因

造成气缸窜油严重。若有必要,可结合发动机行驶里程、排气烟色和火花塞油污情况等进行确诊。

(1) 发动机漏机油的检查与故障诊断

1) 首先检查外部是否有漏油处。应特别注意曲轴前端和后端的漏油,曲轴的前端油封破裂损坏,老化或曲轴带轮与油封接触面磨损,会引起曲轴前端漏油;曲轴的后端油封破裂损坏,或后主轴承盖的回油孔过小,回油受阻,会引起曲轴后端漏油。另外还应注意凸轮轴后端油堵是否漏油。再详细检查其他的漏油部位。

2) 若发动机前后气缸盖罩、前后气门挺杆室、粗细机油滤清器、油底壳衬垫及发动机的前后油封中的多处有机油渗出,但又找不出明显的漏油处,应检查曲轴箱通风装置(PCV),清理曲轴箱管道中、尤其是通风流量控制阀处的积炭和结胶。若通风受阻,就会引起曲轴箱内压力升高,出现机油渗漏故障。

3) 若机油滤清器盖和一些管路接头处经过紧固后还是漏油,应注意机油压力是否过高,应检查机油限压阀是否失去泄油限压的功能。

4) 对于用压缩空气制动的汽车,若从储气筒的放污螺塞放出较多的机油,则为空气压缩机的活塞、活塞环与气缸壁磨损过甚。

5) 有些汽车的机油散热器管子装在水套内或水泵的进水管内,主要靠冷却液来冷却,若发现散热器内有机油,原因多为散热器管子脱焊、腐蚀或破裂,或进出油管接头处密封垫损坏。

(2) 发动机烧机油的检查与故障诊断

1) 若排气管明显冒蓝烟,则是烧机油造成的。当发动机大负荷、高速运转时,排气管大量冒蓝烟,同时机油加注口(设在下曲轴箱内)也向外冒蓝烟,则为活塞、活塞环与气缸壁磨损过甚,或活塞环的端隙、背隙和边隙过大,多个活塞环对口、扭曲环装反等,使机油窜入燃烧室。

2) 若发动机大负荷运转时,排气管冒大量蓝烟,但机油加注口不冒烟,而气缸盖罩内却向外窜烟,则为气门杆油封损坏,气门导管磨损过甚,使机油被吸入燃烧室烧掉。

3) 若短时间冒蓝烟后停止,而油底壳的机油未见减少,则是湿式空气滤清器内的油面过高,或滤清器堵塞,使空气滤清器内的机油被吸入气缸。

4) 对装有废气涡轮增压器的发动机,若排气管明显冒蓝烟,而机油加注口,气缸盖罩等处没有,则为废气涡轮增压器故障。

2. 机油压力过低或过高的故障诊断与排除

(1) 机油压力过低故障诊断方法步骤

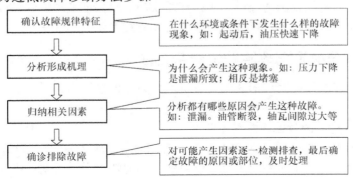

当机油压力过低或过高时，应停机检查，确定故障原因后，根据实际情况进行维修处理。值得注意的是在进行故障诊断前要确认机油压力表和油压传感器是否工作正常。

（2）常见故障现象分析

1）若发动机起动后，刚开始机油压力表显示正常，然后快速下降，低于规定值不变，说明油量不足，或机油品质问题，可先查油面高度然后查机油品质是否正常。

2）若发动机起动后，刚开始机油压力表显示正常，随着发动机温度的升高，油压逐渐下降至规定值以下，说明机油品质有问题或各摩擦副的间隙过大。这是因为机油的品质下降后，黏度随温度的上升逐渐下降导致油压过低。若机油品质正常，说明各需要润滑的摩擦副（如曲轴与轴承）间隙过大，应停车检修。

3）若发动机起动后，怠速油压显示正常，而随着转速上升，油压先升而后降，发动机转速上升的越快，油压下降得越快。说明机油滤清器或集滤器有堵塞，可更换滤清器排除。

4）若发动机起动后，机油压力始终显示过低，说明油压调节阀有故障；或机油泵有故障，应进一步检查。

5）若发动机运行中突发地油压下降，说明系统中有严重泄漏或油泵故障或有水（或冷却液）混入机油里，将机油快速稀释。应结合其他现象来进一步检查，比如：机油里进水，用油尺检测油面，油面升高并且还会变白。

6）若发动机起动后，机油压力表显示超过规定值，为油压过高主要原因是机油的黏度过大；油压调节阀调整不当；摩擦副间隙过小等。诊断程序一般如下：首先检查机油的黏度是否过大，如果正常则要检查主油道（或机油滤清器）上的油压调节阀或机油泵上的限压阀。对于新车或刚大修的发动机如果上述检查正常，机油压力过高的原因就是装配时，轴与轴承间隙过小所致。

项目八　发动机装配、磨合与试验

【项目描述】

本项目主要围绕着汽车发动机装配、磨合与发动机竣工验收等知识点,针对性地设置了发动机的装配、磨合和发动机竣工验收两个基本技能训练任务。目的是使学生全面掌握汽车发动机装配、磨合与发动机竣工验收的过程中使用的工具、设备、安全操作规程和生产工艺流程,增强质量意识、管理意识和责任意识,提升职业综合素质能力。

【知识目标】

1. 掌握发动机装配过程中的技术要求。
2. 掌握拆装的正确方法和步骤。
3. 掌握在装配过程中按技术要求对各部件之间的配合间隙进行调整的方法。
4. 熟悉对装配后的发动机进行磨合的规范。

【技能目标】

1. 能够查阅维修手册掌握技术标准,对发动机进行总成大修作业。
2. 能够进行发动机装配后的磨合与调试作业。
3. 掌握发动机总成大修的验收标准,进行发动机竣工验收作业。
4. 能够正确使用发动机总成大修过程中的工具和设备。

任务一　发动机的装配、磨合

【任务导入】

一辆帕萨特轿车因发动机动力不足，油耗过大到汽车4S店来维修。经检查该车发动机功率不足原厂标定的65%，并且有敲缸声，但没有单缸不工作现象。据此，师傅告诉聪聪要准备发动机总成大修。聪聪是第一次参加发动机大修，即兴奋又紧张。你准备好了吗？

【任务说明】

以组为单位，在老师的监查、指导下，完成对发动机总成大修，并详细记录整个工作过程，完成任务单8-1-1的填写。

【相关知识与技能】

一、发动机装配的基本要求

1. 对发动机装配场地环境的要求

1）应在专用的车间或清洁场地内进行装配。
2）必须认真清洗工具和整理场地，保持人员、设备和工作场地的清洁。

2. 对待装配零部件的要求

1）装配前的零部件必须认真清洗并经过检验和试验，质量必须合格。
2）装配时，必须在零件配合表面和摩擦表面上涂抹发动机机油，做好预润滑。
3）准备好必要的专用工具、量具、配件、通用件（如紧固螺母、螺栓、衬垫、开口销、垫圈和石棉绳等）。

3. 发动机装配过程的注意事项

1）不可互换的零件、组合件（如各活塞连杆组所对应的气缸孔，曲轴主轴承盖和螺栓等）应按原位安装，不准错位；对有安装位置要求的零部件（如正时齿轮或正时带轮等），则必须根据记号按方向、部件对准，不得错位。

2）重要部位的间隙，必须符合装配标准规定（如活塞与缸壁间隙、曲轴主轴颈与轴承间隙、气门间隙等）。

3）发动机上重要的螺栓、螺母（如连杆螺栓、主轴承盖螺栓等），必须按规定的拧紧力矩分次拧紧，气缸盖螺栓、螺母的拧紧需从缸盖中央起，按交叉顺序，逐渐向外分次进行。如塑性螺栓，在塑性域紧固时只有螺栓转动的变化，而转矩则保持不变，或变化很小。在紧固时应按照特定的方法进行操作。

4）在装配过程中，应尽量使用专用工具，以防零件受损；在装配过盈配合组件时，则应使用专用压力机、工具和夹具。

5）确保各密封部位的密封，防止漏水、漏油，重要密封部位应涂以密封胶。装配时，不能直接用锤子敲击零件表面，必要时垫上铜棒、铜垫等。

二、发动机的装配工艺过程

发动机装配的步骤因发动机类型和结构的不同而有所区别，但其基本原则是以气缸为装配基础，与拆卸步骤相反，由内到外逐段装配，装配的工艺过程基本相似。在装配过程中，有些零件是按顺序直接装配在气缸体上（如飞轮壳等），有些则是组件和总成，应先完成组件和总成装配后，再将组件和总成装配到气缸上（如活塞连杆组等）。在具体的装配过程中，有些零部件装配工作在工艺顺序允许的情况下，可组织平行交叉作业，为了保证装配质量，应边安装、边检查、边调整。下面就以大众车系的帕萨特 2.0T 发动机为例，介绍发动机总成的装配过程。

1. 气缸体的装配前检验

检查气缸体的清洁度和装配质量，有无漏装错装现象，各油道是否清洁，油道内的隔塞、螺塞是否安装和蘸胶旋紧；不能互换的配套件，标记是否清楚无误，是否修配检查完毕，摆放整齐。

2. 曲轴飞轮组的装配

1）将经过清洗、擦拭干净的曲轴、飞轮，选配或修配好的轴承、轴承盖及垫片等零件依次摆放整齐，准备装配。

2）将曲轴安装在缸体上。

3）安装曲轴前后油封和油封座。

4）安装飞轮和滚针轴承（即变速器输入轴前导向轴承）。

5）检查曲轴的轴向间隙。

3. 活塞连杆组的装配

1）活塞连杆组的检验。

2）彻底清洗各零件，并用压缩空气吹干净。

3）安装活塞销。

4）安装活塞销锁环。

5）安装活塞环。

6）将活塞连杆组件装入气缸。

特别提示：

1）活塞、连杆、连杆轴瓦应按标记配对，检查安装方向并与气缸对号入座是否准确无误后，方可进行装配。

2）将各缸活塞连杆组装入气缸并与曲轴连杆轴颈的连接装配完成后，用锤子沿曲轴轴向轻轻敲打连杆盖，连杆大头应能有轻微移动。转动曲轴时，松紧应适度。各缸活塞在上止点时，活塞顶至气缸体上平面的距离应均匀一致。

4. 安装中间轴

将平衡轴装入缸体承孔。

5. 安装配气机构及气缸盖

1）安装气门组。在气门杆上涂少量机油后装入气门导管，然后装好气门弹簧完成气门组装配。

2）将液压挺柱浸入机油中反复推压，排除其内腔中的空气，然后按顺序将各气门挺柱装入挺柱承孔中。

3）检查凸轮轴轴向间隙，其轴向间隙应小于0.15mm。然后拆下凸轮轴。

4）安装气缸盖。先将气缸垫放在气缸体的上平面上，位置、标记对准。然后将已组装好的气缸盖总成平稳、轻轻地对准位置放下，应避免放不准而反复移动缸盖使气缸垫的位置移动。最后插入缸盖螺栓，按规定力矩和顺序分次均匀拧紧。

6. 正时机构的安装

1）在气缸盖装好后，检查清洁正时配气机构安装的所有零部件。

2）将第一缸活塞置于上止点。上置式正时配气机构的曲轴正时齿轮的正时标记与正时齿轮罩上固定的正时齿轮标记对准，第一缸活塞即处于上止点位置。

3）安装凸轮轴和油封。将凸轮轴与正时齿轮装好，并更换凸轮轴油封新件。

4）将凸轮轴的正时齿轮的正时标记与缸盖或正时齿轮罩上的正时标记对准。并通过凸轮轴的形状进一步确认第一缸处于压缩上止点。

5）检查凸轮轴轴承盖的方位，在凸轮轴轴承滑动接触面上涂上润滑油，装上凸轮轴总成，紧固凸轮轴轴承盖螺栓时应采用多次、均匀、对称的方法紧固到规定力矩。同时检测凸轮轴的轴向间隙应符合规定标准。

6）装上正时带或正时链条及导链板，调整正时带张紧轮或正时链条导链板张紧器张紧到规定的程度。

7）检查所装配的正时配气机构的安装标记是否对准，若时皮带或正时链条张紧后标记有误，应重新调整。

8）装上气门室盖罩和正时齿轮盖罩。发动机大修气门室盖密封垫应更换新件，并采用多次、均匀、对称的方法紧固到规定力矩。

7. 机油泵和油底壳的安装

将机油泵驱动链轮与机油泵驱动轴联接后装在缸体上，按规定力矩拧紧固定螺丝。然后装油泵驱动链条和链条张紧器，最后将集滤器与机油泵联接按规定力矩拧紧固螺丝。曲轴箱附件安装完毕后可安装油底壳，油底壳密封件应更换新件，并按规定力矩对称拧紧。

8. 安装其他附件

1）安装进、排气歧管。

2）安装气缸盖出水管、节温器和水温感应塞、水泵。

3）安装燃油喷射装置。

4）安装加机油管、标尺、机油滤清器、机油感应塞。

5）将风扇、曲轴箱通风管道、空调压缩机、交流发电机、起动机、动力转向油泵等依次安装到发动机机体上。

9. 发动机总成的装车

将发动机总成装到车上，并连接好各管路及线路。注意不要碰伤变速器输入轴。

三、发动机的磨合

发动机磨合是指发动机总成或机构组装后，为改善零件摩擦表面几何形状和表面物理力学性能的过程。

1. 发动机磨合的作用

在发动机的零部件中，经修复的零件和更换的新零件虽然其尺寸精度、表面粗糙度、形位误差都符合技术要求，但其仍会具有一定的微观和宏观误差，再加上装配误差，这就使有相对摩擦运动的零件表面实际接触面积减小，单位压力增加。磨合过程其实就是利用零件表面间的摩擦，进行一种特殊加工的过程。发动机磨合的作用，就是扩大零件配合表面的实际接触面积，提高零件摩擦表面的质量、耐磨性、抗疲劳强度和抗腐蚀性能；同时，通过磨合降低配合表面的粗糙度，增大配合间隙，可及时发现和清除在零件修理和装配中由于偏离技术条件而引起的缺陷，提高承受载荷的能力，从而延长发动机使用寿命。

2. 发动机的磨合过程和规范

根据发动机磨合过程中转速与负荷的组合不同，一般将发动机磨合过程分为三个阶段：无负荷的冷磨合、无负荷的热磨合、有负荷的热磨合。无负荷的冷磨合过程习惯上称为冷磨。

（1）无负荷的冷磨合规范

发动机的磨合规范主要包含三个要素，即磨合过程中的转速高低、时间长短和负荷大小。冷磨是无负荷磨合过程，对磨合过程影响最大的应是磨合转速的选择和磨合时间的确定。

1）磨合转速的选择。磨合转速的选择是指磨合时起始转速和终止转速的选择，起始转速过高或过低都不利于磨合的进行。转速过低，将导致机油泵供油不足，难以形成良好的润滑条件，使磨合时磨损量增加。转速过高，增加了摩擦表面的接触频率，增大了摩擦行程，从而增大了单位时间内的摩擦功，导致零件摩擦表面温度升高、摩擦条件恶化，也使磨合时磨损量增加。一般起始转速以 400~600r/min 为宜。冷磨终止转速是根据发动机主要摩擦副在磨合时形成最大单位压力时的转速确定的。冷磨时，从起始转速过渡到终止转速，采用有级过渡，即在起始转速的基础上，每一级以 100~200r/min 递增，直至终止转速。

2）冷磨时间的确定。根据标准规定，冷磨时间不得少于 2h。结合发动机型号和各地的具体情况，可通过试验确定每一级的冷磨时间。

3）磨合时使用的机油。发动机磨合时，应采用低黏度机油，低黏度机油由于流动性好，散热性强，可降低零件摩擦表面的温度，并能使摩擦表面的磨屑得以清除，若在机油中加入适量活性添加剂，可明显改善磨合过程，缩短磨合时间。例如，加入硫化添加剂，可减少到原来磨合持续时间的 20%~50%，磨合期的磨损量比原来降低了 7%~9%。

（2）无负荷的热磨合

热磨合过程分无负荷和有负荷两种，习惯上称为热试。

1）无负荷热磨合的过程。发动机在进行无负荷热磨合时，以自身的动力运转，也是在冷磨的基础上作进一步磨合。无负荷热磨合的目的除进一步磨合外，主要是为了检查热工况下发动机各部件的配合情况，对发动机作必要的调整，并检查发动机运转过程中出现的故障。

无负荷热磨合时，发动机要装上全部附件。磨合过程中，应仔细观察各摩擦部位的发热情况，重点观察机油压力和冷却液温度变化情况，发动机冷却液温度应保持在 75~85℃。同时还应仔细检查发动机各处的衬垫、油封、水封及接头处有无漏油、漏水、漏电、漏气现象；发动机各部位有无异响；检测气缸压缩压力应符合规定等。

无负荷热磨合结束后，应检查气缸壁和活塞环、曲轴主轴颈和曲轴主轴承、连杆轴颈和连杆轴承等处的磨合情况，若冷磨后未进行发动机拆检，则在无负荷热磨合后，应拆检发动机，检查磨合情况。在拆检过程中发现的缺陷应及时修复。无负荷热磨合后，还应检查各螺栓、螺母的紧固锁止情况，更换机油和滤清器，重要的调整部位（如气门间隙）应重新调整一次。

2）无负荷热磨合转速的选择。无负荷热磨合时，发动机转速通常与冷磨时的终止转速相近，一般取 1000～1200r/min。

3）无负荷热磨合时间的约定。根据标准规定，无负荷热磨合时间不得小于 1.5h。

（3）有负荷的热磨合

发动机在经过冷磨、无负荷热磨合后，再进行一次有负荷的热磨合，不但可以在有负荷的情况下进一步磨合，并检验发动机修理后的功率恢复情况，还能发现一些在无负荷磨合时不易发现的修理缺陷和故障。

1）有负荷热磨合过程与无负荷热磨合一样，也靠自身动力运转，其发动机动力输出端与发动机测功机（水力测功机、电力测功机或电涡流测功机）连接，由测功机实现对发动机加负荷。

2）有负荷热磨合转速的选择。有负荷热磨合起始转速，通常是根据能保证发动机主油道有足够供油压力来确定的，一般取 800～1000r/min。终止转速根据发动机磨合后能承受 75%～85% 额定功率的载荷来确定，一般汽油机取额定转速的 80%，即 $0.8n_e$（n_e 为发动机发出的额定转速）；柴油机取额定转速，即 n_e。

3）有负荷热磨合负荷的确定。有负荷热磨合负荷的确定，取决于磨合转速和磨合后摩擦副的承载能力的要求，一般起始负荷为 $(0.1～0.2)P_e$（P_e 为发动机额定功率）；终止负荷为 $(0.8～1.0)P_e$，汽油发动机一般取 $0.8P_e$。从起始负荷过渡到终止负荷，采用有级过渡。

3. 发动机磨合调试的设备

发动机磨合调试的主要设备是冷磨时发动机的固定设备、拖动设备和有负荷热磨合时给发动机加载的加载设备，还有在整个磨合过程中用来检测、调整发动机工况的一些附加设备。磨合的拖动装置和加载装置是发动机磨合最主要、最基本的设备。使用较普遍的是具有冷磨、无负荷热磨合和有负荷热磨合三种功能的联合装置，如图 8-1-1 所示。

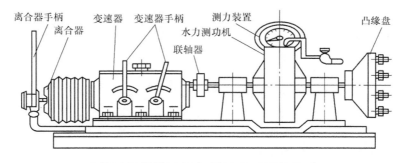

图 8-1-1 发动机磨合、实验、测功联合装置

任务二　发动机竣工验收

【任务导入】

经过两天的努力工作,聪聪和师傅终于完成发动机大修组装任务。聪聪高兴地对师傅讲"我们可以交车了吧?"师傅严肃地告诉聪聪,经过发动机总成大修必须要经过质检验收。聪聪问师傅:"都验收什么呀?"师傅说:"质检员会告诉你的。"你知道验收内容吗?

【任务说明】

以组为单位,在老师的监查、指导下,完成对发动机总成大修后的验收,并详细记录整个验收工作过程,完成任务单 8-2-1 的填写。

【相关知识与技能】

大修的发动机经过组装、磨合后,一般用测功机检测发动机的外特性和负荷特性,且在热状态下进行竣工验收。

一、发动机竣工验收的技术要求

1. 一般技术要求

1) 装备齐全、按规定完成了发动机磨合、无漏油、漏水、漏气、漏电现象。
2) 加注的机油量、牌号以及润滑脂符合原厂规定。
3) 无异响,急加速时无爆燃声,进气口不回火、消声器无放炮声。

发动机起动运转稳定后,只允许正时齿轮、机油泵齿轮、喷油泵传动齿轮及气门脚有轻微均匀响声、不允许活塞销、连杆轴承、曲轴轴承有异响和活塞敲缸及其他异常响声。

4) 机油压力和冷却液温度正常。
5) 气缸压力符合原厂规定,各缸压力差,汽油机应不超过各缸平均压力的 8%,柴油机不超过 10%。
6) 四冲程汽油机转速在 500~600r/min 时,以海平面为准,进气歧管真空度应在 57.2~70.5kPa 范围内。其波动范围,六缸机不超过 3.5kPa,四缸机不超过 5kPa。

2. 主要使用性能

1) 发动机在正常工作温度下,5s 内能起动。柴油机在 5℃,汽油机在 -5℃环境下,起动顺利。
2) 配气相位差不大于 2°30′。
3) 加速灵敏,过渡圆滑,怠速稳定,各工况工作平稳。
4) 最大功率和最大转矩不低于原厂规定的 90%。
5) 最低燃料消耗率不得高于原厂规定。
6) 发动机排放限值应符合国家有关规定。
7) 电子控制系统的设置应正确无误。

自检警告灯应显示系统正常,或通过系统自诊断功能读取的故障码应为正常码。

二、起动性能检验

发动机装配完成后,应进行起动性能检查:汽油机在气温3℃以上,柴油机在气温5℃以上时,要求3次(每次5s)内能顺利起动。

三、发动机怠速检验

发动机的怠速符合原厂标准,运转平稳、不发抖、不游车、不熄火。

四、气缸压缩压力的检验

1. 气缸压缩压力的测量条件

1)蓄电池电力充足。
2)用规定的力矩拧紧气缸盖螺栓。
3)彻底清洗空气滤清器或更换新的空气滤清器。
4)发动机运转至正常工作温度:冷却液温度80~90℃,油温60~80℃。
5)用起动机带动卸除全部火花塞的发动机运转,转速为200~300r/min,或按原厂规定转速运转。

2. 气缸压缩压力的测量方法

1)拆下空气滤清器,用压缩空气吹净火花塞或喷油器周围的脏物,以免异物落入气缸,拆下全部火花塞或喷油器,并按气缸顺序放置。汽油机应把二次(分线)高压线拔下并可靠搭铁,以防止电击或着火。

2)汽油发动机必须将节气门置于全开位置。把气缸压力表的锥形橡胶接头压紧在被测气缸的火花塞孔上。柴油机发动机必须采用螺纹接口式气缸压力表,将气缸压力螺纹接口旋入喷油器座孔内。对于汽油机还应把点火系统次级高压线(高压分线)或电喷发动机霍尔传感器高压线拔下并可靠搭铁,以防电击或着火。

3)汽油机用起动机带动曲轴旋转3~5s,使发动机转速保持在200~300r/min。柴油机500r/min,待压力表指针指示并保持最大压力后停止转动。这时气缸压力表所指示的压力值,就是该气缸的气缸压缩压力。

4)取下压力表,记录读数。
5)按下气缸压力表上的单向阀,使指针回零。

按此法依次测量各缸。在实际测量气缸压缩压力时,每个气缸应重复2~3次。每缸测量结果取算术平均值。

五、检验规定

1)承修单位应对发动机的最大转矩和最低燃油消耗率进行测试,并按照主管部门或修理合同规定对最大功率和负荷特性实行抽样测试。
2)验收合格的发动机,应签发合格证并提供必要的技术资料。
3)保修条件。质量保证出厂之日起,不少于3个月或行驶不少于10000km。在送修人严格执行走合期的规定、合理使用、正常保养的情况下,质量保证期内出现质量问题,承修单位包修。

项目九 发动机异响故障的诊断与排除

▶ 【项目描述】

本项目主要围绕着发动机异响类型、影响因素、异响规律和异响诊断方法等知识点,针对性地通过案例介绍发动机机械异响的认知与诊断、排除。目的是使学生全面掌握汽车发动机机械异响诊断与排除方法以提升职业综合素质能力。

▶ 【知识目标】

1. 掌握发动机异响类型。
2. 掌握发动机异响发生规律。
3. 掌握发动机异响诊断方法。
4. 熟悉和掌握故障异响分析判断规范和流程。

▶ 【技能目标】

1. 能够通过与客户交流、查阅相关维修技术资料等方式获取车辆信息。

2. 能够根据故障现象制定正确维修计划。
3. 能够利用故障诊断工具与设备进行检测与分析。
4. 能够对发动机异响进行诊断与排除作业。

任务一　对发动机异响的认知与原因分析

【任务导入】

一辆2009年生产的帕萨特轿车，发动机冷车起动时，发出清晰而明显的"嗒、嗒、嗒"的响声，热车后，响声明显减弱。请思考应该如何判断发动机的异响。

【任务说明】

在实训老师的指导下，以小组为单位，对一台有异响的发动机进行故障诊断，并按照下表要求，填写好任务单9-1-1。

【相关知识与技能】

发动机是一个结构复杂的有机机械整体，当一个或几个零部件的技术状况下降时，就会影响到整机的工作状态。发动机良好的技术状况下，无论转速、负荷怎样变化，虽然工作时发出声响的频率、波长、声级和衰减系数不同，但都是一种平稳而有节奏、协调而又圆滑的轰鸣声。这种响声称之为发动机正常响声。随着发动机的使用时间的增长，因为机械零件的磨损、性能老化、连接松动、电气元件的接触不良、短路、断路等因素的影响而导致发动机运转过程中发出间歇或连续的金属敲击声或连续摩擦声等声响，就表明发动机运转声响不正常。将这种响声就称之为发动机异响。

一、发动机异响类型与影响因素

1. 发动机异响类型

发动机的常见异响根据产生的机理不同分为：机械异响、燃烧异响、空气动力异响和电磁异响等几种。

（1）机械异响

机械异响主要是运动副配合间隙过大或配合面有损伤，运转中引起冲击和振动造成的。因磨损或调整不当造成运动副配合间隙过大时，运转中会引起冲击和振动，产生声波。如曲轴主轴承响、连杆轴承响、凸轮轴轴承响、活塞敲缸响、活塞销响、气门响、正时齿轮响等，多是因配合间隙过大造成的。但有些异响也可能是配合面（如正时齿轮齿面）有损伤或其他原因造成的。

（2）燃烧异响

燃烧异响主要是发动机不正常燃烧造成的。如汽油发动机产生突爆和表面点火时，柴油发动机工作粗暴时，气缸内均会产生极高的压力波。这些压力波撞击燃烧室壁及活塞连杆组，发出了强烈的类似敲击金属的异响。当发动机进气管发出回火声，排气管发出放炮声或

"突、突"声时,也属于燃烧异响。

(3) 空气动力异响

空气动力异响主要是在发动机进气口、排气口和运转中的风扇处,气流振动而造成的。

(4) 电磁异响

电磁异响主要是在发电机、电动机和某些电磁元件内,由于磁场的交替变化,引起机械中某些部件或某一部分空间容积产生振动而造成的。

2. 影响发动机异响变化的因素

发动机的异响变化与配合间隙、润滑条件、温度、负荷、车速等有关。因此,通过对影响异响变化的因素分析,就可以找出异响变化的规律,从而为异响故障的诊断提供条件。

(1) 配合间隙

当润滑、温度、负荷和速度等一定时,异响是随配合间隙的增大而变得明显的。如活塞与缸套的配合间隙越大,响声也越明显。

(2) 润滑条件

品质好的机油和适宜的压力就能产生较好的机油油膜。机油油膜越厚,机械冲击就越小,噪声也就越轻,异响就不易发生。

(3) 温度

金属零部件受到高温作用引起几何形状变化,这种变形又影响到配合间隙变化,机油在高温下易变质和变稀并且黏度下降,使机油油膜厚度变薄,润滑性能变差。

(4) 负荷

负荷越大异响就越明显。根据异响随负荷变化的规律和特点就可判定故障的性质和位置。例如:发动机稳定在急速运转,就可听到清晰的活塞敲缸响;而不严重的连杆轴承响则需要急抖节气门才能听到;活塞敲缸响和连杆轴承响都有在单缸断火后异响减弱或消失的特点,利用这一特点不仅能确定故障的性质,而且还能找出故障的位置。

(5) 车速

发动机之所以出现异响,是因为每种异响都有其特定的振动频率,当运动速度的频率是异响频率的整数倍时,会产生共振现象,于是异响加剧。即每种异响在其响声最明显时都对应一个运动速度段(速度范围)。如活塞敲缸响在发动机的低速段最明显;连杆轴承响在发动机的中速段最明显,传动轴不平衡响在汽车中速以上行驶时最突出,随着车速的升高,传动轴的振动也随之加剧。

(6) 部位

异响部位一般离故障位置较近,据此可以判定是什么机构、总成或系统出现故障,从而缩小诊断故障的范围。如异响在气门室处明显,说明气门机构有故障;在曲轴箱内异响明显,说明活塞、活塞销、连杆或曲轴轴承有故障等。如图 9-1-1 所示为发动机异响分布简图。

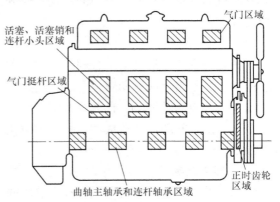

图 9-1-1 发动机异响分布简图

二、发动机异响的鉴别

1. 分清主机与附件的响

如果将 V 带松开后响声消失，说明该响声与水泵或发动机及其旋转部件有关；松开空气压缩机 V 带后响声消失，说明该响声与空气压缩机及其旋转部件有关。若将 V 带松开后响声仍不消失，应考虑是主机及其他部件发响。

2. 分清连响与间响

连响提指曲轴每转一周响一次，间响是曲轴每转两周响一次。气门机构所发出的响声属于间响，活塞连杆组间隙过大发出的响声一般也是间响。这是因为摩擦副配合间隙较大，活塞在工作行程中产生的冲击所造成的。如果活塞顶部与气缸盖相撞，更换活塞环时未刮缸口或燃烧室里进入异物，所发出的撞击声一般都是连响。

3. 分清"上缸"与"反上缸"

将某缸单缸断火后，响声减弱或消失，复火时又重新出现，称该响声"上缸"；若单缸断火后响声增强或出现，称"反上缸"。配气机构所发出的响声一般不"上缸"。活塞、活塞销、连杆衬套及轴瓦由于配合间隙过大所发出的响声一般都"上缸"。活塞有破损、连杆螺栓松脱、连杆轴瓦合金严重脱落，有时容易造成"反上缸"（某缸断火后，由间响变为连响，这也是"反上缸"的一种表现）。

4. 分清良性响声与恶性响声

所谓良性响声，是指在短期内不会对机件造成明显损坏的响声。例如，气门间隙稍大所发出的碰击声，发动机怠速运转时空气滤清器发出的振动声等。这些响声虽不会马上对机件带来损害，但容易与其他响声混淆，造成误判。

所谓恶性响声，是指能很快造成机件严重损坏的响声。发动机有明显的"上缸"响声时，应引起足够的注意，特别是"反上缸"响声及汽车所发出的沉重或振动较大的响声，都属于恶性响声。若此种响声随着温度、转速及负荷的升高而增大，则应立即停车检查。

任务二　发动机异响的诊断与排除

【任务导入】

一辆 2012 年生产的帕萨特领驭轿车，发动机冷车起动时，发出清晰而明显的"嗒、嗒、嗒"的响声；热车后，急加速还有"嚓、嚓、嚓"的响声，并明显减弱。请思考应该如何判断发动机的异响。

【任务说明】

在实训老师的指导下，以小组为单位，对一台有多处异响的发动机进行故障诊断，并将诊断步骤结果记录分析，填写好任务单 9-2-1。

【相关知识与技能】

一、发动机异响的诊断

发动机的异响诊断方法有直观诊断法和仪器诊断法。

1. 直观诊断法

直观诊断法在发动机异响诊断过程中被普遍采用的一种方法。诊断时根据响声的大小、发出的部位、声响的特征、振动程度、出现的时机及声响变化的规律等因素，并结合实践经验找出不同异响存在的相似点和不同点。再区分出不同异响所具有的特性及一些伴随变化现象，综合分析后对异响做出初步诊断；然后结合不同工况对发动机排气烟色和烟量的观察，发动机温度、机油压力的变化和发动机的新旧程度，以及使用中的一些相关情况等做全面分析与推断，从而对异响做出精确的判断。利用直观法进行发动机异响诊断的具体步骤如下：

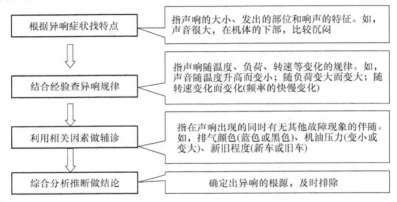

2. 仪器诊断法

发动机异响的仪器诊断法，较常见的是示波器诊断法。利用示波器能够观测到异响产生的位置、波形特征、波形幅度等，可以实现快速诊断。其原理是利用振动传感器（拾振器）把各种异响对应的振动信号拾取出来，经过选频放大处理后送到示波器显示出波形，对异响进行频率鉴别和幅度鉴别，再辅之以单缸断火或断油、转速变换等手段，就能迅速、准确地判断出异响的种类、部位和严重程度。

除了专用异响示波器外，很多的发动机综合检测仪均带示波器功能。具体发动机异响波形检测方法和步骤详见设备使用说明书。

二、发动机异响故障案例分析

案例一　曲轴主轴承响

故障描述：一辆 2005 年生产的捷达轿车，发动机一般稳定运转不响，转速突然变化时，发出低沉连续"镗、镗"的金属敲击声，严重时发动机发生振动。

故障诊断与分析：首先根据故障现象，做进一步的听诊，产生响声的部位在缸体下部的曲轴箱内，初步判断是主轴承响或连杆轴承响；当继续做发动机的转速变换试验时，发现发动机转速越高，响声越大，并且振动感加大；基本断定是曲轴主轴承响。当单缸断火时响声无明显变化，而做相邻两缸同时断火时，第二缸与第三缸同时断火，响声明显减弱。说明故障是第三道主轴承。

故障排除：拆下油底壳，检查主轴承发现第三道主轴承减磨合金脱落严重，其余轴承均有不同程度的脱落，进行轴承更换后，发动机工作正常。

> **特别提示**：主轴承响是发动机异响中较为常见的一种，产生异响的直接原因是主轴颈与轴承的径向间隙变大，严重超过标准。而导致间隙变化的相关因素有：主轴承盖固定螺栓松动；主轴承减磨合金烧毁或脱落；主轴承和轴颈磨损过甚及轴向止推装置磨损过甚，造成径向和轴向间隙过大、曲轴弯曲、机油压力太低或机油黏度太低等。因此，主轴承响可能是一道有问题也可能是多道都有问题，而诊断的方法是一样的。

案例二　连杆轴承响

故障描述：一辆 2010 款上海桑塔纳志俊轿车，当发动机突然加速时，有"当、当"连续明显、较重而短促的金属敲击声。

故障诊断与分析：首先根据故障现象，做进一步的听诊，产生响声的部位在缸体中、下部，同时观察机油压力。当继续做发动机的转速变换试验时，发现发动机怠速时声响较小，而转速越高，响声越大，并且突然加速时，响声明显；基本断定是连杆轴承响。进行逐缸断火试验时，发现第二缸断火时，响声明显减弱，说明故障是第二缸连杆轴承。

故障排除：拆开油底壳，检查每缸的连杆轴承，发现第二缸的连杆轴承磨损严重，并且轴承已经转动将连杆轴颈上进油孔堵住。更换修复后，发动机工作正常无异响。

> **特别提示**：连杆轴承响是发动机常见异响之一，产生的根本原因是连杆轴颈与轴承径向间隙过大，而产生的轴与轴承的撞击响。本案例中，轴承在承孔中的滚动，使机油入孔堵住造成润滑不良而加速磨损是故障形成的主要原因。除此之外，同样可以导致间隙变大的相关因素有：连杆轴承盖螺栓松动；连杆轴承减磨合金烧毁或脱落；连杆轴承或轴颈磨损过甚，造成径向间隙太大、机油压力太低或机油黏度太低。如果响声严重，又伴随有机油压力低，这往往成为区别连杆轴承响与活塞销响和活塞敲缸响的重要依据。

案例三　活塞销响

故障描述：一辆丰田凯美瑞轿车，发动机在怠速、低速和从怠速向低速抖动节气门时，可听到清脆而又连贯的"嗒、嗒、嗒"的金属敲击声。

故障诊断与分析：首先根据故障现象，做进一步的听诊，产生响声的部位在缸体上部。然后做发动机变速试验，由怠速向低速急抖节气门，响声随转速的变化而变化。每抖一次节气门，若能听到清脆而连贯的"嗒、嗒、嗒"响声，则基本判定是活塞销响。将发动机稳定在响声明显的转速上，逐缸进行断火试验，当第三缸断火后响声明显减弱，在复火的瞬间又能立即连续出现两个响声，由此断定为第三缸活塞销响。

故障排除：拆检活塞连杆组发现第三缸活塞销与衬套松旷，更换后发动机无异响、工作正常。

> **特别提示**：活塞销响是发动机异响之一，但并不多见。产生的根本原因是活塞销与连杆小头衬套配合间隙过大或与活塞销座孔配合松旷而引起的冲击响。多发生在行驶里程较长的车上。

案例四　活塞敲缸响

故障描述：一辆 2009 年生产的帕萨特轿车，发动机冷车起动时，发出清晰而明显的"嗒、嗒、嗒"的响声，热车后，响声明显减弱。

故障诊断与分析：根据故障现象，首先进一步听诊发现该车响声冷车时明显，并且在缸体的上部。当在发动机温度升高后响声减弱；用单缸断火法检验时，第一缸和第二缸断火时响声减弱当将第一缸、第二缸同时断火时，响声基本消失。由此可以断定第一缸、第二缸均为敲缸响。

故障排除：拆检活塞连杆组发现第一缸、第二缸的活塞与缸壁的间隙过大，更换"四配套"修复发动机后，无敲缸异响，发动机工作正常。

> **特别提示**：活塞敲缸响产生的根本原因是活塞裙部或头部与缸壁间的径向撞击。而导致故障的相关因素除本案例之外，还有活塞环在环槽内有卡滞；活塞与气缸壁间润滑条件太差；点火时间过早及发动机爆燃等。而由于爆燃或点火时间过早引起的敲缸响一般发生在热机状态和负荷突然加大时症状明显。

参 考 文 献

[1] 郑劲. 汽车发动机构造与维修 [M]. 北京：化学工业出版社，2010.
[2] 仇雅莉. 汽车发动机构造与维修 [M]. 北京：机械工业出版社，2015.
[3] 汤定国. 汽车发动机构造与维修 [M]. 3版. 北京：人民交通出版社，2014.
[4] 刘峰. 汽车电控发动机构造与维修 [M]. 北京：人民邮电出版社，2011.
[5] 谭本忠. 电控柴油机发动机构造与维修 [M]. 济南：山东科学技术出版社，2011.
[6] 黄辉. 汽车发动机构造与维修 [M]. 2版. 西安：西安交通大学出版社，2018.
[7] 于得江. 汽车发动机构造与检修 [M]. 北京：清华大学出版社，2015.
[8] 王盛良. 汽车发动机构造与检修 [M]. 北京：机械工业出版社，2013.
[9] 吕丕华. 汽车发动机机械系统故障诊断与维修 [M]. 北京：中国劳动社会保障出版社，2018.

读者服务

机械工业出版社立足工程科技主业,坚持传播工业技术、工匠技能和工业文化,是集专业出版、教育出版和大众出版于一体的大型综合性科技出版机构。旗下汽车分社面向汽车全产业链提供知识服务,出版服务覆盖包括工程技术人员、研究人员、管理人员等在内的汽车产业从业者,高等院校、职业院校汽车专业师生和广大汽车爱好者、消费者。

一、意见反馈

感谢您购买机械工业出版社出版的图书。我们一直致力于"以专业铸就品质,让阅读更有价值",这离不开您的支持!如果您对本书有任何建议或意见,请您反馈给我。我社长期接收汽车技术、交通技术、汽车维修、汽车科普、汽车管理及汽车类、交通类教材方面的稿件,欢迎来电来函咨询。

咨询电话:010-88379353　　编辑信箱:cmpzhq@163.com

二、课件下载

选用本书作为教材,免费赠送电子课件等教学资源供授课教师使用,请添加客服人员微信手机号"13683016884"咨询详情;亦可在机械工业出版社教育服务网(www.cmpedu.com)注册后免费下载。

三、教师服务

机工汽车教师群为您提供教学样书申领、最新教材信息、教材特色介绍、专业教材推荐、出版合作咨询等服务,还可免费收看大咖直播课,参加有奖赠书活动,更有机会获得签名版图书、购书优惠券。

加入方式:搜索QQ群号码317137009,加入机工汽车教师群2群。请您加入时备注院校+专业+姓名。

四、购书渠道

机工汽车小编
13683016884

我社出版的图书在京东、当当、淘宝、天猫及全国各大新华书店均有销售。

团购热线:010-88379735
零售热线:010-68326294　88379203

推荐阅读

书号	书名	作者	定价（元）
智能网联、新能源汽车专业教材			
9787111678618	智能网联汽车技术入门一本通（全彩印刷）	程增木	69
9787111715276	智能汽车技术（全彩印刷）	凌永成	85
9787111702696	智能网联汽车技术原理与应用（彩色版）	程增木 杨胜兵	65
9787111628118	智能网联汽车技术概论（全彩印刷）	李妙然 邹德伟	49.9
9787111693284	智能网联汽车底盘线控系统装调与检修（附任务工单）	李东兵 杨连福	59.9
9787111710288	智能网联汽车智能传感器安装与调试（全彩活页式教材）	中国汽车工程学会 等	49.9
9787111712480	智能网联汽车底盘线控执行系统安装与调试（全彩印刷）	中国汽车工程学会 等	49.9
9787111709800	智能网联汽车计算平台测试装调（全彩印刷）	中国汽车工程学会 等	49.9
9787111711711	智能网联汽车智能座舱系统测试装调（全彩印刷）	中国汽车工程学会 等	49.9
9787111710318	新能源汽车检测与故障诊断技术（彩色版配实训工单）	吴海东 等	69
9787111707585	新能源汽车电动空调 转向和制动系统检修（彩色版配实训工单）	王景智 等	69
9787111702931	新能源汽车整车控制系统检修（彩色版配实训工单）	吴东盛 等	69
9787111701637	新能源汽车动力电池及管理系统检修（彩色版配实训工单）	吴海东 等	59
9787111707165	新能源汽车技术概论（全彩印刷）	赵振宁	55
9787111706717	纯电动汽车构造原理与检修（全彩印刷）	赵振宁	59
9787111587590	纯电动/混合动力汽车结构原理与检修（配实训工单）（全彩印刷）	金希计 吴荣辉	59.9
9787111709565	新能源汽车维护与故障诊断（配实训工单）（全彩印刷）	林康 吴荣辉	59
9787111700524	新能源汽车整车控制系统诊断（双色印刷）	赵振宁	55
9787111699545	智能网联汽车概论（全彩印刷）	吴荣辉 吴论生	59.9
9787111698081	新能源汽车结构原理与检修（全彩印刷）	吴荣辉	65
9787111683056	新能源汽车认知与应用（第2版）（全彩印刷）	吴荣辉 李颖	55
9787111615767	新能源汽车概论（全彩印刷）	张斌 蔡春华	49
9787111644385	新能源汽车电力电子技术（全彩印刷）	冯津 钟永刚	49
9787111684428	新能源汽车高压安全与防护（全彩印刷）	吴荣辉 金朝昆	45
9787111610175	新能源汽车动力电池及充电系统检修（全彩印刷）	许云 赵良红	55
9787111613183	新能源汽车电机驱动系统检修（全彩印刷）	王毅 巩航军	49
9787111613206	新能源汽车辅助系统检修（全彩印刷）	任春晖 李颖	45
9787111646242	新能源汽车维护与故障诊断（全彩印刷）	王强 等	55
9787111670469	新能源汽车结构原理与检修（彩色版）	康杰 等	55

(续)

书号	书名	作者	定价（元）
9787111448389	电动汽车动力电池管理系统原理与检修	朱升高 等	59.9
9787111675372	新能源汽车动力蓄电池与驱动电机系统结构原理及检修	周旭 石未华	49.9
9787111672999	电动汽车结构原理与故障诊断（第2版）（配实训工作手册）	陈黎明 冯亚朋	69.9
9787111623625	电动汽车结构原理与维修	朱升高 等	49
9787111610717	新能源汽车结构与维修（第2版）	蔡兴旺 康晓清	49
9787111591566	电动汽车电机控制与驱动技术	严朝勇	45
9787111484868	电动汽车动力电池及电源管理（"十二五"职业教育国家规划教材）	徐艳民	35
9787111660972	新能源汽车专业英语	宋进桂 徐永亮	45
9787111684862	智能网联汽车技术概论（彩色版配视频）	程增木 康杰	55
9787111674559	混合动力汽车结构与检修一体化教程（彩色版）（附赠习题册含工作任务单）	汤茂银	55
传统汽车专业教材			
9787111678892	汽车构造与原理（彩色版）	谢伟钢 范盈圻	59
9787111702474	汽车销售基础与实务（全彩印刷）	周瑞丽 冯霞	59
9787111678151	汽车网络与新媒体营销（全彩印刷）	田凤霞	59.9
9787111687085	汽车销售实用教程（第2版）（全彩印刷）	林绪东 葛长兴	55
9787111687351	汽车自动变速器原理与诊断维修（彩色版）	张月相 张雾琳	65
9787111704225	汽车机械基础一体化教程（彩色版配实训工作页）	广东合赢	59
9787111698098	汽车检测与故障诊断一体化教程（彩色版配工作页）	秦志刚 梁卫强	69
9787111699934	汽车舒适与安全系统原理检修一体化教程（配任务工单）	栾琪文	59.9
9787111711667	汽车发动机电控系统结构原理与检修（彩色版配实训工单）	李先伟 吴荣辉	59
9787111689218	汽车底盘电控系统原理与检修一体化教程（彩色版）（附实训工作页）	杨智勇 金艳秋 翟静	69
9787111676836	汽车底盘机械系统构造与检修一体化教程（全彩印刷）	杨智勇 黄艳玲 李培军	59
9787111699637	汽车电气设备结构原理与检修（配实训工单）（全彩印刷）	管伟雄 吴荣辉	69
汽车维修必读			
9787111715054	动画图解汽车构造原理与维修	胡欢贵	99.9
9787111708261	汽车常见故障诊断与排除速查手册（赠全套352分钟维修微课）（双色印刷）	邱新生 刘国纯	79
9787111649571	新能源汽车维修完全自学手册	胡欢贵	85
9787111663546	汽车构造原理从入门到精通（彩色图解+视频）	于海东 蔡晓兵	78
9787111626367	新能源汽车维修从入门到精通（彩色图解+视频）	杜慧起	89
9787111661290	汽车电工从入门到精通（彩色图解+视频）	于海东 蔡晓兵	78
9787111602699	汽车维修从入门到精通（彩色图解+视频）（附赠汽车故障诊断图表手册）	于海东	78